N. 167

N 50 6.
E.

# VOYAGE

PHILOSOPHIQUE ET PITTORESQUE

EN ANGLETERRE

ET

EN FRANCE,

FAIT EN 1790, etc.

*Décret de la Convention nationale concernant les Contrefacteurs, rendu le 19 juillet 1793, l'an 2 de la République.*

La Convention nationale, après avoir entendu le rapport de son Comité d'instruction publique, décrète ce qui suit :

Art. 1. les Auteurs d'écrits en tout genre, les Compositeurs de Musique, les Peintres et Dessinateurs qui feront graver des Tableaux ou Dessins, jouiront durant leur vie entière du droit exclusif de vendre, faire vendre, distribuer leurs Ouvrages dans le territoire de la République, et d'en céder la propriété en tout ou en partie.

Art. 2. Leurs héritiers ou Cessionnaires jouiront du même droit durant l'espace de dix ans après la mort des auteurs.

Art. 3. Les officiers de paix seront tenus de faire confisquer, à la réquisition et au profit des Auteurs, Compositeurs, Peintres ou Dessinateurs et autres, leurs Héritiers ou Cessionnaires, tous les Exemplaires des Éditions imprimées ou gravées sans la permission formelle et par écrit des Auteurs.

Art. 4. Tout Contrefacteur sera tenu de payer au véritable Propriétaire une somme équivalente au prix de trois mille exemplaires de l'Édition originale.

Art. 5. Tout Débitant d'Édition contrefaite, s'il n'est pas reconnu Contrefacteur, sera tenu de payer au véritable Propriétaire une somme équivalente au prix de cinq cents exemplaires de l'Édition originale.

Art. 6. Tout Citoyen qui mettra au jour un Ouvrage, soit de Littérature ou de Gravure dans quelque genre que ce soit, sera obligé d'en déposer deux exemplaires à la Bibliothèque nationale ou au Cabinet des Estampes de la République, dont il recevra un reçu signé par le Bibliothécaire ; faute de quoi il ne pourra être admis en justice pour la poursuite des Contrefacteurs.

Art. 7. Les héritiers de l'Auteur d'un Ouvrage de Littérature ou de Gravure, ou de toute autre production de l'esprit ou du génie qui appartiennent aux beaux-arts, en auront la propriété exclusive pendant dix années.

---

*Je place la présente Édition sous la sauve-garde des Loix et de la probité des Citoyens. Je déclare que je poursuivrai devant les Tribunaux tout Contrefacteur, Distributeur ou Débitant d'Édition contrefaite. J'assure même au Citoyen qui me fera connoître le Contrefacteur, Distributeur ou Débitant, la moitié du dédommagement que la Loi accorde. Paris, ce 1er Prairial, l'an 4e de la République Française, une et indivisible.*

*Buisson*

# VOYAGE
## PHILOSOPHIQUE ET PITTORESQUE
## EN ANGLETERRE
### ET
## EN FRANCE
### FAIT EN 1790,

Suivi d'un Essai sur l'Histoire des Arts dans la Grande-Bretagne.

Par GEORGE FORSTER, l'un des Compagnons de Cook;

Traduit de l'Allemand,

Avec des Notes critiques sur la Politique, la Littérature et les Arts,

Par CHARLES POUGENS.

Orné de 10 Planches gravées en taille-douce.

## A PARIS,
Chez F. Buisson, Libraire, rue Haute-feuille, n°. 20.

L'an quatrième de la République Française, une et indivisible.

On trouve, chez le même Libraire :

Voyage Philosophique et Pittoresque sur les Rives du Rhin, à Liége, dans la Flandre, le Brabant, la Hollande, etc., fait en 1790, par G. FORSTER, l'un des compagnons de Cook; traduit de l'Allemand, avec des Notes critiques sur la Physique, la Politique et les Arts ; par CHARLES POUGENS. 2 volumes in-8°. formant près de 900 pages.

Le Public ayant accueilli avec intérêt le voyage de G. Forster sur les rives du Rhin, en Brabant, en Hollande, etc. *, j'ai pensé qu'un autre voyage philosophique, fait en Angleterre dans le cours de l'année 1790 par cet homme célèbre, répandroit un grand jour sur les mœurs, les productions industrielles et le caractère de plusieurs personnages importans de la Grande-Bretagne.

L'estimable éditeur de ce troisième volume, M. Huber, homme de lettres, distingué par ses talens, nous apprend, dans une Préface écrite avec élégance, que » l'histoire des arts en Angleterre, » insérée ici comme supplément, avoit » été destinée par Forster à figurer » dans les annales de la Grande-Bre- » tagne de M. Archenholz. «

Ce morceau, plein de grace et de ce sentiment exquis du vrai beau qui

* Cet ouvrage se trouve à Paris, chez Buisson, Libraire, rue Haute-feuille, n°. 20; 2 volumes in-8° formant près de 900 pages.

caractérise toutes les productions de G. Forster, ne peut manquer de plaire à tous les connoisseurs instruits et délicats. L'auteur, après avoir écrit la première partie de ce troisième volume en savant, en politique, en homme d'état, parle des arts avec cette énergie, cette onction qu'il n'appartient qu'à un petit nombre d'êtres privilégiés de sentir et de communiquer.

Combien il seroit à désirer pour le progrès des sciences, que le public pût jouir bientôt des manuscrits de cet homme célèbre, déposés depuis long-temps au comité d'instruction publique ! Forster n'est plus, mais la France qu'il a si bien servie par ses écrits, par son courage, reste débitrice envers ses enfans des justes récompenses qu'elle n'a pu lui décerner durant sa vie. Législateurs d'une nation libre, honorez sa mémoire dans les êtres intéressans qui lui survivent ! élevés sous les yeux de sa veuve Theresa Huber, née Heyne, à qui peu de femmes en Europe peuvent être comparées pour l'esprit, la sensibilité, la grace, bientôt leurs vertus, leurs talens honoreront vos justes bienfaits.

Quant à moi, j'ai soigné ce troisième volume autant que pouvoient me le permettre les occupations tumultueuses et desséchantes auxquelles je suis condamné depuis un an. O Forster! pardonne si j'ai fanné quelques-unes des fleurs dont tu avois embelli ton ouvrage!

Forcé de me livrer temporairement au commerce de la librairie, j'ai su du moins m'arracher à l'esclavage des sollicitations, en immolant à la nécessité mes goûts les plus chers.

Peu de gens de lettres ignorent que depuis près de vingt ans je travaille au dictionnaire étymologique et complet de la langue française (*). Je laisse volontiers mes rivaux s'élancer dans la carrière : également instruit par leurs

---

(*) J'ai déposé, il y a trois ans, au comité d'instruction publique, le plan de mon dictionnaire, et j'en ai fait hommage à la Convention dans la séance du 5 brumaire de l'an 3. Voici la notice abrégée de ce plan : L'étymologie tirée des langues anciennes et principalement

succès ou leurs revers, bientôt je saurai les y suivre ; déjà j'entrevois l'instant où il me sera permis de reprendre, au sein de la solitude et sous la sauve-garde d'une austère économie, des travaux dont l'interruption excite chaque jour mes plus vifs regrets.

de celles du nord, telles que le scythe, le celte, le scytho-scandinave, l'islandais, etc. etc. Dans cette partie se trouvent le vocabulaire polyglotte de tous les mots de première nécessité, les variantes *orthographiques* des mots, à la suite desquelles j'ai cité scrupuleusement les anciens écrivains français antérieurs même au siècle de Joinville. — Les définitions. — Les diverses acceptions des mots, suivies des exemples, tirées des grands écrivains classiques qui ont enrichi et fixé la langue. — La prosodie. — La synonymie. — Les oppositions. — Les épithètes avec la distinction des mots qui appartiennent exclusivement à la poésie. Le dernier volume est consacré aux remarques sur la langue française, ainsi qu'au vocabulaire des mots anciens, qu'un faux bon goût a exilé du langage moderne ; celui des mots qu'il seroit possible d'emprunter avec discrétion des divers idiômes analogues ; un troisième, des mots nouvellement employés par les bons écrivains modernes. Cet ouvrage, dont je ne puis donner ici qu'une esquisse, incomplette est très-avancé : plusieurs parties sont terminées, et je me propose d'en commencer incessamment l'impression.

CARTE
DES ROYAUMES
D'ANGLETERRE, D'ECOSSE
ET D'IRLANDE.
d'après les dernières Observations

# VOYAGE
## EN ANGLETERRE
### ET EN FRANCE,

*Dans le cours de l'Année 1790.*

## LONDRES.

### I.

JETONS un coup-d'œil rapide sur les tableaux nouvellement exposés dans les salles de l'académie. La modeste devise qu'on lit en entrant, *in tenui labor*, est d'autant plus vraie, qu'on voit ici une grande quantité de petits tableaux d'une valeur assez médiocre et d'un travail considérable. Mais l'œil de l'artiste ou de l'amateur éclairé y découvre-t-il quelque trace de ce feu céleste qui caractérise les productions du génie ? Je pense que les membres de l'honorable académie ont eux-mêmes redouté cette question, lorsqu'ils ont fait graver cette devise si équivoque.

Les appartemens sont remplis d'une foule de tableaux de chevalets; mais, quoique le jour vienne d'en-haut, et que la pièce principale soit bien éclairée, toutes sont très-petites et en général peu dignes d'un muséum destiné à renfermer les chefs-d'œuvre des artistes d'une grande nation.

Les ouvrages du célèbre J. *Reynolds* (\*) ne sont pas un des moindres ornemens de cette collection. Tous ses tableaux décèlent un génie riche et créateur. L'apothéose de mistriss *Billington* (2) est un morceau plein d'imagination, de graces et de vérité. Ce sont ses traits, son air, cette suavité virginale, ce repos voluptueux qui rendent cette jeune actrice une des plus séduisantes personnes de l'Angleterre; en un mot, c'est son ame, sa vie toute entière. Les draperies sont du goût le plus simple, et semblent projettées sans art : on n'y remarque point cette coquetterie de pinceau, ressource des

---

(\*) *Toutes les notes de cet ouvrage sont renvoyées à la fin du volume.*

peintres médiocres, cette afféterie monotone qui distrait toujours péniblement l'œil du spectateur, tandis que l'artiste habile sait à propos sacrifier les accessoires pour ramener constamment l'attention sur la figure principale. Plus on examine cette charmante composition, plus il seroit difficile d'y trouver quelques défauts : les mains de mistriss Billington sont posées précisément, comme elles doivent l'être pour soutenir le cahier de musique; tout est à sa place, tout est naturel; l'esprit n'éprouve aucun embarras, aucun désir, et l'ame du spectateur sensible se repose délicieusement sur ces yeux, ces lèvres, ces traits si touchans, si remplis d'harmonie, et cette physionomie céleste qui semble respirer sur la toile.

Laissons aux génies froids le pénible soin d'épier les négligences échappées au pinceau de l'artiste. Loin de moi cette morne et éteignante censure qui ne s'attache qu'à compter tristement de légères erreurs, et malheur à celui qui pourroit être sévère en considérant un semblable objet!

Les six autres portraits ne sont point indignes du pinceau de Reynolds; chacun a sa grace, sa beauté particulière.

Les ouvrages de Rigaud (3) doivent occuper ici le second rang. Samson qui brise ses chaînes, est une superbe académie; c'est mieux encore, c'est une grande et majestueuse composition. La tête de Samson est d'un style fier; tous ses traits annoncent l'indignation d'une ame énergique, qui sait s'affranchir des liens tissus par un bas artifice; mais la figure de Dalila, placée auprès du héros, est dénuée d'intérêt et de grace, on n'y voit point régner cet air de surprise et de confusion, compagnes inséparables de la trahison et du crime, et c'est-là son moindre défaut; car, en pareille circonstance, le philosophe et le connoisseur pardonneroient moins volontiers à l'artiste de charger l'expression que de l'affoiblir: il suffit aux Dalila d'être belles.

On trouve encore ici un charmant tableau du même maître, représentant une très-belle tête environnée d'anges qui, pour la plupart, sont dignes du pinceau du Guide, mais où dominent un peu trop l'outremer et le carmin.

*Hodges* (4), peintre de paysage, créateur en son genre, réunit dans ses délicieuses compositions tout ce que la nature peut offrir de plus délicat et de plus exquis. Nul n'a su mieux que lui s'élever jusqu'à l'apogée de son art, entraîner l'ame du spectateur et la transporter au-delà des limites ordinaires. Quel dommage que ses figures déparent un peu ses charmans paysages! Son tableau de *Marlow* (5) est d'une beauté achevée, c'est la nature même; mais lorsqu'on examine séparément le paysage et les figures, on seroit tenté de demander: ces figures sont-elles de Hodges, ou ce paysage est-il d'un autre maître?

Un mot sur le tableau du peintre *Hamilton* (6), représentant une fête donnée par Salomon pour célébrer l'arrivée de la reine de Saba. Ce tableau est d'un moindre prix pour les amateurs que pour les artistes; l'effet en est presque nul. L'imagination peut-elle sourire au spectacle uniforme d'un banquet? Que signifient des groupes de convives diversement alignés? Être à table, manger, se regarder, tel est le cercle étroit dans lequel se trouve emprisonné le génie de l'artiste. Pourquoi les peintres choisissent-ils de semblables sujets? La vanité seule a pu inspirer à mylord *** l'idée d'ordonner ce tableau au peintre Hamilton, et sur-tout de le faire placer au milieu de l'église de sa seigneurie. Mylord est représenté, dans ce tableau, sous les traits du plus sage des rois; la reine de Saba est le portrait de sa nièce, mistriss Howard; la troisième figure est encore une des parentes de l'honorable lord. Ce tableau renferme donc un Salomon et une reine de Saba, qui, certes! ne peuvent être un grand sujet d'admiration pour les amateurs des arts.

L'ABBAYE DE WESTMINSTER.

## I I.

*Abbaye de Westminster* (7). *Messie, Oratorio de Handell* (8).

### 3 juin.

Ce célèbre morceau de musique est destiné à peindre l'occupation des bienheureux dans le ciel. Le cœur des chanteuses est assis et si serré, qu'on ne sauroit trouver place dans le séjour céleste ; aussi doit-on se hâter d'aller prendre un billet d'entrée chez les prêtres du temple. On voit dans la travée, au-dessus des orgues, les saints patriarches peints sur verre ; ainsi la ressemblance avec l'empirée est complette : oisifs, immobiles et diaphanes comme les êtres bienheureux dont ils sont l'image, leur existence sur les vitres de l'abbaye équivaut presque à leur céleste incorporéité.

L'orchestre est placé sur un amphithéâtre, au pied des orgues ; sur les côtés sont les timballes, plus bas sont les instrumens ; puis la musique vocale sur le devant de la scène.

Les bancs sont très-élevés les uns au-dessus des autres ; le plus haut est occupé par des enfans.

Dès onze heures, l'église étoit remplie de monde. Au commencement je fus d'abord pressé par la foule, et je craignis de ne pouvoir écrire mes remarques : j'observois avec peine qu'elle s'augmentoit à chaque instant. On s'engage dans le programme à ne pas distribuer un plus grand nombre de billets d'entrée que le local ne peut contenir d'individus ; mais M. Astley, directeur de cette solemnité, n'a pas sans doute des idées bien justes sur la commodité des spectateurs : une guinée est cependant un prix assez honnête pour que celui qui la donne puisse espérer d'être bien placé. Moi-même j'aurois murmuré, si je n'eusse réfléchi que cet argent devoit être employé à augmenter les fonds destinés aux musiciens pauvres, aux enfans, aux ecclésiastiques peu fortunés et à l'hôpital de Middlesex ; une semblable destination mérite bien quelques sacrifices.

Ici l'on a lancé un anathême contre les chapeaux. Voici le texte du réglement: *No ladies will be admitted with hats*, « Nulle dame en chapeau n'entrera. » Mais elles savent se venger de la rigueur de cette loi par une coëffure si élevée, qu'il en résulte, à peu de chose près, le même inconvénient pour les spectateurs : les plumes sont prohibées. Cependant on a fait grace aux aigrettes. En un mot, toutes les dimensions de la parure des femmes qui se proposent d'assister à cette société royale de musique, sont tellement compassées, qu'on pourroit établir à l'entrée de Westminster un guichet de forme parallelogramique, qui serviroit à toutes de mesure commune. Il est étonnant qu'on ait proscrit les plumes dans un lieu entièrement destiné au plaisir des oreilles, tandis qu'il n'existe aucun réglement de ce genre dans les autres salles de spectacle. Cependant cette multitude d'assistans qui, pour me servir de l'expression anglaise, sont tous *in full dress*, offre un coup-d'œil infiniment agréable. Les femmes sont presque toutes vêtues de blanc.

Un quart-d'heure avant midi on ferme la porte de l'abbaye, et ensuite personne n'entre plus. Deux gardes à pied, armés de longues hallebardes, sont placés au-dessous de la loge royale, deux autres sous l'amphitéâtre. Ces deux pauvres factionnaires étoient si pressés par la foule, qu'ils étoient obligés de monter sur un banc, et de s'y tenir un pied en l'air. Leur uniforme, ainsi que tout ce qui appartient à la suite de la cour, me parut d'ailleurs d'un assez mauvais goût. Leurs manteaux sont rouges et bordés de velours bleu. On voit le nom du roi sur leur poitrine, et celui de Dieu sur une plaque située de manière à honorer médiocrement la divinité. Comme il leur seroit impossible de soutenir long-temps cette position, on les relève fréquemment.

Les directeurs n'ont consacré qu'une partie de l'abbaye à ce nombreux concert ; l'autre remplie de monumens dignes d'être conservés, reste vide et ne sert que d'issue aux spectateurs ; les bas côtés sont éclairés par des lampes de forme antique.

La loge du roi est tapissée de taffetas pourpre brodé en or. Cette tapisserie représente les armes d'Angleterre.

A midi précis, le roi arriva accompagné de ses filles, du duc de Glocester, du prince Williams et du plus jeune de ses fils. Le roi ne portoit point l'uniforme de Windsor, mais il étoit magnifiquement vêtu à la française. Ce monarque (9) me parut avoir peu de goût pour la musique, car il ne s'occupoit guère que d'ajuster sa lorgnette et de satisfaire ainsi sa royale curiosité.

Mais, pour revenir au concert, l'exécution en fut parfaite et l'ensemble m'en parut admirable. Un instant après l'arrivée du roi, on joua l'ouverture, ensuite nous entendîmes les suaves accens de ce beau récitatif: *Comfort ye, my people, saith your god*, (Confortez-vous, mon peuple, etc.) Mistriss *Mara* (10) passa avec beaucoup d'art de ces sons doux et mélodieux à un mode plus impérieux et plus grave, et chanta ces paroles: *Prepare ye the way of the lord*, Préparez la voie du Seigneur. C'est dommage que le poëte s'arrête trop long-temps sur cette idée, car il faut remplir les vallons et abattre les montagnes pour frayer la route au Dieu des armées! Oh! qu'il est sublime ce récitatif que monsieur Salles exécuta ensuite avec tant de supériorité: *This saith the lord of host*, (Le Dieu des armées parle ainsi!)

Toutes les magiques ressources de l'harmonie imitatives sont épuisées dans ce beau vers: *I wil shake the heavens and the earth, the sea and the dry land*, (Je ferai trembler le ciel et la terre, la mer et le continent). Cependant, à mon avis, le compositeur soutient trop long-temps l'attention durant cet autre verset: *A virgin shall conceive.* La musique exprime la joie de la conception ; mais, lorsqu'un instant après la Vierge profère le nom d'Emmanuël, l'effet est absolument détruit. Ce défaut dans la déclamation de la musique articulée n'est que trop fréquent. Les acteurs, en récitant, expriment premièrement leurs propres sensations, et ensuite ils imitent le ton d'un homme terrassé, craintif et joyeux.

Le morceau le plus savant, le plus harmonieux de ce célèbre oratorio, commence depuis le chœur: *For unto us a child is born*, (Un enfant est né pour nous), et continue jusqu'à l'air: *Rejoice, o daugter of Sion!* Réjouis-toi, ô fille de Sion! La composition est plus soignée. Ces mots admirables: (le juge tout-puissant), sont d'un effet terrible, et peignent dans toute sa majesté l'essence redoutable du Créateur et du Maître du monde. Entre le récitatif et le chœur, on entendit une musique dont l'effet se manifestoit visiblement sur ceux des auditeurs que la nature avoit doués de ce sentiment intime du vrai beau dont elle ne favorise qu'un petit nombre d'élus. A une musique sombre et *grandiose* succéda une musique virginale, des sons purs et limpides destinés à peindre les douces jouissances de la vie champêtre. Ensuite viennent ces mots : *There were shepherds abiding in the field..* (Des bergers gardoient leurs troupeaux dans les campagnes.) Les sons d'un chalumeau se confondoient avec ceux de la flûte. De pareils effets se sentent et ne s'expriment point. L'Ange paroît, insensiblement le génie du musicien s'élève et s'enflamme. L'hymne : *Glory to God in the highest and peace on eart*, (Gloire à Dieu au ciel et paix sur la terre), s'accorde délicieusement avec le morceau qui précède.

Le texte de la seconde partie offre un sens moins admirable, mais la musique n'est point inférieure à celle de la première. Belle miss Cautels (11), combien vous fûtes applaudie, lorsque vous chantâtes l'air : *But thou didst not leave his soul in hell*, (Non, tu ne laisseras pas son ame dans le séjour infernal)! A voir cette jeune cantatrice, je n'aurois pas même soupçonné l'étendue de sa voix. Les chœurs qui suivent produisirent leur effet ordinaire, sur-tout ces mots: *Who is this king of glory? the lord strong and mighty, the lord mighty in battle*, (Où est ce Roi de gloire ? le Seigneur fort et puissant, le Seigneur puissant dans les combats). Ces chœurs doubles me firent souvenir des coutumes de nos ancêtres, qui chantoient de la même manière leur strophe et leur antistrophe. Le chœur qui commence par ces mots: *Let us break their bands asunder*, tonnoit avec une si grande force, que plusieurs femmes saisies de terreur étoient sur le point de s'enfuir. Mais la musique de ces mots : *Hallelujah the lord god omnipotent reigneth*, fit bientôt succéder à cette épouvante passagère des émotions plus élevées et plus vives. Après le bruit des timbales et le son des trompettes, le silence subit qui règne durant quelques secondes, produit l'effet le plus imposant.

La troisième partie est destinée à exprimer les salutaires avantages de la rédemption. Madame Mara se surpassa elle-même dans cet air : (Je sais que mon Rédempteur vit), *I know that my Redeemer lives*. Elle paroissoit vouloir déployer tout son art devant une assemblée si illustre. Ses transitions et ses cadences, qui ne pouvoient être exécutées que par elle-même, étonnoient l'oreille la plus exercée. Lorsque tout l'auditoire croyoit sa voix épuisée, soudain elle causoit une nouvelle surprise par un trille perlé qui sembloit sortir de son gosier mélodieux, avec autant de facilité que si ces tons brillans eussent été son langage ordinaire.

Le texte de cette troisième partie n'offre qu'un assemblage informe de fragmens décousus. Quand un poëte veut composer une cantate religieuse, de quelque passages de la bible, il doit du moins faire son choix avec plus de circonspection. Les images orientales devoient être ménagées avec plus d'art et de goût, dans l'air: *In den twinkling of a use*. Les comparaisons réitérées entre Dieu et une brebis, et plusieurs autres du même genre, sont aussi déplacées que ce concerto italien:

*The sting of death is sin*
*and the strength of sin is the law.*

Le peché est l'aiguillon de la mort et la loi est l'origine du péché.

Le dernier chœur, *Worthy is the lamb*, est le plus beau morceau de cet oratorio si vanté. Il est fait avec plus d'art et de verve que le *Hallelujah for the lord*, mais produit-il une sensation aussi profonde et aussi durable ?

―――――

## III.

*Éducation, Théâtre et Littérature des Anglais.*

Les Anglais sont nés bons, sensibles, rudes, grossiers et sensuels. Il en résulte que l'on trouve dans leurs pièces de théâtre, autant de grandeur et de naïveté que d'indécence. Les Français esclaves des bienséances ne disent rien en public qui puisse choquer l'oreille la plus délicate. Les femmes ont cet air d'aisance et de liberté, cette douceur de mœurs qui rend leur société si chère à tous les cœurs épurés, à tous les esprits cultivés. Elles peuvent, sans manquer aux règles de la décence, répéter en particulier tout ce qu'elles entendent dire en public.

Les Anglais ont en général peu d'égards pour le sexe, soit au théâtre, soit dans leurs conversations. L'indécence règne le plus souvent dans leurs propos, et leurs femmes qui sont obligées d'entendre beaucoup de paroles qu'elles ne sauroient répéter avec

B

décence, deviennent sombres, froides, précieuses et prudes.

L'éducation des Anglais n'est nullement propre à former à-la-fois et le cœur et le goût; ils sont tous d'un *génie médiocre* (12), et ils n'ont point de règles universellement établies pour leur conduite. Toujours grossiers, jamais délicats, peu attentifs sur eux-mêmes et sur les autres, souvent gauches et embarrassés, lorsqu'ils se trouvent en bonne compagnie, ils paroissent déplacés près des femmes honnêtes. Les Anglais vivent trop peu en société et préfèrent des coteries sans femmes, parce qu'ils n'y éprouvent aucune gêne; ce qui les accoutument insensiblement à ne plus observer aucun égard avec elles. D'un autre côté, aussi-tôt que le cœur parle, ou pour mieux dire leurs sens, si-tôt que l'amour s'empare de leurs facultés, alors ils se dépouillent de cette âpreté repoussante, et sont plus francs, plus sensibles que les autres hommes.

Mad. Siddons (13) avoit quitté Londres avant notre arrivée, parce que son engagement étoit fini, et avec elle la tragédie disparoissoit de dessus la scène. Depuis un an, on n'a donné aucune pièce nouvelle qui mérite d'être distinguée.

La crusade (14) est une espèce d'offrande, ou plutôt une romance dramatique.

Quant à la tour habitée, *The haunted tower* (15), dont Cobb (16) est l'auteur, on n'y trouve ni conduite ni vraisemblance, mais la musique en est belle.

Ni chanson, ni souper, *No song, no supper* (17), n'est qu'une farce en musique, et ne peut plaire que par la voix et le jeu de M.$^{me}$ Storace (18), célèbre chanteuse italienne, qui possède parfaitement la langue anglaise. La musique est de son mari : elle est charmante ; mais il l'a pillée dans les ouvrages de Pleyel, de Gretry et de Giordani.

Le dramatiste, *The dramatist* (19), pièce d'un jeune homme nommé Reynolds (20), qui s'y est représenté lui-même, est un ouvrage rempli de raison et d'agrément, mais assez mal dialogué. On y voit une peinture fidèle des mœurs de ce pays-ci.

Les Rivaux, *The Rivals* (21), de Sheridan (22), que j'ai vue jouée avant la farce *No song, no supper*, est une ancienne pièce déjà traduite en allemand. Miss Farren (23) joua très-bien le rôle de Julie, et fut applaudie peut-être avec trop d'enthousiasme. Cette actrice n'a point atteint la perfection dans les emplois de haut comique, mais sa déclamation dans les rôles tragiques est parfaite, précise, pure et claire. Celle de Kemble (24), le premier acteur de Londres, est trop monotone, tandis que celle d'Holman (25), que je n'ai point eu occasion de voir encore, est, à ce qu'on m'a assuré, sauvage, emphatique, et dénué de ce naturel précieux sans lequel il n'est ni acteur ni poëte. Garrick et ses dignes élèves montroient une chaleur plus réelle et mieux sentie, lorsqu'ils cherchoient à peindre les passions. Aujourd'hui il règne trop de froideur ou de recherche dans les tirades de nos acteurs. Kemble joue néanmoins assez bien, principalement les rôles qui demandent une sorte de dignité; alors il sait tirer un grand parti de sa prononciation lente et tardive. Je n'ai jamais observé sur les théâtres allemands un semblable dégré de dignité, de majesté dans les rôles des rois et des héros, parce qu'on n'imite pas assez la nature, ou parce qu'on la suit de trop près, et qu'en un mot on n'y distingue pas assez le caractère qui convient à un grand personnage.

La manie des anecdotes est poussée à Londres plus loin que par-tout ailleurs, et c'est un des plus doux passe-temps de cette classe nombreuse d'hommes oisifs dont les grandes villes sont remplies. La malignité y trouve aussi son compte, et lorsqu'on peut faire circuler dans le public quelque trait au désavantage d'un homme en place, d'un savant ou d'un artiste célèbre, on croit, comme chez nous, qu'il cesse d'être un grand homme. Le mérite, quelque vrai qu'il puisse être, soutient rarement l'œil scrutateur des contemporains. Frédéric, l'immortel Frédéric, paroissoit moins grand aux yeux de ceux qui le voyoient assujetti aux mêmes besoins que les autres hommes. De tels objets devroient-ils donc être examinés à travers un microscope? Pourquoi se contenter de connoître le buste d'un héros, au lieu de considérer à loisir toute sa personne, et comment trouve-t-on du plaisir à mettre au jour tout ce qui le défigure?

Avant de terminer ce paragraphe, je dirai un mot de la charmante comédie intitulée: *Le stratagême du petit-maître* (26). Douze années s'étoient écoulées depuis mon dernier voyage en Anglettere; ainsi j'ai pu saisir les nuances frappantes que le tems et les circonstances ont introduites dans le style et sur le théâtre. Levis (27) jouant le rôle d'archer, Quick (28) celui de scrub et mistriss Pope, autrefois miss Young (29), ne sont que de foibles esquisses de Garrick, de Weston (30) et de miss Barry (31). L'acteur Levis n'avoit nullement saisi l'esprit de son rôle. Au lieu d'être un gentilhomme travesti en domestique, c'étoit plutôt un valet qui affectoit les manières de son maître. Scrub n'est qu'un paysan ignorant et stupide, dont le cerveau enfante quelquefois d'assez bonnes idées. L'acteur Quick, au contraire, affectoit dans son rôle une finesse étrangère, et paroissoit trop prévoir les événemens qu'il ne devoit pas même soupçonner. Le célèbre Weston savoit éviter ces invraisemblances: son jeu, ses mouvemens n'étoient point maniérés. Weston paroissoit un pâtre dépourvu de toutes les idées acquises, un esprit rude et inexercé; en un mot, ce n'étoit point un acteur, c'étoit Scrub lui même. Mistriss Pope enfin, qui selon moi est une actrice d'un talent distingué, ne met dans le rôle de miss Sallen, ni la vivacité, ni les graces légères qui conviennent à cet emploi.

La farce intitulée: *L'amour dans un camp*, (32), me parut d'une platitude insupportable.

## I V.

### Procès de Warren Hastings. Westminster-Hall.

On sait que Westminster-Hall est rempli de sièges dont les rouges sont pour les pairs ou pour ceux qui sont munis de leurs billets d'entrée; les verts sont occupés par les membres de la chambre-basse. Les séparations destinées aux directeurs, ou *managers*, ne sont éclairées que par des lampes et des chandelles. La chambre des prisonniers où est Hastings, jusqu'à ce qu'il soit appelé et amené par l'huissier Blackrod, n'est qu'un réduit sombre et triste; le jour n'y pénètre qu'à travers deux petites fenêtres grillées et fort étroites. On apperçoit dans les chambres des directeurs plus de vingt gros volumes in-folio d'actes du parlement. Lorsqu'Hastings entre dans la salle, il se met à genou; alors le chancelier lui dit de se lever, et on lui permet de s'asseoir. Quelle humiliation pour un despote indien, de voir ainsi son orgueil abaissé! Maintenant il doit y être accoûtumé, et c'est ainsi que chacune de nos sensations s'use et s'affoiblit par dégrés. O nature! bienfaisante nature, qui préfères notre conservation à notre sensibilité même, combien tu es plus libérale encore envers ces ames élevées qui ne savent point se consoler de la plus légère offense!

## 5 *Juin.*

Que n'ai-je vécu dans ces siècles antiques où le saint peuple d'Athènes étoit assemblé pour quelque cause du genre de celle-ci! Rendu ensuite à la lumière, et riche de mes souvenirs, je pourrois établir une juste comparaison entre l'une et l'autre. L'assemblée d'Athènes étoit sans doute moins brillante que celle de Wesminster - Hall. Certes! on y voyoit moins de femmes. Ici, au contraire, leur nombre surpasse celui des hommes. Les brillantes jacinthes des jardins de Harlem offrent un spectacle moins varié, et n'exhalent point d'odeurs plus suaves; presque toutes sont vêtues de blanc. Cet uniforme virginal n'est interrompu que par des rubans de couleur de rose tendre, ou de bleu pâle. On ne voit pas un seul chapeau. Toutes les têtes sont ce qu'on nomme ici *in full dressd,* ( coëffées en plein. )

Le local de la chambre-haute n'est pas assez vaste. Cependant cinq mille Anglais, assis sur plusieurs bancs disposés en forme d'amphithéâtre, peuvent assister au jugement qu'on va prononcer sur un de leurs compatriotes. Divine publicité! justice auguste et sainte qui ne fuit jamais la lumière! que nul peuple, nul pays, nul ville n'ose se dire libre, si leurs juges décident à huis-clos sur le sort du dernier de leurs concitoyens! Je hais ces vociférateurs empoulés, ces énergumènes fougeux et plus souvent menteurs, qui ont sans cesse le mot de liberté à la bouche, sans savoir même ce que c'est que liberté, ou qui sont indignes d'en savourer les ineffables douceurs. Je hais ces esclaves qui parlent sans exécuter; car de simples paroles et les convulsions d'une éloquence passive suffisent-elles, lorsqu'il s'agit d'exciter l'horreur que tout être doué d'une étincelle de raison doit concevoir pour l'odieux tyran qui, se disant le père de son peuple, ose le juger en secret? Tout jugement secret est un assassinat, et d'autant plus odieux qu'il est revêtu des formes juridiques. Nuls motifs, de quelque nature qu'ils puissent être, ne peuvent légitimer un pareil attentat. L'individu que l'on juge en secret, est une victime de la tyrannie; s'il peut s'y soustraire, il rentre dans tous les droits naturels à l'homme physique, à tout être qui respire; il rentre sous la sauvegarde de lui-même, et devient avec justice son propre vengeur.

A neuf heures on ouvrit les portes de Westminster-Hall. A onze heures et demi la moitié de la salle étoit déjà remplie de monde. Mais, pourquoi tant de femmes dans un lieu où il leur est impossible de bien entendre ce qu'on y dit, où elles ne comprennent rien de ce qu'elles entendent, et où elles sont obligées d'attendre, jusqu'à deux heures après-midi, que l'affaire commence? Elles sont donc forcées d'y rester oisives près de quatre heures de suite. Ne viendroient-elles que pour se faire voir? je ne le crois pas, car il est bien difficile de se reconnoître dans cette salle immense où les sièges sont disposés de manière qu'on ne peut se regarder en face. Viennent elles donc pour causer ensemble? Mais ce qui me parut admirable, ce fut de voir régner un silence aussi profond dans une assemblée aussi nombreuse. Quelles sont donc les causes de ce rassemblement inexplicable ? l'oisiveté, la curiosité, ce froid tyran de la bonne compagnie. On assiste à l'affaire de Hastings, parce que c'est la mode, parce que c'est un moyen de prouver qu'on est en liaison avec la famille d'un lord, et qu'on peut obtenir des billets d'entrée. Cependant nous avons payé une demi-guinée pour la nôtre. Certes! la majeure partie va moins à Westminster-Hall pour y être que pour y avoir été; on y va pour apprendre les modes du jour, pour avoir joui du moins une fois de ce spectacle, pour voir le chancélier assis sur son sac de laine, les lords dans leurs manteaux, les héraults dans leurs habits bigarrés, les douze juges ainsi que l'orateur de la chambre-basse avec leurs perruques; pour contempler en face W. Hastings, un homme dont tout le monde parle, et qui a excité l'éloquente verve des plus célèbres orateurs de l'Angleterre, tels que Burcke (33), Fox (34) et Sheridan (35).

A deux heures enfin nous vîmes entrer une partie des membres de la chambre-basse, et quelques momens après parurent ceux de la chambre-haute, ayant à leur tête les douze grands juges en perruques et en manteaux, puis les lords, les héraults et le chancelier: chacun, sans exeption, inclinoit la tête devant le trône, quoique le roi ne fut pas présent. Alors le porte-masse, *mace-bearer*, cria par trois fois : *oyez, écoutez*, et au nom du roi il ordonna à tous les assistans de garder un profond silence, sous peine d'être incarcérés. Ensuite il somma Hastings de paroître; alors le chef des huissiers sortit pour l'aller chercher, et peu de tems après Hastings parut. Il salua trois fois l'assemblée, se mit à genoux suivant l'usage, et s'étant relevé sur-le-champ, il prit place sur le fauteuil qui lui étoit destiné.

Le chancelier ouvrit alors la séance, et l'on se mit en devoir d'entendre les diverses dépositions des témoins. Le clerc de la chambre lut un si grand nombre de pièces, que plusieurs des assistans commencèrent à défiler. En général, les nobles lords ne sont point immobiles à leurs places, plusieurs même quittent leurs sièges et vont discourir avec les membres de la chambre-basse. Certes! dans cette saison, leur sort est peu digne d'envie, sous leurs manteaux doublés d'hermine. La voix du chancelier est claire, distincte et sonore ; on peut l'entendre de toutes les parties de la salle.

## V.

### Des Arts et Métiers.

#### Du Corps des Métiers.

Il n'existe point de corps de métiers en Angleterre comme en Allemagne, et autrefois en France, mais de simples corporations libres. Le but n'est point le perfectionnement de l'art, comme en Allemagne; il est purement politique, car nul artisan n'est soumis à aucun droit de jurande dans la cité de Londres. Un imprimeur peut être à-la-fois peintre, boulanger, etc. Dans chaque ville, au contraire, où il y a des corporations, personne ne peut exercer aucune profession manuelle, avant de s'être fait aggréger au corps entier, ou d'avoir obtenu la permission expresse de la ville, soit en qualité de bourgeois, soit par un apprentissage de sept ans chez un maître, soit enfin par argent.

Ce droit, dans presque toutes les villes de la Grande-Bretagne, coûte trente livres sterlings. On peut l'obtenir à meilleur marché dans certaines corporations, c'est-à-dire, au prix de vingt-quatre livres; c'est pourquoi on cherche ordinairement à s'affilier à une société moins coûteuse, par exemple aux musiciens. Cette maîtrise, ainsi que le droit de bourgeoisie dans une ville, s'acquière au moyen d'une inscription à l'hôtel-de-ville et à l'office du corps de métier. Celui qui devient bourgeois par un apprentissage de sept ans ou par argent, peut alors exercer pour son propre compte. Une affiliation à un corps de métier, soit par argent, soit par suite d'un apprentissage de sept années, en donnant le droit de bourgeoisie, ne donne pas celui de voter dans les élections, quoique Volkman, dans la première partie de son livre, pag. 225, dise expressément le contraire.

Le perfectionnement de l'art en Angleterre n'est point le but principal de ces corporations. Aucune n'est assujettie à un nombre déterminé de membres. Chaque maître peut avoir autant de compagnons qu'il désire: on n'est point obligé de faire son chef-d'œuvre, et il n'existe aucune distinction entre apprentifs et compagnons. Ces derniers, c'est-à-dire, ceux qui ne travaillent pas pour leur propre compte, se font inscrire à l'office du corps de métier, lorsqu'ils sont sans ouvrage. Un maître qui a besoin de compagnons est obligé de prendre ceux qui sont inscrits les premiers, sans qu'il lui soit permis de préférer les plus habiles. S'il veut choisir parmi ceux qui sont inscrits, cet avantage lui coûte une certaine somme. Le salaire des compagnons est dans quelques corps, comme par exemple chez les tailleurs, déterminé par un acte de parlement. Un maître qui donne plus de salaire qu'il n'est décrété, s'expose à être poursuivi en justice.

Chaque corps de métier a son hôpital (36); les frais de cet hospice se prennent sur la caisse générale du corps, dans laquelle chaque compagnon, chaque bourgeois, doit verser annuellement une certaine rétribution. Un compagnon qui n'a point acquitté régulièrement cette taxe, doit payer l'arriéré avant de devenir maître.

Dans toutes les villes où il n'existe aucune corporation, chaque individu peut librement exercer un métier quelconque. Par exemple, à Westminster, tout citoyen peut être tailleur ou cordonnier, ou un tailleur aujourd'hui peut devenir cordonnier demain, et ainsi du reste : les ouvriers n'y ont aucun rapport politique avec le gouvernement. Les membres du parlement ne sont choisis à Westminster que par les propriétaires des maisons.

Un Juif en Angleterre peut exercer tout métier qui n'appartient pas à une corporation particulière. Le grand nombre d'ouvriers Juifs qui sont à Westminster nous prouvent que les loix de Moyse ne défendent pas d'exercer une profession quelconque. On trouve une grande quantité de bouchers Juifs à Goodmansfield. Hors des villes, il est permis d'exercer indistinctement toute sorte de métier, à l'exception des lieux qui se trouvent sous la jurisdiction d'une ville où il y a des corps de métiers ; dans ce cas, l'ouvrier dépend de la corporation de cette même ville.

## 12 *Mai.*

Ici le torrent des nouvelles inonde et submerge l'opinion publique, ainsi que la vérité. Comment trouver toujours une nourriture suffisante et solide pour cet animal dévorant à huit fois cent mille gosiers ? Hier, dit-on, le roi de Suède est mort d'une
fièvre

fièvre bilieuse ; aujourd'hui on assassine l'impératrice ; les Espagnols se sont emparés de la Jamaïque ; la France apprête vingt vaisseaux de ligne ; les bruits de paix retentissent d'une extrémité de la ville à l'autre. Ces fictions contradictoires donnent ensuite matière à des spéculations à l'infini sur la bourse de Londres. Les fonds publics montent ou baissent à proportion de l'adresse que les joueurs emploient à démontrer la probabilité des bruits qu'ils ont intérêt de répandre. Les lettres authentiques, les récits des capitaines de vaisseaux, les confidences des ministres, rien n'est épargné pour arriver à leur but. Chaque jour la foule des oisifs qui s'occupe religieusement, en prenant le thé, à lire les gazettes, et qui ne cherche, pour me servir de l'expression anglaise, qu'à *dépenser le temps*, est toujours avide de nouvelles, et sur-tout exclusivement occupée du soin de bien digérer ; douce et sublime sollicitude qui marche de pair avec l'honnête crédulité de ces bons oisifs pour les invraisemblances et les miracles !

Depuis trois semaines on ne parle, dans toutes les sociétés de Londres, que d'un monstre d'une espèce nouvelle et d'une essence inconnue. Les gazettes en sont remplies ; les auteurs des pièces de théâtre en entretiennent le public sur la scène ; les femmes en ont peur. Le peuple fixe avidement ses regards sur chaque objet qui se présente, dans l'espoir ou la crainte d'y découvrir le monstre. Tous les murs de la ville sont salis d'amples placards dans lesquels on promet une récompense à ceux qui pourront le saisir. On a ouvert des souscriptions volontaires pour le faire emprisonner. Miss Smith, jeune dame du bel air, et qui est la franchise même, lui a lâché un coup de pistolet derrière l'oreille : depuis il s'est travesti, se promène dans tous les quartiers de la ville sous diverses formes, blesse les jolies femmes avec un instrument de son invention, ou de petits crochets cachés dans des fleurs, des aiguilles à emballer etc.... etc....

Ce prétendu monstre est un être de raison, une chimère avec laquelle on amuse les oisifs habitans de Londres. Un voleur aura blessé quelques femmes avec l'outil dont il se servoit pour tourner et vider les poches : telle est peut-être l'humble origine de cette longue suite d'aventures qui ont occupé, durant près d'un mois, la cour et la ville. Ce monstre si redoutable, cet enfant de ténèbres, sans cesse occupé à exercer sa rage sur le beau sexe, et qui s'étoit ligué avec une légion d'autres esprits malins, soit par vengeance, soit par une suite de leur perversité naturelle, afin de tourmenter les femmes, et sur-tout les plus jolies, ce monstre est né d'une simple piqûre!

## VII.

*De l'Histoire naturelle, et de sir Joseph Banks* (37).

L'HISTOIRE naturelle, à l'exception de la botanique, est fort négligée dans la capitale de la Grande-Bretagne. La minéralogie l'est encore davantage : on ne trouve à Londres ni connoisseurs ni amateurs en ce genre.

*Hawkins* (38) est le seul minéralogiste qu'on puisse citer ; M. Greville ouvre à peine son cabinet huit ou quinze jours de suite dans l'année ; M. Macie n'étudie la minéralogie que dans ses rapports avec la chymie de l'air : tous ignorent absolument les nouvelles découvertes de nos savans modernes. Greville est membre de l'opposition et sa fortune est très-médiocre ; l'écossais *Raspe* est un assez bon minéralogiste, mais il n'est point au courant des nouvelles découvertes, et il ignore entièrement les formes actuelles de cette science.

Londres renferme peu de zoologistes. Pennant est sans profondeur ; Latham vient de terminer son ornythologie ; Yeals (39) possède un assez beau cabinet d'insectes. Mais si diverses parties de l'histoire naturelle sont négligées, la botanique, au contraire, est mieux cultivée à Londres que dans aucune ville de l'Europe. Martyn (40) a traduit en anglais les lettres de Rousseau sur la botanique ; il a augmenté cet intéressant ouvrage de vingt lettres nouvelles, et l'a enrichi d'un assez grand nombre de planches en taille-douce : malgré l'aridité du sujet, les femmes l'achètent et le lisent avec empressement.

Curtis (41) donne des leçons de botanique et publie périodiquement un magasin ou journal de cette science ; on lui doit un excellent ouvrage, sous le titre de *Flora de Londres*. Smith (42) fait aussi des lectures de botanique, et continue de publier les ouvrages de Linnée, auxquels il a mis la dernière main.

On doit au savant Dickson (43) un excellent ouvrage sur les mousses, la fougère et les éponges. L'habile dessinateur Baver (44), le même qui amena en Angleterre le jeune Jacquin, se propose de publier incessamment un *Hortus Kewensis* (45). Ses planches sont dessinées avec un soin particulier et m'ont paru de la plus belle exécution. Cependant, il n'est pas le premier qui ait traité cette intéressante matière. Miss Marguerite Meen (46) avoit publié, avant lui, quatre feuilles de plantes, format grand Atlas : ce recueil contenoit à-la-fois des plantes rares et communes; on y trouvoit, par exemple, la *Strelitzia regina* (47) et la *Solandra speciosa* (48), ainsi que le *Plumbago rosea* (49) et le *Cypripedium album* (50). L'exécution en est d'ailleurs assez médiocre; aucune des plantes n'y est dessinée avec cette justesse botanique, si nécessaire dans les ouvrages de ce genre; et cependant ces quatre feuilles coûtent fort cher.

Le grand ouvrage de Banks est encore l'objet favori des entretiens des savans de la Grande-Bretagne; il assure qu'il ne le vendra jamais, qu'il n'en fera tirer que peu d'exemplaires, dont il se propose de faire présent à ses amis. Toutes les planches, qui doivent être au nombre d'environ deux mille, sont déjà achevées. Personne ne peut deviner la raison de ce qui en retarde la publication; Dryandre (51) lui-même paroit être dans l'impossibilité d'expliquer la cause de ces continuels retards.

## VIII.

On sait que le capitaine Bligh a voyagé dans la partie nord-est de l'Amérique, et que M. Cook s'est servi de cet officier, dans son dernier voyage, tant pour faire des cartes géographiques que pour dessiner les divers sites des lieux qu'ils devoient parcourir. Seul, il a exécuté cette longue et pénible tâche. A son retour, ses dessins furent déposés à l'amirauté, et M. Roberts a été chargé de réunir toutes ces cartes, afin de les joindre au récit de ce célèbre voyageur; mais comme il avoit obtenu en même-temps un commandement sur un cutter des douanes, il trouva plus avantageux de persécuter les contrebandiers que de faire des cartes géographiques. Cette négligence coupable fut la cause des retards qu'éprouva cet ouvrage, et l'amirauté fut obligée de lui intimer une seconde fois l'ordre de le terminer; enfin, une mauvaise carte générale et des cartes particulières, médiocrement exactes, sont les fruits informes de ce travail fait avec trop de précipitation.

Le capitaine Bligh assure qu'il existe plusieurs différences essentielles entre les dessins originaux et les cartes imprimées.

Les négocians canadiens et la compagnie de la baye d'Hudson ne sont nullement d'accord sur divers points importans. M. Furner fut envoyé par ces derniers pour faire des découvertes géographiques ; c'étoit un habile astronome : il fixa la longitude et la latitude de plusieurs lieux, et détermina la position de *Hudsons-House*. Ensuite la compagnie l'employa dans quelques affaires de commerce ; alors, étant chargé du soin de surveiller le magasin de l'eau-de-vie, il s'abandonna tellement à l'ivrognerie, qu'il n'étoit plus en état de tenir ses comptes. Cependant la compagnie l'a envoyé une seconde fois pour faire des découvertes, et s'il trouve à se défaire, en peu de temps, de ses eaux-de-vie, il sera possible de tirer parti de ses talens.

Lors de son premier voyage, les Canadiens lui volèrent son journal ; on prétend du moins qu'un commis infidèle le vendit à des négogians de cette nation, qui envoyèrent trois personnes à l'est, dont une dirigea sa route par le lac des Esclaves (52), arriva jusqu'à *Cooks River* (53), et de-là au Kamtschatka.

## IX.

### D. Johnson (54) et Warton.

Lorsqu'on demanda à Johnson le sujet d'une conversation qu'il venoit d'avoir avec le roi, il répondit : *The questions of his majesty were multifarious* (55)*; but thank God! hi answered them all himself.* « Sa majesté a fait un grand nombre de ques-» tions diverses; mais, Dieu merci ! elle y a » toujours répondu elle-même. » On voit qu'il étoit accoutumé à introduire des mots latins dans sa propre langue, et même à s'en servir dans le cours ordinaire de la vie.

Warton (56), dans son histoire des poëtes anglais, fait un long discours sur un portrait en miniature, de Milton, qui fut acheté par sir Joshué Reynolds, pour cent guinées. T. Brand Hollis (57) prétend que ce portrait est celui de John Selden (58). Il est fâché que Warton n'ait pas dit un seul mot des quatre têtes de Milton, décrites dans les mémoires de M. Hollis, et qui, selon lui, ont au plus éminent dégré le mérite de la ressemblance.

## X.

*Essai sur les Mœurs. Des Ongles. Ranelaghe. Fameux duel à coups de poings. D. Mayersbach.*

J'AI observé que les repas de la partie orientale de la ville sont bien différens de ceux de sa partie occidentale. Cependant, au premier coup-d'œil, cette différence est peu sensible, car on ne rencontre par-tout que des visages glacés. Les dîneurs anglais s'assoient froidement près d'une table, croisent les bras et s'ennuient jusqu'au moment où l'on sert le dîner; alors ils courent comme des grues vers la salle à manger. Là, ils s'assoient lourdement, et quand ils ont soif, ils demandent à boire comme dans une auberge : après le repas, on commence à proposer les santés respectives. Sitôt que les dames sont sorties, on voit arriver les pots-de-chambre. Un domestique place des jattes de verre remplies d'eau (59) sur la table, et les convives se lavent la bouche et les mains en présence de toute la compagnie : on continue d'être assis et de boire jusqu'à ce que le thé et le café soient préparés dans la chambre voisine. C'est seulement dans la partie occidentale de la ville que les serviettes (60) sont en usage; on ne s'en sert point dans la cité.

Les Anglais se vantent de leur hospitalité (61) et disent que leur pays est le plus hospitalier du monde. Les étrangers, au contraire, se plaignent des voyageurs anglais, même de ceux qu'ils ont le mieux traités. Lorsqu'à leur tour ils viennent en Angleterre, et qu'on les invite à dîner, cette hospitalité si vantée consiste à les mener dans une taverne, à une demi-guinée, ou tout au plus à une guinée par tête.

Au commencement, je riois de cette bizarrerie; mais après avoir réfléchi plus mûrement sur cet usage, je trouve divers motifs pour le considérer sous un autre point de vue. 1°. Il est constant que les Anglais exercent l'hospitalité la plus complette envers les étrangers munis de recommandation pour ceux des habitans qui demeurent à la campagne; 2°. l'invitation, pour dîner dans une auberge, est plus fréquente en Angleterre que dans quelque pays que ce soit, parce que plusieurs personnes n'y ont point de ménage, et qu'elles vont habituellement prendre leurs repas dans les tavernes ; 3°. d'autres enfin croyent faire plus de plaisir à leurs convives, en les invitant à manger dans un lieu où ils peuvent être plus libres et demander tout ce qui leur plaît, que de les mener chez eux où ils seroient obligés de se conformer au goût du maître.

J'ai observé que les marchands de Londres sont d'une complaisance parfaite envers les acheteurs. Si on fait, par exemple, une emplette de deux schelings dans une boutique, le marchand offre de faire porter les objets vendus chez celui qui les achète, la maison fut-elle située à l'autre extrémité de la ville ; et si l'on achète pour plusieurs livres sterlings, on est sûr d'être invité à sa table (62) ou au moins d'être régalé d'un verre de vin, d'une tasse de chocolat ou de quelqu'autre rafraîchissement. Le marchand le plus riche ne montre jamais d'humeur, quand même on lui feroit déployer plus de cent pièces d'étoffe.

Dans les auberges, l'attention se partage également envers tout le monde, et un voyageur d'une condition médiocre est servi de la même manière que le premier lord de la

Grande-Bretagne. Les domestiques accourent au-devant de la voiture, dès qu'ils apperçoivent des voyageurs ; l'hôte lui-même vient pour leur offrir ses services ; les garçons et les servantes n'épargnent ni peines ni soins pour bien préparer les lits : au moment du départ, l'hôte, l'hôtesse et tous les domestiques vous accompagnent civilement jusqu'à votre voiture. Dans les hôtelleries, chacun a son emploi déterminé : un garçon se présente pour déchausser et décrotter les souliers ou les bottes, et pour offrir des pantouffles ; nul autre que lui n'est chargé de cet emploi. Arrive-t-on à cheval ? le *horseler* ou *ostler* s'en empare, le met à l'écurie et le panse. A-t-on envie de faire une promenade ? on trouve, dans l'hôtellerie-même, plusieurs belles voitures et des chevaux d'une tournure assez agréable pour qu'un gentilhomme allemand n'ait pas honte de s'en servir. Les tables et les chaises sont par-tout de bois d'acajou, et ces dernières sont garnies de coussins de crin noir : les tapis, qui sont de la belle manufacture du Wiltshire ou de celles d'Ecosse, restent en place tout l'hiver ; les escaliers sont également couverts d'un tapis. Les divers ustensiles de table se trouvent par-tout en abondance. Certes! on peut nommer hospitalier un pays où les hommes se donnent tant de peines pour que d'autres puissent y trouver toutes les commodités de la vie, et pour consoler les voyageurs qui souvent ont quitté tout ce qui leur étoit cher, en leur faisant oublier, par de bons traitemens, et les fatigues et les ennuis d'une longue route.

Qui mieux que moi sait, d'après sa propre expérience, combien le sort du voyageur est triste dans la plupart des autres pays de l'Europe, où personne ne s'intéresse à lui, où il ne voit, ni dans les yeux ni sur les lèvres de celui qui l'aborde, le doux sourire d'un ami? L'homme qui a souffert de tous ces inconvéniens, doit préférer de voyager en Angleterre; où les étrangers sont si bien accueillis, où l'on trouve tant d'urbanité, enfin où il est, à chaque instant, réconcilié avec l'espèce humaine, et où il peut jouir de la plus douce tranquillité d'esprit. Nul argent ne peut payer des regards affables, ni cet aimable empressement à prévenir tous nos désirs, à mesure que le cœur ou l'imagination les enfantent. D'après ces détails, on voit qu'il seroit difficile à un pauvre aventurier de tenir auberge, et qu'il faut, pour s'établir, des fonds assez considérables : il en résulte que les aubergistes anglais ne sont, ni aussi ignorans, ni aussi grossiers que ceux des autres pays; j'ajouterai même qu'ils ont reçu, en général, cette sorte d'éducation qui tient à l'aisance. C'est par suite de cette activité naturelle aux Anglais, que des hommes nés avec une fortune honnête se consacrent à cette profession. Un Allemand, un Français, un Italien qui seroit propriétaire de trente ou quarante mille écus, se croiroit déshonoré s'il continuoit d'exercer un semblable métier; un Anglais, au contraire, loin de penser qu'il est autorisé à vivre dans l'oisiveté, ose à peine trouver une pareille somme suffisante pour s'établir, et l'argent, dans ses mains, n'est qu'un instrument élastique qui sert à étendre le cercle de son activité.

———

Douze ans se sont écoulés, comme je crois l'avoir déjà dit, depuis mon dernier séjour en Angleterre. Durant cet intervalle, de grands changemens ont dû s'opérer dans les mœurs et les sociétés de Londres. S'ils sont invisibles pour les observateurs vulgaires, le sage, que l'expérience du passé a doué de cette prescience salutaire de l'avenir, qui calcule et mesure les événemens, apperçoit déjà les avant-coureurs des plus étonnantes révolutions que le temps fera éclore avec plus ou moins de rapidité, et qui enfanteront les plus incompréhensibles phénomènes. Mais je ne puis attendre ici l'effet de cette crise universelle : le temps de mon absence est trop court, et l'Angleterre est encore à mes yeux la *vieille Angleterre,* pour me servir de l'expression de ses orgueilleux habitans. Je puis l'assurer avec d'autant plus de certitude, que j'avois cru retrouver ce pays-ci tout-à-fait changé ; mais je n'ai point tardé à reconnoître mon erreur : je suis si peu étranger à Londres, que l'identité des impressions que je reçois me trouble, en quelque sorte, dans ma fonction d'observateur. Il vaudroit mieux sans doute, pour mon ame et pour mes yeux, que j'eusse à te décrire des objets nouveaux ; je le désirerois, surtout pour toi qui n'as jamais fait le voyage d'Angleterre....

Disons un mot du langage des sociétés. Celui des livres modernes est parsemé de traits infiniment plus brillans. Dans l'usage ordinaire, on se sert d'un grand nombre de

mots

mots nouveaux ; on attribue en partie ces innovations aux fréquens voyages des Anglais dans les deux Indes. Le peuple m'a paru, en général, plus poli qu'autrefois, plus tolérant envers les étrangers. Il ne manifeste plus cette répugnance brutale qu'il montra jadis pour les habits, les mœurs et la langue des autres nations : ce perfectionnement est le résultat de son goût passionné pour la lecture des gazettes, et une preuve non équivoque de la douceur naturelle au peuple anglais, toujours gouverné, en dernière analyse par la saine raison, dont la lumière n'est jamais obscurcie que momentanément par ses préjugés et ses passions.

La tolérance des Anglais pour les étrangers, et entr'autres pour les Français, leur est inspirée par le désir d'imiter les modes de leurs voisins. Cependant, malgré l'influence de l'exemple, on voit encore dans les rues de Londres, une multitude innombrable d'individus, porter les mêmes habits qui étoient à la mode, il y a vingt ans. Peut-être ce changement subit dans les costumes ne s'est-il pas entièrement généralisé, parce qu'il est venu avec trop de rapidité ; il n'y a que les gens d'un goût fin et exercé qui ayent pu saisir aussi vite ce qu'il a de préférable. On sait que, depuis quelques années, l'habillement des hommes a éprouvé de grands changemens. On ne porte plus, comme sous le dernier règne, une épée qui embarassoit tout le monde, et qui étoit le plus inutile de tous les ornemens; les vestes sont moins longues. On ne se sert plus que de chapeaux ronds; il n'y a plus guère que ceux des officiers et des soldats de marine qui soient à trois cornes.

Le costume des enfans est le même que par le passé. Leurs cheveux coupés en rond et rabattus sur le front, sera la mode constante d'un pays où on aura assez de raison pour sentir l'absurdité d'une coëffure en miniature. Les enfans, jusqu'à l'âge de quatre ans, ne portent jamais de bas, quoique le climat semble proscrire un usage qui les expose à des transitions subites d'un état de chaleur à celui du froid. L'expérience nous apprend que le corps humain est capable de soutenir à-la-fois ces deux extrêmes; cependant, le passage de la chaleur du sang à la température de l'air atmosphérique, surtout en hiver, est tel, que je serois peu surpris si les physiologistes futurs trouvoient un jour que ce froid subit, auquel on expose la tendre organisation d'un enfant, est la source de la goutte qui est si fréquente en Angleterre. Mais les médecins l'ont décidé ainsi, et dans nul pays du monde on n'a poussé plus loin la passion pour les systèmes et la savante ergoterie académique.

Les chapeaux des femmes sont d'une ampleur si démésurée, qu'il m'est impossible d'y trouver de la grace, ni de supposer qu'elle ajoute à celle dont la nature les a pourvues. Cette coëffure est commune aux dames du plus haut rang ainsi qu'aux servantes, avec cette différence que celles-ci la portent continuellement, au lieu que chez les premières elle annonce un simple négligé. Les femmes de toutes les conditions portent aussi de hauts chapeaux de feutre de diverses couleurs, blancs, rose, bruns, verts, bleus d'azur, vert canard; la couleur noire est pourtant celle qui est le plus en usage, et alors ces chapeaux sont ornés d'une cocarde de rubans, ou surmontés de plumes et entourés d'un cordon ou de soie de diverses couleurs : la plupart sont bordés et de forme conique. Leur grande parure consiste à n'avoir point de chapeaux, et alors, vieilles ou jeunes, elles se coëffent en cheveux avec un simple ruban et une agraffe de pierreries; d'autres sont coiffées d'un bonnet très-élevé, de forme pyramidale; d'autres enfin d'une espèce de turban. Les chapeaux ressemblent parfaitement à ceux qu'on voit dans les portraits de Rubens et de Wandick. Presque toutes les jeunes femmes portent leurs cheveux sans poudre, mais cette mode n'est pas universelle et cesse d'avoir lieu, lorsqu'on se pare. Une autre sorte de négligé, qui passe pour très-élégant, est de porter au-dessus de la tête, au lieu d'une coëffe, un petit coussin qui sert de point d'appui à la coëffure, et qui ressemble assez bien à une de ces tours qu'on voit sur les têtes antiques de Cybelle ou de Vesta. Ajoutez, à cette parure bizarre d'énormes et maussades cravattes qui s'élèvent jusqu'au milieu des joues, de sorte qu'il est extrêmement difficile de porter une cuiller à sa bouche, sans souiller ce qu'on peut nommer les bastions ou remparts de la gorge et du cou.

Une autre bizarrerie de l'habillement des Anglaises est leurs corps de jupe, dont la forme n'a point varié, mais qui sont loin d'être une parure, à raison de ces énormes gorges de gaze qui n'imposent point aux yeux, et qui servent à conserver cette partie si délicate. Comme elles ne se servent de poches que dans les occasions où elles se parent, leurs robes tombent, en général, perpendiculairement sur leurs cuisses et les garantissent assez bien du froid. Les femmes d'un rang médiocre se servent de larges mouchoirs de coton; celles qui sont plus riches, de mouchoirs d'une étoffe faite à Nothingham, qui ressemble à celle des Indes et qu'on nomme shawls : ces shawls sont aujourd'hui plus longs qu'autrefois, parce qu'on les noue actuellement sur le dos, après s'en être environné le corps en forme d'écharpe. Leur taille est marquée par une ceinture élastique que les marchandes de modes nomment un ceste; elle est garnie d'une serrure, ou, selon la mode actuelle, de trois boutons d'acier polis et brillantés. Tous les fabricans de Nothingham et de Manchester se donnent la plus grande peine pour inventer des étoffes nouvelles, et les marchandes de modes ne négligent rien pour être aussi inventives que leurs rivales de France.

Les souliers des Anglaises sont remarquables en ce que les talons sont plus larges et plus épatés que ceux des souliers de nos dames Allemandes, ou des Françaises. Ces talons sont maintenant ornés de rosettes d'acier, qui produisent un effet assez agréable. Les hommes portent des boucles à ressort qui ressemblent à des agraphes.

En général, j'ai remarqué que les Anglais portent les ongles très-longs. Ceux qui ont été aux indes orientales, d'où cette mode est apparemment venue en Europe, ont les ongles les plus longs et les plus pointus; mode détestable, et qui pourroit passer pour un emblême de la paresse; car avec de telles serres, est-on capable du moindre travail qui exige quelque force?

A dix heures du soir commence la *société* qui se rassemble à Ranelagh (63); le coup-d'œil en est magnifique : les lustres y sont disposés de manière qu'ils donnent à ce lieu de rendez-vous un air de solemnité. J'éprouvai un grand plaisir dans le jardin. Le ciel étoit d'un bleu obscur, ce qui ajoutoit encore à la brillante clarté des lampes suspendues aux arbres. L'odeur des haies de rosiers dont ce jardin est rempli, le léger bruissement de l'air, l'harmonie de l'orchestre placé au centre de la rotonde, produisirent sur mon ame les sensations les plus douces, et je puis dire que cette soirée fut une des plus agréables de toutes celles que j'ai passé à Londres...

Mendoza (64), qui ne fut vainqueur d'Humphries (65) que par un accord mutuel, car ce dernier l'auroit renversé en moins de cinq minutes, rencontra dernièrement un paysan et le frappa. Le paysan se mit en colère, et fit résistance ; mais comme Mendoza étoit plus agile, il le renversa une seconde fois. Alors le paysan se prépara à un combat réglé, se deshabilla, et pressa son ennemi de telle sorte que celui-ci, malgré son adresse, ne put échapper aux atteintes de son robuste adversaire...

Le fameux charlatan connu sous le nom D. Mayersbach (66) est de retour ici ; il demeure à Red-Lion's-Squarre, et il est aussi en vogue qu'autrefois. Cet homme étoit commis dans un bureau de poste à ...., et ne savoit pas un mot de médecine ; mais il s'associa avec un garçon apothicaire nommé Zock, qui avoit appris à préparer les médicamens dans Apoticary-Halle. Il se fit recevoir médecin à Londres par la protection du lord Baltimore, et au moyen des plus grossiers artifices il s'acquit la réputation de connoître toutes les maladies sur la seule inspection des urines. Un médecin de Londres, nommé la D. Lettsom (67), lui envoya l'urine d'une vache, il l'examina et décida gravement que la malade étoit une femme enceinte, comme il l'avoit appris par les domestiques du docteur. Mayersbach n'en fut pas moins consulté par la tourbe crédule, et après avoir ramassé une assez belle fortune, il retourna en Allemagne. Maintenant il vient faire une nouvelle excursion en Angleterre, et Londres a la bonté d'être sa dupe une seconde fois.

LE PALAIS ROYAL DE WINDSOR-CASTLE.

# VOYAGE A WINDSOR, SLOUGH.

## I. Vindsor.

Une situation riante, des aspects délicieux et une suite continuelle de scènes également piquantes et pittoresques, telles sont les riches et voluptueuses campagnes des environs de Windsor. C'est là qu'à l'exemple de l'immortel Lessing (68), j'ai senti que l'état le plus doux de la vie est le repos d'un esprit doucement intéressé, et non la froide inaction d'un cœur détaché de lui-même. Est-il rien au-dessus du plaisir de voir du toit de la maison-d'arrêt à Windsor, douze comtés et une suite d'élégans paysages qui se dessinent à l'horizon ? D'un côté est le Bedfordshire ; là c'est Sussex ; là c'est une petite éminence du comté de Kent. Là-bas, près Harrow, on pourroit, dans un jour serein, voir le sommet du temple de Paul : l'œil est ensuite borné par un cercle de couleur bleu foncé, dans lequel les objets s'absorbent et se confondent. D'un autre côté, cet intervalle est rempli par une immense forêt ornée de feuilles d'un vert obscur, mêlée de prairies charmantes d'un

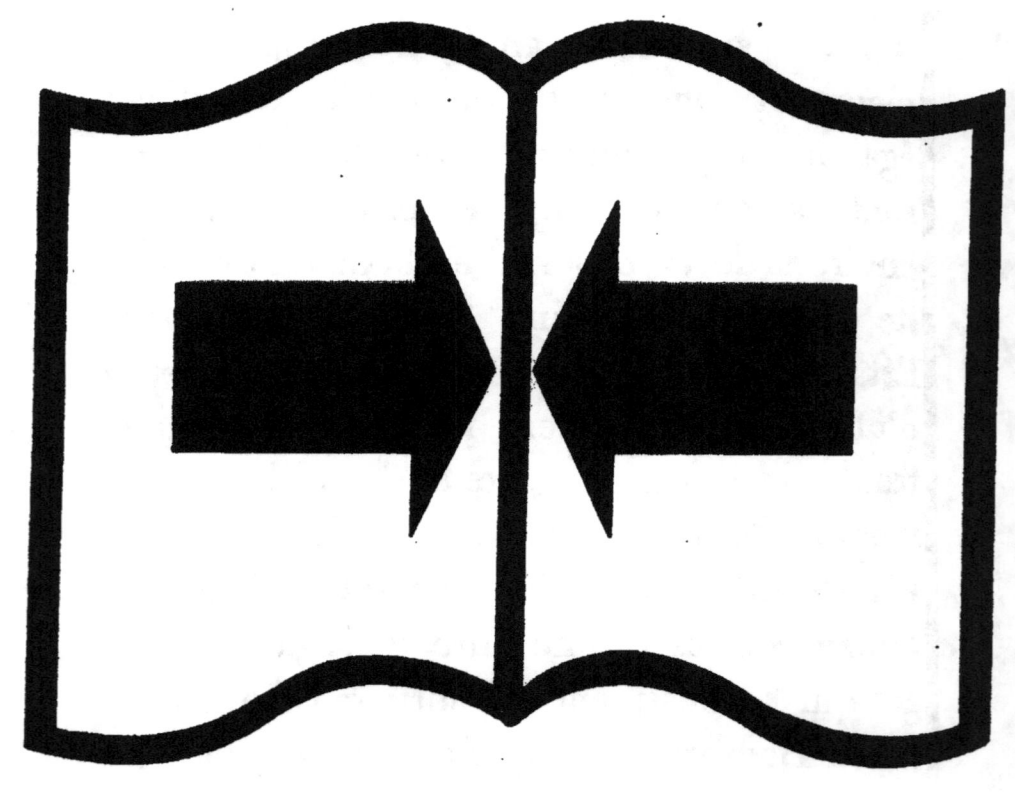

**Reliure serrée**

verd clair. Sous mes pieds est la Tamise; ici elle a peu de largeur, et roule ses eaux transparentes sur des cailloux à demi-secs.

A l'autre rive on voit Eton, bâtiment d'architecture gothique, et semblable à un cloître. C'est dans ces réduits obscurs que la fleur de la jeunesse bretonne est élevée. Quelle éducation ! Est-il possible que ce joug de fer puisse être porté par des enfans nés libres ? C'est ici que l'on voit se déployer dans toute son étendue l'horrible tyrannie que les aînés exercent sur leurs cadets..

Le bâtiment destiné à loger la famille du roi, *ozneen's Lodge* (*royal Nursery*), est du style le plus simple ; il se trouve entre moi et ce parc obscur qui s'élève sur la montagne voisine. Ici, au revers de la colline, près la Tamise, on voit la jolie petite ville de Winsdsor, tout ce qui m'environne est vert, semble vivre et offre le plus riant aspect.

A cent pas de-là, on trouve la fameuse terrasse du château. Un mur bâti sur la montagne s'étend à perte de vue. A côté de ces hautes murailles, l'œil découvre de belles et hautes allées semblables à celles dont on parle dans les brillantes descriptions du palais des fées.

Les appartemens sont magnifiques ; le lit de la reine est bordé de fleurs ; la tapisserie de l'anti-chambre est ornée d'une broderie plus admirable encore. On trouve dans les anciens appartemens un grand nombre de tableaux tous de peu de valeur. Les deux nouveaux appartemens sont peints, mais sans goût. Les tableaux de West (69) ont moins de mérite que je ne l'avois cru. Deux sont très-grands ; savoir : les batailles de Crécy (70) et de Poitiers (71) ; tous les deux représentent la fin du combat. Les chevaux sont du dessein le plus froid et paroissent être de bois ; leurs jambes sont roides, et l'ensemble est dépourvu d'action et de vie. La création des chevaliers de l'ordre de la Jarretière est une vaste composition. On trouve plusieurs belles femmes parmi celles qui sont groupées autour de la reine, mais en général il règne dans les attitudes une sorte de gêne qui annonce que le peintre s'est servi en grande partie de mannequin pour indiquer les costumes de ces tems-là.

Les autres tableaux sont de moindre grandeur. La bataille de Nevils-Cross est au-dessous du médiocre. Le cheval de la reine se cabre de manière qu'elle semble plutôt renversée qu'assise d'aplond. Derrière la reine, on découvre l'évêque sous le harnois militaire ; c'est la figure la plus hétérogène qui puisse se trouver dans le monde moral et physique.

La chapelle de S.-Georges est très-jolie. On voit de belles fascicules s'élancer des colonnes gothiques, et s'étendre à perte de vue en les environnant de leurs branches. Cette chapelle vient d'être pavée à neuf. Les orgues sont aussi nouvellement posées. West s'est surpassé lui-même dans le tableau du maître-autel ; c'est à mon avis le plus beau de tous ses ouvrages. L'expression du Christ est admirable ; on diroit qu'il respire. La tête est de la plus grande noblesse : elle annonce en même-temps la force, l'enthousiasme, et cette ineffable tranquillité d'ame qui n'appartient qu'à une nature divine. La figure de Jean exprime à la fois l'humilité et la sainte confiance qui est due au souverain créateur du monde. La tête de Judas est un chef-d'œuvre ; on y démêle une malice profonde. Cette figure est en général bien conçue, les autres personnages sont dénués d'intérêt.

Au-dessus d'une fenêtre on voit une résurrection peinte par Jarvis (72), d'après les desseins de West. Ce tableau surpasse l'autre en grandeur, mais annonce moins d'imagination et des idées moins vastes ; quoiqu'il soit peint d'ailleurs avec assez d'art et d'intelligence. On voit que l'auteur réussit mieux dans de pareils sujets que dans des tableaux d'histoire profane. Quant à moi, je répéterai ce que j'ai dit dans la première partie de cet ouvrage : je n'aime point de semblables représentations ; ces sujets sont presque toujours repoussans, comme par exemple la mort d'Ananias. Dans ce tableau, Pierre a la mine d'un empoisonneur, et l'autre apôtre qui étend un doigt menaçant, ressemble à un moine insolent et lâche.

Enfin, c'est pour la troisième fois que je vois le tableau représentant la guérison des aveugles et des estropiés dans le temple. J'en ai revu plus souvent encore les gravures; mais chaque fois, quand je contemple ces cartons, il faut que je détourne mes regards. Si je les admire, ce n'est que pour la force et l'énergie du dessein qui caractérise toutes les compositions de cet admirable artiste. Paul devant lequel les Grecs de l'Asie mineure brûlent leur encens, est une superbe figure, et Paul qui parle aux Athéniens du dieu inconnu, est une figure divine. Celui qui représente la pêche est d'un style moins noble.

## 11. TÉLESCOPE DE HERSCHEL (73).

En arrivant à Slough, on voit de loin le telescope de Herschel. Le piedestal est de la même hauteur que le corps entier du tube. Celui-ci est long de quarante pieds. Les poutres sont appuyées sur d'autres poutres dans une direction opposée, et entre leurs conjonctions respectives, le tube dont le diamètre est de quatre pieds et dix pouces, se meut avec une si grande facilité qu'on peut l'élever et l'ajuster d'une seule main. On a fait de la musique dans le télescope. Le genou repose sur un cercle de carreaux de pierres de taille, et se meut au moyen des cylindres qu'on a disposé pour cet effet.

Entre les poutres est suspendue à chaque côté du tube une petite loge de bois dont l'une s'appelle l'observatoire ( thé observatory ): là est miss Herschel qui s'occupe à noter les observations de son frère. L'autre est l'attelier ( the Work-House ); c'est là que se trouvent les ouvriers qui font mouvoir cet instrument, et qui reçoivent, au moyen d'un porte-voix, les ordres de leur maître assis à l'ouverture du tube. On a placé une galerie devant cette ouverture, et sur cette galerie se trouve un siège pour l'astronome qui, du haut de l'ouverture du tube, observe avec une longue lorgnette les objets qui se présentent dans le miroir ardent ou concave, quarante pieds plus bas. La galerie avec le siège pour l'observateur est tenu dans une position horizontale, par une mécanique très-simple.

Cette énorme machine, avec les poutres, les deux loges et ces divers agrêts, pése environs soixante mille livres, et cependant un seul homme, même la main d'une femme, peut sans peine la mettre en mouvement. Une table avec les dégrés déterminés instruit l'ouvrier des dispositions qu'il doit faire. Un cadran attaché au tube et pourvu de son niveau, règle les divers dégrés d'élévation. Des contrepoids de plomb donnent la facilité de mouvoir l'instrument à quelque hauteur que ce soit. Le grand miroir de métal a quatre pieds deux pouces de diamètre, et pèse plus de deux mille livres. Dans l'intérieur du tube il est couvert d'une lame de plomb ; cette lame étant otée, le miroir peut être élevé à l'aide d'une grue ou chèvre, pour être nétoyé ou poli de nouveau. L'ancien miroir, qui étoit moins pésant que celui-ci, n'est point cassé ; mais il n'étoit pas assez concave, défaut auquel on pouvoit facilement remédier.

On ne peut s'empêcher d'admirer avec quel art et quel génie l'inventeur de cette superbe machine a trouvé le moyen de la faire mouvoir avec tant d'aisance et de facilité, et combien il a fallu de bonheur pour vaincre tous les obstacles. On croit voir un cercle tracé de la main d'une fée, lorsqu'on arrive par un chemin de cailloux à ce ceintre de pierres, et lorsqu'on découvre les énormes rouleaux sur lesquels une foible main peut faire mouvoir un poids de soixante mille livres. Le tube même est partout revêtu de plaques de fer, et peint à l'huile de couleur grisâtre. Avec quel art l'ingénieux Herschel n'a-t-il pas su prévenir tous les inconvéniens ! Rien n'est échappé à son génie, et comme il eût été difficile, pour
ne

ne pas dire impossible, de rendre l'attelier mobile, il l'a placé en petit sur le tube même, afin qu'il pût tourner avec lui toutes les fois qu'on le faisoit mouvoir.

A l'extrémité du tube, on trouve de grosses barres de fer sous le miroir de réflexion, et c'est ici qu'on fait mouvoir le tube sur un axe de fer dont les deux bouts roulent sur un petit cylindre. Ainsi l'observateur, au moyen de ce cylindre, peut faire tourner le tube sans avoir recours au grand mécanisme, et observer le même objet durant cinq minutes, sans qu'il soit nécessaire de le faire ajuster de nouveau. Cet avantage est incalculable, car l'ajustement interrompt toujours l'observation, au lieu que ce petit mouvement insensible ne dérange nullement l'observateur.

Avant de construire un télescope de quarante pieds, Herschel en avoit construit un de vingt. Nous avons vu aussi un tube de dix pieds seulement, et qui doit présenter les objets très-distincts; un autre de trois pieds et demi, à l'aide duquel miss Herschel vient de découvrir une comète. Ce dernier est très-léger; aussi elle le porte toujours avec elle, soit à la campagne, soit à la promenade, et elle l'appelle *her little Sweeper*, parce qu'elle s'en sert pour explorer le ciel. Herschel appelle sa sœur *his little comets catcher*, la chasseresse aux comètes.

Cet immortel artiste a fabriqué encore d'autres espèces de télescopes, parmi lesquels il s'en trouve un de sept pieds, qui lui a été commandé par le duc d'Orléans. Il a inventé également une machine, au moyen de laquelle deux ouvriers suffisent pour polir un miroir, au lieu de vingt dont il falloit se servir autrefois; c'est ainsi qu'on peut simplifier les opérations les plus difficiles. Il lui est impossible d'observer la lune, parce qu'elle l'éblouit et projette de longs traits de lumière, presque semblables aux rayons du soleil. Cet astre est si éclatant, lorsqu'on le regarde à travers le tube de vingt pieds, qu'à peine peut-on l'observer durant vingt minutes. L'anneau de Saturne se distingue très-bien au moyen de ce même tube.

Le mouvement du télescope se fait sur le tréteau, en ligne droite, de sorte qu'il tourne sur son axe, près la périphérie du tréteau, par un petit angle qu'il forme avec l'horizon.

# RICHEMOND. (74).

C'est encore ici un des plus beaux aspects des environs de Londres. Du haut de la colline, l'œil se promène sur un vaste jardin semé d'œillets, de roses blanches et rouges, agréablement encadré dans une balustrade. Ici l'on découvre d'immenses prairies et de riches moissons environnées d'ormeaux élevés, à travers lesquels on distingue un nombre infini de meules de foin qui répandent une odeur agéable, et de jolis casins rustiques à demi-cachés, d'où s'exale dans les airs une fumée bleuâtre. Plus haut et plus loin, s'offrent aux regards du voyageur des allées d'arbres qui rafraîchissent, par leur ombrage, de riants gazons émaillés de fleurs ; puis, dans le vague d'une perspective lointaine, on découvre d'autres prairies qui ressemblent à de petites lignes verdoyantes. Au pied de cette colline serpente la Tamise, sur laquelle glissent, avec la rapidité d'une flèche, plusieurs barques légères. Entre ces osiers verts et rameux jusqu'à la maison de Pope (75), et sur ces rivages couverts de mousse tendre, je démêle encore de grands arbres que la nature semble avoir groupés à dessein, et au pied desquels le voyageur fatigué se repose mollement sur un épais tapis de velours parsemé d'émeraudes et de saphirs.

Au-delà de ces rives paisibles et de ces jolis groupes d'arbrisseaux, qui se dessinent en mille formes aussi diversifiées que la pensée même, s'élèvent les palais et les cabanes des heureux habitans de ces belles contrées; enfin, l'œil se perd dans les vapeurs vacillantes de l'atmosphère, ainsi que dans les allées disposées en amphithéâtre et plantées d'ormes semblables à des palmiers, jusqu'au cercle sacré où la colline s'environne d'un nuage bleu et termine l'horizon. Combien je regrette qu'au moment où je t'écris le jour soit si sombre! Je ne puis jouir qu'imparfaitement des inépuisables trésors de la nature. Que ne donnerois-je pas pour qu'un rayon du soleil perçât un instant les nuages gris qui les voilent à mes yeux avides! Pourquoi ne sourit-il plus à la surface des eaux, et ne projette-t-il pas au-delà de la Tamise sa lumière bienfaisante! Ces grandes plaines ornées d'arbres et vivifiées par d'immenses troupeaux, offriroient alors à mes yeux un spectacle ravissant, et combien, vers la fin du jour, il me seroit doux de voir ensuite ces riches et rians paysages s'engloutir insensiblement dans l'ombre de la nuit!

———

# III.

## VOYAGE DANS L'INTÉRIEUR DE L'ANGLETERRE.

### *Route pour Birmingham* (76).

Le chemin de Londres à Bath est très-fréquenté; aussi trouve-t-on, de ses deux côtés, sur la route, une grande quantité de jolies maisons.

Bath (77) est une jolie ville, bâtie d'un bout à l'autre d'une espèce de pierre de taille d'une nature compacte. On peut l'extraire de la carrière à coups de hache, mais elle se durcit à l'air; on va la chercher à vingt ou trente lieues de la ville. On trouve dans cet endroit même la pierre de taille ordinaire, ainsi qu'une autre espèce de pierre sabloneuse dont on se sert pour la construction des escaliers; c'est un véritable orphite dur et compacte. On sait que souvent, dans l'orphite, il se trouve des gerçures spatiques larges d'un quart de pouce; les maçons en savent bien discerner les différentes sortes, selon leur densité, tandis que le minéralogiste n'en compte qu'un petit nombre de variétés.

On voit régner à Bath le même luxe qu'à Londres, et l'on y compte plus de huit cents maisons entièrement neuves; plusieurs même ne sont pas encore achevées. Au reste, on ne vit ici que pour le plaisir, et personne ne s'occupe de politique.

Miss Pulteney (78), riche de plus de vingt mille livres sterlings de revenus, habite Laura-place, dont elle est l'unique propriétaire. Depuis la chûte de la montagne, le fond commençoit à s'affaisser; c'est pourquoi on bâtit à présent avec des fascines, afin d'empêcher que les maisons courent le risque de s'écrouler.

Le chemin de Bath à Bristol (79) est plus inégal que celui que nous avons parcouru. Dans un endroit, nous avons trouvé de grandes (80) cornes d'Ammon attachées au mur d'une maison.

Bristol est un séjour désagréable; les maisons y sont d'une mauvaise architecture, mais la situation de la ville, aux bords de l'Avon, est charmante. On a pratiqué, sur les rives de ce fleuve, des quais d'une assez grande étendue. Ici, on trouve des chantiers où l'on construit des bâtimens nouveaux et où l'on répare les anciens. J'y ai vu, entr'autres choses, un dridock, bassin sec : le vaisseau qui doit être réparé y entre avec le flux, par une écluse ; après que l'eau s'est retirée, on ferme l'écluse, de sorte que le vaisseau reste à sec et que les charpentiers peuvent aisément le réparer. Les côtés de ce bassin sont disposés par dégrés, de manière qu'on peut descendre jusqu'au fond.

Ici, la marée est très-considérable, quoique l'embouchure de la rivière se trouve à une distance de plusieurs milles. A Bristol, la marée est sans contredit plus forte que dans aucun lieu du monde. Une remarque digne de l'attention des cosmographes, c'est que les vastes embouchures des rivières de l'Angleterre sont sans proportion avec leur largeur intérieure ; car sitôt qu'on remonte à leur source l'espace de quelques lieues, leur largeur diminue sensiblement, comme, par exemple, la Tamise à Maidenhad, la Saverne à Glocester, et ainsi du reste.

On sait que le commerce de Bristol est, depuis quelques années, moins florissant en proportion de l'accroissement de celui de Liverpool. Peut-être en trouvera-t-on la cause dans la difficulté d'entrer dans la rade Kings-road, ou peut-être aussi dans l'émancipation de l'Irlande.

Nous passâmes la nuit au Lion-Blanc (White-Lion), assez mauvaise auberge : nous trouvâmes une gazette de Bristol dans une chambre où l'on sert du café. C'est pourtant un avantage dont on peut jouir dans cette ville, qui, par rapport au commerce, peut être comptée pour la troisième de l'Angleterre ; mais on a le même agrément dans toutes les autres petites villes de ce pays.

Le lendemain matin (8 juin), il fallut se lever à trois heures et demie, et à quatre heures la voiture partit pour Birmingham et passa par le beau comté de Glocester (Glocestershire). A quelques lieues de Bristol, aux environs de Stone, sur une hauteur, on voit la longue et belle embouchure de la Saverne, qui sépare les provinces de Sommerset et de Glocester de la principauté de Galles. Ce point de vue est un des plus beaux du globe. Nous eussions joui ici du spectacle le plus délicieux, mais le ciel étoit sombre et nébuleux ; car, malgré les nuages qui obscurcissoient l'atmosphère, nous eûmes un grand plaisir à parcourir des yeux tous les sites de ce riche paysage. L'embouchure s'élargissoit insensiblement durant l'espace de plusieurs lieues, jusqu'à l'endroit de sa réunion avec la mer. Le sommet des montagnes de la province de Galles se perdoit dans les nuages; mais l'œil découvroit aisément leur base, et dans les courts intervalles où le soleil pouvoit percer les nuages, on appercevoit des tours isolées, des maisons de campagne et de petites cités éparses à l'horizon. La branche de la Saverne, qui se trouvoit devant nous, se déroboit à nos regards derrière un tertre planté d'arbres, et reparoissoit de l'autre côté sous la forme d'un lac orné, sur ses bords, de plusieurs sites pittoresques. Le Rhin n'offre, dans aucuns lieux de l'Allemagne, une surface aussi large. Là, nous vîmes une autre éminence plantée de frênes et d'autres arbres de diverses espèces, qui, vers la Saverne, s'entrelacent et forment d'immenses bocages dans une plaine divisée en très-belles prairies et environnée d'une haie vive, ainsi que de hêtres, d'ormeaux et de chênes élevés. Quel délicieux aspect, si la nature eut répandu ce jour-là, sur ce riche et riant tableau, les magiques effets de la lumière et de l'ombre!

Nous avons traversé ensuite les fertiles campagnes de Glocestershire, si renommé par ses gras pâturages et les excellens fromages qu'on y fabrique. Une habitante de Glocester, avec laquelle nous voyagions, nous fit voir plusieurs paysans de sa connoissance qui possédoient depuis quatre jusqu'à cinq cents livres sterlings de revenu; cependant leurs vêtemens sont grossiers. Ils suivent leurs troupeaux, les surveillent; leurs femmes, leurs filles s'occupent à les traire et à préparer des fromages. Plusieurs métairies de cette province renferment jusqu'à soixante-dix vaches, et, dans une famille de dix enfans, il n'y a qu'une seule servante.

Les demeures de ces paysans sont laides ou négligées, et n'annoncent point l'opulence réelle des maîtres. La raison en est, sans doute, qu'occupés exclusivement de leurs troupeaux, ils sont peu sensibles aux jouissances d'une habitation agréable. L'usage et l'amour de l'or ayant consacré dans ces campagnes comme un titre d'honneur la possession d'un grand troupeau, il n'est pas étonnant que les habitans de Glocester ayent oublié ce véritable but du travail;

c'est-à-dire, une vie commode et heureuse. Qu'arrive-t-il alors? On prend le moyen pour le but même. La vie n'est qu'une tâche pénible qui, selon moi, doit diminuer le cercle de leurs idées, nuire à la raison et au cœur.

Ce désir constant de devenir plus riche empêche encore le laboureur de réfléchir sur les avantages qui résulteroient d'une méthode nouvelle, plus sage et mieux combinée ; aussi aime-t-il mieux imiter obstinément ses ancêtres. Il n'ose nourrir ses bestiaux autrement qu'ils ne l'ont fait, de crainte que le fromage ne perde sa bonne qualité. Ici, par exemple, nous avons vu de superbes vaches aller se repaître, sans mesure, d'herbes et de fleurs. Un économiste allemand, tel que monsieur Blecfelde, seroit désolé en voyant une semblable prodigalité. Or il est certain qu'on pourroit nourrir vingt fois plus de bestiaux avec la même quantité de fourrage, et il en résulteroit que le propriétaire seroit vingt fois plus riche.

Cette imperfection de l'économie rurale, en Angleterre, est cependant d'un heureux augure pour l'avenir. La circulation des idées est trop active dans ce pays, et les écrivains qui s'occupent de l'économie rurale ont tonné depuis vingt ans avec trop de force contre les préjugés de ce genre, pour ne pas opérer une révolution salutaire dans cette partie si importante de l'économie politique. Sans doute il viendra un temps où l'agriculture et l'entretien du bétail seront administrés selon les règles d'une saine théorie, et produiront en proportion des forces de la nature. Quelle source de prospérités pour l'Angleterre ! Et lorsque son commerce extérieur, qui, selon le cours inévitable des choses, doit un jour diminuer et être divisé entre plus de mains, ne pourra plus donner assez de débit aux manufactures, je dis qu'alors la richesse des habitans de la campagne augmentera, et le laboureur même aura besoin d'une plus grande quantité de marchandises fabriquées dans les villes. Ainsi, l'Angleterre sera, par elle-même et par son indépendance, plus florissante qu'elle ne l'a été, à l'aide d'un grand débit au-dehors et d'une navigation trop étendue.

On ne voit nulle part une herbe plus abondante que dans le Glocestershire. Les collines aussi bien que les vallons offrent aux yeux une agréable verdure, et on voyage entre deux montagnes, dont l'une est à gauche, de l'autre côté de la Saverne, et l'autre à droite, dans le district de Glocester (81). Cette ville est pauvre et peu florissante. Tewksbury (82), l'endroit d'où vient la meilleure moutarde de l'Angleterre, présente un aspect plus agréable; mais Worcester est une très-jolie ville. Les anciennes églises gothiques ont entr'elles une ressemblance frappante : leur architecture est simple et ne consiste qu'en un bâtiment de forme longue; de leur milieu s'élève une tour quarrée et chargée d'ornemens gothiques. Les paysans de ces contrées parlent un dialecte dur, mais qui est pourtant assez intelligible. En général ils m'ont paru plus agrestes que ceux qu'on trouve sur la route de l'Est et aux environs de Londres. Leurs physionomies sont moins animées et moins aimables : cette imperfection est pluss ensible chez les femmes.

Après avoir dîné à Worcester, nous continuâmes notre route pour Bromgrow (83) par Droitwich (84), où nous vîmes des salines considérables, et de-là, sur une chaîne de montagnes, par un long desert, nous arrivâmes dans le Warwickshire. Nous voyageâmes avec une jeune femme dont les habits décéloient une naissance peu commune, ou du moins une grande opulence. Elle remplissoit la voiture de toute sorte d'odeurs agréables. Sa figure étoit assez belle; elle n'annonçoit aucune coquetterie, mais elle paroissoit être douée d'une noble arrogance qui ne le cédoit qu'à son irrésistible penchant pour la conversation. Je m'en apperçus, et je fus assez méchant pour parler fort peu, sans affecter cependant un silence impoli. Cette indifférence me réussit de telle sorte que la dame abandonna son air précieux, daigna jetter ses regards sur ses compagnons de voyage, et croire enfin qu'ils étoient des êtres de la même nature que la sienne. Alors, elle s'attacha à nous faire voir qu'elle avoit été bien élevée, qu'elle étoit fort instruite, et que son goût dominant étoit pour les sciences utiles.

Je m'étonnai qu'elle put réunir à-la-fois tant d'avantages précieux avec un orgueil aussi ridicule. Si je voulois résoudre ce problême, je dirois que peu d'hommes savent se faire valoir sans témoigner de froideur ou de mépris pour les autres. Notre petite dame ôta son chapeau, et le jetta sur le siége avec un air de dignité risible. Elle secoua les touffes de ses cheveux blonds, qui, comme ceux de Jupiter, remplirent l'atmosphère d'une odeur d'ambre. Ensuite elle se mit à jouer avec la glace de la voiture qu'elle levoit et baissoit à son gré, afin de faire croire qu'elle étoit seule maîtresse du carosse. Elle parla d'abord de Bath, et assura que sans la société, cette ville seroit l'endroit le plus ennuyeux du monde. Ensuite elle fit l'éloge du beau temps, et loua également la route qu'elle trouvoit, disoit-elle, bien favorable pour une promenade à cheval, puisque la pluie avoit abattu la poussière. Un jeune homme qui étoit son compagnon de voyage, et qui avoit fait une partie du chemin sur l'impériale, vint nous rejoindre dans la chambre, tandis que nous prenions le thé avec sa belle maîtresse. Enfin elle nous quitta à Birmingham, pour visiter ses parens.

Cette ville est d'un aspect très-agréable. Les rues étoient remplies d'une foule d'habitans, mais leur mine agreste et misérable nous fit connoître que nous étions arrivés dans une ville de fabrique. Les rues de plusieurs quartiers de Birmingham sont sales et étroites; les maisons en sont mal bâties. On trouve

trouve au milieu de la ville des édifices superbes avec de très-belles rues.

Birmingham est comme toutes les autres villes de ce pays, amplement fournie de très-bonnes auberges. J'ai remarqué entr'autres celle qui porte le nom de Shakespear-Tavern, et qui est magnifiquement bâtie. Quand viendra-t-il l'heureux jour où nos Allemands prendront pour enseigne la tête des Lessing, des Gothen, des Schiller, des Wieland!

Cette observation est moins puérile qu'elle le paroît au premier aspect. L'esprit d'un peuple se peint tout entier dans ces prétendues bagatelles. Par exemple, l'imagination des Hollandais s'étend rarement au-delà de l'idée d'une tête grosse et difforme, d'un *mascaron*, d'une bouche béante. Ces signes hideux ou grossiers se trouvent dans toutes les rues, et sont, pour l'ordinaire, l'enseigne favorite des marchands de Leyde et d'Amsterdam. *La tine au beurre couronnée*, et l'*A B C d'or*; telles sont leurs plus riantes images, et de pareilles inventions suffisent pour constater le genre d'esprit des Bataves. Dans la Grande-Bretagne au contraire on trouve par-tout des Pope, des Dryden, des Ben Johnson, des Shakespear.

F

## II.ᵉ BIRMINGHAM (85) ET SOHO.

Cette ville distante d'environ cent soixante milles de Londres, est située au milieu de l'Angleterre, entre Lichfield, Coventry et Worcester. Malgré la fumée du charbon et les vapeurs métalliques dont l'air est parsemé, Birmingham, bâti sur un terrain sec et très-ouvert, est, selon ce qu'a dit le docteur Price, l'endroit le plus sain de l'Angleterre, à raison de sa situation et de l'affluence des vents qui purifient l'atmosphère; d'ailleurs les ouvriers ne sont pas ici entassés comme à Aix-la-Chapelle, Berlin et Smalkalden, où tous se nuisent mutuellement.

Avant 1676, Birmingham n'étoit qu'un bourg, et alors Wolverhampton jouissoit des avantages de toutes les villes qui renferment un marché. En 1690, d'après le recensement des morts et des naissances, il y avoit à peine quatre mille habitans; et en 1778, selon Thom. Hanson, Birmingham renfermoit déja sept mille deux cents maisons et quarante-deux mille cinq cent cinquante habitans: en 1789, on comptoit soixante mille habitans et onze mille maisons. La population s'est donc accrue, durant un siècle, dans la proportion de quinze à un.

Avant 1690, on trouvoit déja à Birmingham des manufactures de ferrailles grossières, telles que cloux, etc.; mais, peu de temps après la révolution, l'industrie s'accrut insensiblement. On établit des manufactures d'armes. Le gouvernement approvisionna les armées des divers attirails de guerre qu'il eut soin de tirer des fabriques de Birmingham, et prohiba l'importation de tout ouvrage de France en métal ou en acier. On sait que l'Angleterre a eu la priorité sur les autres nations de l'Europe, dans les différens ouvrages de quincaillerie. Birmingham et Londres furent long-temps rivales en ce genre; mais l'argent étant plus commun dans la ville capitale, et le salaire des ouvriers augmentant chaque jour, il en devoit nécessairement résulter que Birmingham l'emporteroit sur elle.

Jusqu'au milieu de ce siècle, il n'y avoit point un seul négociant à Birmingham qui fut en liaison directe avec les étrangers. Les négocians de Londres faisoient un commerce d'entrepôt avec les marchandises fabriquées à Birmingham. Maintenant les commerçans de Russie et de l'Espagne tirent directement de cette ville tous les objets dont ils ont besoin. Une exportation facile, au moyen des rivières ou des canaux navigables, est moins nécessaire pour tout autre genre de fabrication, que pour celles où il faut employer des métaux qui exigent une grande quantité de combustibles, ainsi que des matériaux lourds ou grossiers. Or, Birmingham, depuis 1768, exporte facilement ses diverses productions jusqu'à la mer, par le moyen de ses canaux. En 1786, on a prolongé l'ancien canal jusqu'aux mines de charbon à Wednesbury, de sorte que le prix de cette matière combustible a diminué de moitié. Aujourd'hui, en 1790, cent douze livres pesant de charbon ne coûte que cinq pences.

Tous les vaisseaux employés au transport de ce combustible si précieux pour la Grande-Bretagne sont très-longs et ont peu de largeur. Les charbons des environs de Birmingham m'ont paru d'une nature friable et parsemés de veines qui renferment une grande quantité de parties sulphureuses. La navigation nouvellement ouverte de Wednesbury à Londres, a forcé les habitans de Newcastle de vendre leurs charbons au même prix que ceux de Wednesbury. Ce fut cet exemple qui détermina le ministre prussien Heinitz à proposer de construire un canal dans la forêt de Schweidniz, afin de pouvoir livrer aux manufactures des matières combustibles à meilleur marché. En 1772, l'ancien canal fut prolongé jusqu'à Autherley, et par ce moyen, on l'a uni à la Saverne, afin de pouvoir communiquer facilement avec Shrewsbury, Glocester, Bristol et le Trent, pour de-là se rendre jusqu'à Grainsborough, Hull et Londres. Une branche de ce canal se prolonge jusqu'à la grande ligne qui parcourt le Staffordshire, et aboutit à Manchester et Liverpool.

L'Angleterre a reçu cet avantage de la nature, que la pente ne se fait pas d'un seul côté, comme en Allemagne et en Écosse, mais qu'elle commence vers le milieu de l'île, à Bilkington, dans le Derbyshire, le point le plus prééminent de l'Angleterre, et qui s'élève depuis quinze cents jusqu'à deux mille cinq cents pieds au-dessus du niveau de la mer. Telle est la cause pour laquelle les rivières de l'Angleterre y tombent de tous côtés. Les hommes ont ensuite, à force d'art, établi une communication entr'elles; de sorte qu'en aucun pays de l'Europe, la navigation intérieure n'est aussi facile que dans la Grande-Bretagne. Il paroît cependant qu'on auroit besoin en Angleterre d'une navigation plus directe vers la capitale, mais on peut remédier à cet inconvient par un canal nouveau qui communiquera à Tazely, Fishenwik, Tannworth, Polesworth, Atherstone, Nuncaton, Coventry, Oxford, et de cette dernière ville, par la Tamise, jusqu'à Londres.

Comme la ville de Birmingham ne jouit d'aucun privilège *chartré*, ses habitans n'ont point le droit d'envoyer des représentans à la chambre des communes. Une des bizarreries de la constitution anglaise est d'avoir privé de cet avantage une réunion de 60,000 habitans, et d'avoir soumis leurs intérêts à tant de rapports étrangers et politiques, qu'enfin ces 60,000 citoyens ne puissent prendre aucune part active dans les affaires publiques, tandis que les pauvres habitans d'Oldborough jouissent du droit de décider sur les avantages ou les inconvéniens de la domination des mers. On a tant de fois reproché aux anglais cette inégalité dans le droit de choisir leurs représentans, qu'il est inutile de s'appésantir plus long-temps sur cette matière. Il n'y a que l'ignorance qui puisse considérer comme un chef-d'œuvre de la sagesse humaine aucune forme des gouvernemens actuels, qui tous sont l'ouvrage du hazard. L'auteur du livre intitulé : *De l'état présent de Birmingham,* prétend que ce défaut dans la représentation est un grand avantage pour les manufactures de cette ville; car il en résulte que le travail des ouvriers n'est point troublé par l'esprit de parti, et par les agitations nécessaires qu'entraînent toujours les élections. O hommes ! ô liberté !.. Un tel raisonnement seroit digne d'un habitant d'Aix-la-Chapelle, qui auroit transplanté en Angleterre toutes les idées fiscales et les principes éteignans des maîtrises allemandes; mais le philosophe qui sait à quel point certaines professions mécaniques absorbent et abrutissent l'ame, sait en même-temps combien cette électricité politique doit nécessairement restituer l'homme à la dignité de son être.

Soho est une petite ville où l'on trouve de belles manufactures appartenantes à

MM. Bolton, Watt et Fothergill; elle est située à un demi-mille de Birmingham. Les maisons ont fort peu d'apparence, et ne sont pas si magnifiques que les fabriques de soie de Francfort-sur-l'Oder en Prusse, mais elles surpassent en grandeur celles de Franckental. Ces maisons sont solides, vastes, bien éclairées et sagement distribuées. Plus de mille hommes sont occupés dans cette manufacture, sans parler d'un grand nombre d'enfans et de plusieurs femmes employés à polir les ouvrages. Un ouvrier ordinaire reçoit par semaine depuis quatorze schellings jusqu'à une guinée; c'est le double et même le triple du salaire qu'on donne en Allemagne : ce qui prouve que l'argent est ici plus commun et les vivres plus chers.

Un des principes irréfragables de l'économie politique seroit que le salaire de toutes les fonctions manuelles fut égal, et qu'on n'y souffrit point d'autre différence que celle qui naîtroit de l'habileté de l'ouvrier. J'ai observé que dans la partie septentrionale de l'Allemagne un artisan recevoit journellement depuis sept jusqu'à neuf gros. Aussitôt qu'un certain genre d'ouvrage devient plus lucratif, l'espoir d'un gain plus considérable fait qu'un grand nombre d'individus s'en occupent, et en raison de la concurrence bientôt le salaire diminue ; tel est le cours naturel des choses.

## III. THÉATRE DE BIRMINGHAM.

Un spectacle est la chose la plus précieuse pour un voyageur qui, sans liaison, sans connoissance dans le pays qu'il habite, ne peut passer le temps d'une manière plus agréable.

Nous devions partir à minuit, et le reste de la soirée eut été absolument vuide. Heuseusement c'étoit ce jour-là l'ouverture du théâtre. L'édifice nous parut d'un style noble et bâti avec une grande élégance. Nous entrâmes et nous vîmes un joli amphithéâtre, quoique trop chargé d'ornemens et conçu dans le même goût que celui de *Terra cotta* de *Wedgwood*. Cette salle est encore défigurée par un plafond sur lequel on voit une Therpsicore qui danse sans grace, ayant un pied dans la nue. Thalie est représentée à genoux, et Melpomène, pour être sans doute plus commodément poignardée, est renversée sur le dos. Ces trois déesses soutiennent en l'air un Apollon d'une encolure mesquine, ainsi que le buste en médaillon d'une Pallas. Plus loin on apperçoit un vaisseau qui vogue dans l'air, et dieu seul en peut connoître la destination

Lorsqu'on leva la toile, il y avoit à peine quatorze personnes au parterre, mais insensiblement il arriva plus de monde et la salle se trouva presque remplie. Quelques minutes avant l'ouverture, un grouppe d'hommes placés dans la galerie s'étoit arrogé le privilège de témoigner son impatience, et ce bruit d'une poignée d'individus nous parut être aussi ridicule que celui des théâtres de Londres est dégoûtant pour quiconque a voyagé en France et en Italie.

Les pièces jouées à ce théâtre font peu d'honneur à la scène anglaise. La première, *the contry girl* ( la fille des champs ) (86), est une farce en cinq actes; la seconde, *the romp* (87), n'en a qu'un seul. Une madame Davis de Manchester joua le rôle d'une grossière paysanne, avec une légèreté et une naïveté extraordinaires. Elle ne cessoit de courir et de sauter. La vîtesse de sa langue égaloit celle de ses pieds et de ses bras. Pour l'honneur des autres comédiens, il suffira de dire qu'ils me rappelèrent, pour la première fois depuis que j'ai quitté l'Allemagne, certaines troupes d'acteurs ambulans qu'on rencontre quelquefois dans les villes du second ou du troisième ordre......

## IV.

Les vents agitoient la cime desormeaux élevés ; de longs sifflemens interrompoient par intervalle le silence auguste des campagnes. Des nuages gris et de mille nuances différentes erroient au-dessus de nos têtes, et dans leur course rapide, permettoient aux rayons du soleil de pénétrer par intervalles ; puis, tout-à-coup, s'écartant avec la rapidité de l'éclair, ils laissoient entrevoir un ciel bleu et diaphane que l'instant d'après ils voiloient à nos yeux.

Bientôt nous arrivâmes dans une allée obscure ; de grands arbres formoient un ceintre impénétrable aux rayons du soleil. L'air tamisé à travers les feuilles bruissoit sur des tons divers. Nous fîmes quelques pas, et nous entendîmes le doux murmure d'un ruisseau qui serpentoit à travers les bocages dont nous étions environnés, et qui descendoit mollement dans un vallon. Là, il se jette dans une petite rivière qui, bientôt, se dérobe sous une herbe fraîche, vivifiée de ses eaux bienfaisantes, et qui, tout-à-coup, reparoissant entre deux racines d'arbres, se transforme en une surface unie dont l'œil ne peut atteindre les limites. Nous avançâmes vers les bords de ce lac agréable, et nous laissâmes derrière nous une monticule couverte de bruyères. Vis-à-vis se présentoit en perspective la tour élevée d'une église de village. A nos côtés nous voyions des agneaux bêlans qui suivoient leurs mères. Ici une autre source se précipite dans un bassin.

Près de ce petit torrent l'on voit une grotte de mousse d'où s'échappent plusieurs ruisseaux dont les ondes claires et argentines jaillissent en mille cascades diverses, parmi des bocages et un nombre infini de plantes aquatiques. Là, sont quelques sièges de verdure au-dessus desquels on lit l'inscription suivante:

*Gulielmo Shenstone*
*Qui hujusce ruris amœnitates*
*Nec gratas olim, nec cognitas*
*Ingenio suo indagavit,*
*Litteris exornavit,*
*Moribus commendavit,*
*Sedem cum rivo*
*Dedicat.*
*E. M.*

« Ce lieu de repos et le ruisseau qui
» l'arrose sont consacrés par E. M. à
» Guillaume Shenstone, dont le génie, les
» talens et les mœurs ont rendu célèbre
» un séjour autrefois sauvage et sans agré-
» mens. »

Vis-à-vis, sur une monticule entre des îles et des chênes, on apperçoit une urne au pied de laquelle sont écrits ces mots :

*Genio loci* ( au génie du lieu ).

Après nous être arrêtés quelques instans, nous poursuivîmes notre marche par divers sentiers plantés de chênes, de hêtres et de pommiers, et à travers de belles prairies.

A quelque distance de ce lieu enchanteur, l'on voit des collines entrecoupées de plaines fertiles, de saules et d'autres arbres pittoresquement groupés. Enfin nous arrivâmes sur un tertre élevé, couvert d'une herbe fraîche. Là, nous apperçûmes une table antique, portée sur un piedestal et environnée de branches de figuier. L'œil peut pénétrer jusqu'à l'extrémité de l'horizon et n'est arrêté que par Wrokin, montagne éloignée et cachée dans un nuage bleuâtre.

Delà on apperçoit encore au loin des collines élevées entre deux vallons, dont les différentes nuances de verdure reposoient agréablement nos regards. A l'extrémité de ce charmant paysage, entrecoupé de haies vives et de parcs antiques, on peut découvrir, lorsque le ciel est serein, de hautes tours et le toît de plusieurs églises champêtres, blanchi par le soleil; des moulins-à-vent qui se dessinent à l'horizon, et de paisibles habitations éparses çà et là dans la plaine. L'imposante richesse de ces arbres élevés, dont la beauté varie à l'infini, remplissoit mon ame de ce respect sacré que seul peut inspirer la nature.

Près de nous et sous nos pieds se dessinoit ce beau pays romantique, une longue chaîne de montagnes ornées d'un bled vert, une rivière qui serpente autour de la colline et dont les bords sont ombragés d'aulnes qui laissent retomber leurs branches sur la surface de l'eau, des allées de jeunes chênes droits et touffus que la main du créateur sembloit s'être plu à groupper autour de ce magnifique horizon, et des bocages fleuris qui dérobent aux yeux la demeure des habitans de ce lieu champêtre.

Nous avançâmes quelques pas, et une scène nouvelle s'offrit à nos regards. Vers l'extrémité du sentier que nous venions de parcourir, s'élève une chapelle de gothique structure. Au milieu est un autel que de jeunes chênes couronnent de leurs feuillages, et à travers l'intervalle qui les sépare, l'œil découvre une autre sîte moins étendu, mais non moins riche que le premier.

Près d'une vaste prairie entrecoupée d'eaux vives qui se dérobent sous une herbe verdoyante, se trouve un petit parc nommé *Lions-Walk* ( la promenade du lion ), et dont les arbres forment un toît impénétrable aux orages. Sur la droite est un étang dans lequel se réunissent plusieurs petits ruisseaux qui en entretiennent la fraîcheur. Là, sur des faisceaux de racines de hêtres entrelacées, et sur des rocs couverts de mousse, court une eau argentine qui se précipite quelques pieds au-dessous avec un agréable murmure. A l'aide de ces racines, nous montâmes sur la partie la plus élevée de ce lieu agreste. Tout-à-coup survint une pluie si abondante, qu'à peine étions-nous à l'abri sous ces hêtres épais et touffus.

A quelques pas on voyoit un petit autel sur lequel on avoit gravé ces vers :

.  .  .  .  .  .  . *Hic latiùs otia fundis.*
*Speluncæ, vivique lacus, hic frigida tempe*
*Mugitusque boum, mollesque sub arbore somni.*

Nous étions assis sur un siége à moitié détruit par le temps, et nous pouvions appercevoir, dans toute son étendue, ce sentier long et droit que nous venions de parcourir. Alors nous songeâmes à réparer nos forces et à sécher nos habits. Insensiblement l'orage se dissipa, le soleil sortit vainqueur du sein des nuages, et sa lumière bienfaisante, en se réfléchissant à travers les gouttes de pluie dont les feuilles étoient chargées, répandoit sur tous les objets environnans une teinte d'or et légèrement azurée. Nous contemplâmes un instant ce spectacle radieux, ensuite mes compagnons et moi nous continuâmes notre route.

Notre intention étoit de parcourir ces lieux romantiques, et même d'aller visiter quelques-unes des habitations champêtres qui s'offroient successivement à nos regards, lorsqu'au-delà d'une monticule nous découvrîmes une forêt qui se prolongeoit vers

G

l'horizon. Nous suivîmes un sentier assez étroit, et nous descendîmes rapidement dans un vallon très-escarpé, Ici serpente et murmure le plus clair et le plus abondant des ruisseaux qui vivifie ce séjour agreste. L'eau sort d'une grotte profonde couverte de mousse mêlée de houx, et se précipite, en écumant, du haut d'un rocher.

Ange tutélaire de ces lieux ravissans, je vous invoque! Sans-doute le silence auguste de ce parc antique annonce la présence d'un génie invisible, dont les jeux des naïades folâtres célèbrent la fête. Ah! voici un obélisque.

*Genio P. Virgilii Maronis.*
*Lapis iste cum luco*
*Sacer esto.*

« Que ce monument et le bois qui l'environne soient à jamais consacrés au génie de P. Virgile Maron. »

Au pied est un autel avec cette inscription:

*Celeberrimo Poëtæ.*
*Jacobo Thomson*
*Propè fontis illi non fastiditi*
*G. S.*
*Sedem hanc ornavit.*

« G. S. a élevé ce tertre en l'honneur du
» célèbre poëte Jacques Thomson, qui se
» plaisoit autrefois sur les bords de ce ruis-
» seau. »

*Quæ tibi, quæ tali reddam pro carmine dona?*
*Nam neque me tantum venientis syhilus austri,*
*Nec percussa juvant fluctu cum littora, nec quæ*
*Saxosas inter decurrunt flumina valles.*
                                            VIRG.

Plus loin est un arbre.... sacré sans doute,
et sur lequel on lit ces vers :

>   Swet Najad in this Cristal wave
>   Thy beauteous limbs with freedom lave
>   By friendly shades encompast, fly
>   The rude approach of vulgar eye ;
>   Yet grant the courteous and the kind
>   To trace thy footsteps un confin'd,
>   And grant the swain thy charms to see
>   Who formd these friendly shades for thee.
>                             R. DODSLEY.

« Aimable Naïade, rafraîchis tes appas dans
» le pur crystal de cette fontaine, rien ne
» troublera tes jeux innocens. L'ombre épaisse
» des bois qui environnent cette source voi-
» lera tes charmes et les dérobera aux regards
» des profanes. Permets à l'amant timide et

» discret de suivre tes traces, et que le berger
» qui a disposé pour toi seule cette sombre
» retraite, puisse, pour sa récompense, jouir
» de la vue des beautés que tu caches à la
» foule vulgaire des mortels. »

Le reste de la scène étoit embelli par un groupe de maronniers fleuris et touffus. Approchons-nous de cet ombrage sacré. O surprise ! Ce feuillage cachoit un temple.... c'étoit un vieux monastère couvert de chèvre-feuilles en fleurs, et environné de sapins élevés. L'intérieur de cet édifice recéloit deux solitaires, dont l'un paroissoit courbé sous le poids des ans....

## V.

### HAYLEYPARK.

CE beau pays, ou pour mieux dire ce magnifique paysage, appartient aujourd'hui au lord Westcote, frère de ce célèbre lord Georges Littelton, nom si cher à la philosophie. Je ne le comparerai point au délicieux séjour dont je viens de donner une trop foible esquisse : le sîte et l'ordonnance n'en sont pas les mêmes. Hayleypark n'étoit d'ailleurs dans son origine qu'une enceinte destinée pour des cerfs. Ici la scène est plus vaste et plus ornée. Autour de l'habitation du lord, le terrain est couvert d'une herbe molle qui s'étend jusqu'à la colline. Les groupes de hêtres élevés sont plantés çà et là, et sur une montagne lointaine, couverte de gras pâturages, on apperçoit un obélisque dont la pointe se dessine majestueusement sur la nue.

Les arbres de la forêt, qu'on a eu soin de ne point planter trop près les uns des autres, projettent de longues branches qui forment, en s'entrelaçant, de magnifiques ceintres de verdure. Plusieurs portant leurs têtes orgueillenses jusques dans les nues, et s'élevant par dégrés sur la pente de la colline, semblent former des nuages de feuilles vertes. L'herbe qui croît à leurs pieds et sur l'intervalle qui les sépare, a autant de molesse et d'élasticité que celle qu'on trouve sur le magnifique plateau au milieu duquel la maison est située. Cette herbe grasse, ainsi que les plantes sauvages qui croissent avec elle, sont une excellente nourriture pour les cerfs, qui se rassemblent en troupeaux de plusieurs centaines à la fois, et qui sont si peu farouches que souvent même on peut s'en approcher à une très-petite distance.

Si je voulois établir, par une comparaison, le mérite des deux charmans séjours que nous venons de parcourir, je dirois que Leasowes ressemble à une jeune et belle fille sortant des bras du sommeil, et qui dans un élégant négligé sait, par sa simplicité même, s'attirer tous les regards. Hayleypark seroit une jeune et agréable provinciale qu'un maître de cérémonie de Bath auroit enveloppée d'une belle robe de satin artistement façonnée, et qu'il laisseroit ensuite dans une attitude merveilleusement bien compassée, sans lui permettre de respirer, dans la crainte de déranger ses draperies.

Encore une seconde comparaison, car une idée naît d'une autre, et celle-ci je vais la chercher au Parnasse. Hayleypark ressemble à une de ces odes modernes prétendues pindariques, qui ayant leur juste mesure de strophes, d'anti-strophes et d'épodes, portent le nom de poëmes, quoiqu'elles n'ayent d'autre mérite que le titre pompeux dont on les décore. Leasowes, au contraire, est la production d'un génie heureux et hardi. Quel est celui qui, dans la tourbe littéraire, ignore les règles de l'ode, mais combien il en est peu qui sachent mettre en œuvre les nombreux matériaux qui leur sont offerts! Pour eux la nature est inerte et sans vie; c'est le génie seul qui l'anime et le féconde.

De même le jardinier peut apprendre tout ce qui appartient à un beau jardin anglais; le moins habile sait grouper des arbres, dessiner des bocages, des sentiers, des labyrinthes, des petits temples, des sièges de mousse, des inscriptions, des obélisques, et même des ruines. Tous ces détails se trouvent en Angleterre et même sur le continent dans la plupart des grands jardins; mais l'art des distributions, des contrastes, celui plus difficile encore de produire de beaux effets de lumière, de la réfléchir par écho sur certaines parties, et de ne répandre que des demi-teintes sur celles qu'il faut dissimuler aux yeux, afin de mieux parler à l'imagination, tel est le secret, le but du jardinier créateur, de celui que la nature a fait peintre et poëte.

Ces réflexions jetées au hazard, et que je soumets à mes lecteurs, ne doivent point être considérées comme un reproche fait à la mémoire du lord Lyttelton. Que ses cendres demeurent en repos! *Nemo dat quod non habet.* Je ne prétends à rien autre chose qu'à jouir du droit de dire librement mon opinion, comme il a fait lui-même en appelant son ami Alexandre Pope, le plus charmant et le plus élégant des poëtes anglais, le philosophe le plus agréable qu'ayent jamais produit les trois royaumes. Je n'ai point vu dans Hayleypark cette unité qui nous charme par son ensemble. Les beautés partielles n'arrivent point à l'ame, quand elles sont déplacées, comme, par exemple, l'urne consacrée à la mémoire de Pope, et qui se trouve près d'un sentier. Nécessairement on demande la cause de cette bizarre fantaisie de l'honorable lord. Pope est-il enterré ici ? ou y a-t-il perdu la vie ?

C'est-là, c'est dans ce lieu sombre et sacré que devoit être creusée la grotte de l'hermite, ornée des beaux vers du *Penseroso* de Milton, s'il est vrai que cette grotte représente la mélancolie, comme c'est l'opinion commune. Au contraire, elle se trouve dans la partie la plus voisine d'une plaine qui n'offre rien de pittoresque. Cette inscription si connue, *omnia vanitas*, est placée sur une maison bâtie dans un lieu resserré : n'aurait-on pas dû la placer plutôt sur la belle tour d'où l'on peut découvrir presque la moitié de l'Angleterre ? Cette tour est, sans contredit, un des plus magnifiques ornemens de ce beau lieu ; elle est très-élevée, couverte de feuilles de lierre disposées avec assez d'art. Ce lierre est suspendu sur des branches entrelacées, et s'élève au-dessus de la partie la plus éminente du toît. De cette tour on jouit d'un aspect d'une étendue et d'une richesse immense. On voit les *Mawbernhills en Worcestershire*, les *Blackmountains*, ou montagnes noires du *Radnorshire*, éloignées l'une de l'autre de près de trente lieues, les *Haberleyhills en Worcestershire*, les *Cleehills* et le *Wrekin* en *Shropshire*, enfin *Dudley* et *Rowley* : le spectateur voit se dessiner sous ses pieds un vaste jardin qui se prolonge jusqu'aux montagnes dont je viens de parler.

Ce riche paysage renferme encore plusieurs beautés de détail, entr'autres une colonne sur laquelle est placée la statue de grandeur naturelle du feu prince de Galles, un autel antique en l'honneur de *Thompson*, une cascade qui, entre les branches des arbres, se précipite dans un ruisseau. On y voit encore une maison qui, sans être bâtie avec magnificence, n'est point indigne du propriétaire qui l'habite. Plus loin est un cimetière, et cet ornement bizarre n'a aucun rapport avec l'ensemble; car les autres parties de cette grande et belle composition champêtre ne sont point de nature à inspirer des idées funèbres. A quelque distance du parc on trouve une église d'un goût gothique, près de laquelle est bâtie la maison du pasteur, et cette partie d'Hayleypark n'est pas une des moins pittoresques.

## V I.

*Voyage de Birmingham à Derby.*

A minuit, le 12 Juin, nous continuâmes notre route avec quatre autres voyageurs dans la diligence de Manchester. A deux heures il faisait déjà jour, et à six heures du matin nous traversâmes la petite ville *Uttoxeter*, qui se prononce *Utcheter*, ou *Hutcheter*. Nous étions treize alors, car cinq nouveaux voyageurs avoient pris place sur l'impériale de la voiture, et un autre sur le siège du cocher. Nous déjeûnâmes à la petite ville de Choalde où l'on trouve plusieurs mines de charbons de terre, dont le Staffordshire abonde : on y a établi une fonderie pour le cuivre de rosette et une fabrique de fil-d'archal. Entre cette ville et *Litchfield*, dans un village nommé *Pane*, nous vîmes une grande manufacture de rubans de fil. Par compassion et par politesse pour une dame qui n'avoit rien d'ailleurs de fort attrayant, je résolus de lui céder ma place dans la voiture, et de monter sur l'impériale où je restai jusqu'à Leake, situé à dix milles de distance de Derby. Pour quiconque aime à respirer en liberté et se plaît à savourer le délicieux spectacle de la nature, cette manière de voyager est peut-être la plus agréable durant les beaux jours de l'été, malgré l'incommodité et le cahottement perpétuel qu'on éprouve ; car il n'y a guère que les chariots de poste d'Allemagne où l'on soit aussi mal à son aise.

Enfin, les fatigues du voyage furent bientôt oubliées, lorsque je pus contempler à loisir le magnifique aspect qui s'offroit à mes regards sur les hauteurs de Derbyshire. Mais après avoir quitté Choalde, ce grand et sublime spectacle disparut insensiblement à nos yeux. La route étoit devenue difficile et montueuse ; nous n'avancions qu'avec lenteur. Tous les arbres, toutes les plantes que nous rencontrions nous paroissoient d'une nature inférieure à celles des autres régions que nous venions de parcourir. On n'y voyoit que de vastes landes entrecoupées de rochers sablonneux, et nul être vivant que quelques brebis égarées, dont la laine n'étoit pas encore tondue.

A Leak, petite ville renommée par ses fabriques de boutons et de rubans, nous prîmes place dans une chaise de poste qui partoit pour Buxton. La campagne n'étoit plus parsemée de haies vives : toutes les séparations et les défenses des propriétés étoient des murs, des pierres posées les unes sur les autres. Le pays qui nous environnoit étoit triste et désert ; on n'y rencontroit plus d'arbres, et toute la surface de ces hauteurs étoit couverte de bruyère desséchée et entremêlée d'une herbe grêle et dure. Cette route, ou pour mieux dire, cette montagne, n'est qu'un gravier gris et rougeâtre qui se dissout sans peine, sur-tout vers les parties qui sont exposées au soleil. Quelques morceaux de cette espèce de pierre renfermoient un peu de galène (88).

Cette partie de l'Angleterre est en général très-élevée ; on y trouve plusieurs montagnes à chaux. A quatre lieues de Leak, dans un endroit qui s'appelle, je crois, *Upper hulme*, nous trouvâmes un de ces sites magnifiques qu'on ne rencontre que sur les parties les plus élevées du globe. La montagne sablonneuse que nous venons de gravir s'étend ici du nord au midi, et se divise en trois sommités de forme sphérique : leur aspect inspire une sorte de terreur, et pourroit servir de modèle à un peintre qui auroit à représenter des ruines. Cette montagne étoit divisée en plusieurs segmens par de grandes fentes verticales et perpendiculaires. Ces parties étaient d'une étendue énorme et paroissoient étayées les unes sur les autres : quelques-unes s'étoient formées obliquement, et leurs pointes aiguës s'étendoient jusqu'à la longueur de cinquante pieds. Au-dessus étoient suspendues des voûtes de pierres prêtes à se dissoudre et qui menaçoient d'un écroulement prochain ; à côté nous vîmes des grandes masses qui s'étoient déjà éboulées, et qui avoient dans leur chûte écrasé un palais. Aux environs, le sol étoit couvert de grandes et petites pierres qui sembloient être jetées, non par la main vivifiante de Deucalion et de Pyrrha, mais qui étoient plutôt l'ouvrage du génie de la stérilité et de la discorde, ou les signes funestes de la guerre des Titans.

Ces sommets aigus ont tous leur direction vers l'orient, tandis que du côté de l'occident cette montagne se perd sous une terre tourbeuse et humide qui, en plusieurs endroits, n'a guères que cinq ou six pieds d'épaisseur. Je ne doute nullement que ces phénomènes ne soient produits, ou par des révolutions subites, ou par des inondations qui viennent de l'orient. Moment terrible dont la seule pensée inspire l'effroi! Quelle existence que celle d'un être aussi fragile que l'homme, à l'époque où les montagnes mêmes étoient renversées!

Je me hazardai à gravir jusqu'au sommet de cette montagne. La couleur des objets environnans étoit celle d'une nature morte; les vallons et les parties inférieures étoient cependant couvertes de prairies, mais on n'y voyoit point d'arbres, et l'on n'appercevoit de tous côtés que des monceaux de pierre, ou plutôt de lave brisée. De tems en tems quelques tourbillons de fumée s'exhaloient des montagnes à chaux, qui se reconnoissoient facilement à la blancheur de leurs sommets. Près de-là paissoient quelques brebis qui quittoient leurs habits d'hiver, et qui demi-nues laissoient sur leurs traces des fragmens de leur toison.

Les collines qui nous environnoient étoient plus basses, de sorte que notre vue n'étoit point bornée: au loin nous appercevions une longue chaîne de montagnes qui sembloient naître les unes des autres. Leur forme étoit très-arquée, mais leur courbure devenoit moins sensible à mesure qu'elles s'approchoient des vallons. Plus loin encore au nord-est nous découvrions la cime de *Mam Por*, situé à Castleton, et qui s'élevoit majestueusement au-dessus de l'horizon. Au bas du sentier que nous suivions cheminoit lentement notre voiture. Nous regardions avec effroi cette grande masse de roc qui, à chaque seconde, menaçoit de s'écrouler sur nos têtes. O nature! immuable et paisible nature, rien ne peut suspendre ton cours, ni troubler ta constante uniformité! Au sein de ce séjour de destruction et d'horreur, depuis mille ans une mousse verte et fraîche croît paisiblement sur des pics élevés, où jamais le pied de l'homme ni celui des animaux les plus hardis n'a imprimé sa trace. Des fleurs croissoient sur des rochers séparés de la cîme et prêts à s'écrouler. Croiroit-on que des chevaux et des troupeaux entiers de bœufs marchent à travers ces précipices d'un pas ferme et tranquille? L'on diroit, lorsqu'ils sont sur ces voûtes frêles et élevées, qu'ils se promènent sur des nuages: nous-mêmes étions sans crainte, quoique nous fussions placés directement au-dessous de ces arcs menaçans. Tel est le prestige des localités, ou pour mieux dire, telle est la

confiance

confiance qu'inspire la nature: ici même nous eussions cherché un asyle contre les orages.

Vers les trois heures nous arrivâmes à Buxton (89). Nous descendîmes dans une hôtellerie nommée *White kart* (charriot blanc.) Tous nos compagnons de voyage paroissoient très-empressés de se mettre à table. La société étoit composée d'environ vingt personnes des deux sexes qui étoient venues ici pour y prendre les bains, ou plutôt pour échapper à l'ennui, l'ennemi mortel des gens riches, et qui les chasse de Bath à Londres, de Londres à Buxton, de Buxton à leurs maisons de campagne; enfin qui, comme une harpie, les dévore sans cesse. A dire la vérité, on trouve ici des moyens de tuer ce monstre toujours renaissant. Buxton est amplement fourni d'appartemens meublés, de bains publics et privés, de tables d'hôte très-bien servies; on y trouve une comédie, des cartes à jouer, des bals, des promenades, un étang ou pissine, un désert.

Juillet et août sont les deux mois de l'année où la société abonde; c'est alors la saison des bains. Aujourd'hui même les buveurs d'eau auroient été plus nombreux, si les séances du parlement étoient finies; mais tant qu'elles durent, la multitude oisive est retenue à Londres, et ne peut venir inonder Buxton, Bristol (90), Tunbridgewells (91), Brighton (92), Margate (93), Harrongate (94), Cheltenham (95), ni les autres parties de l'Angleterre où l'on trouve des eaux médicinales.

Le duc de Devonshire est propriétaire de la majeure partie du territoire, et il a fait de grandes dépenses pour l'embellir, ainsi que pour procurer aux baigneurs toutes les commodités nécessaires. On trouve dans le *crescent* des appartemens très-vastes pour les assemblées publiques et les bals, plusieurs sales de jeu, etc. Cet édifice, de forme circulaire, est orné de belles arcades surmontées de pilastres d'ordre dorique. En général il est bâti avec une grande élégance, et quoiqu'il soit moins vaste que le crescent de Bath, la distribution en est véritablement admirable.

On trouve assez près de ce bâtiment une petite allée ombragée de quelques centaines d'arbres, et cette promenade contraste agréablement avec le terrain d'alentour, qui ressemble à un désert. Plus loin le duc de Devonshire a fait élever un vaste bâtiment de forme hémisphèrique. En voyant les belles colonnes qui décorent le premier étage, on a peine à croire qu'un semblable édifice ne soit destiné qu'à recevoir les chevaux que les baigneurs amènent avec eux ; il peut en contenir cent douze. Les ailes sont de forme quarrée et consacrées à des remises. Le duc de Devonshire afferme ces écuries à un homme qui reloue aux voyageurs les emplacemens nécessaires pour loger leurs chevaux ; au moyen de cet arrangement, la totalité des dépenses qu'il a fallu faire doit bientôt rentrer dans les coffres du propriétaire, et ensuite le bénéfice sera immense.

Buxton est situé dans un vallon plat ; son aspect est triste, et à l'exception de quelques allées artificielles, on n'y trouve point d'arbres. Après avoir parcouru deux plaines qui sont séparées par des piles de pierres entassées les unes sur les autres, on parvient à l'entrée d'une caverne à chaux nommée *Pool's hole*. Là, nous trouvâmes trois vieilles femmes chargées de conduire les voyageurs dans ce souterrain ; elles présentèrent à chacun de nous une chandelle, et nous précédèrent une torche à la main. Cette image me rappella les trois sorcières de Makbeth ; les antres du

Tenare et toutes les peintures dont Shakespear et Virgile ont embelli leurs ouvrages.

Lorsqu'on a traversé l'entrée qui est basse et étroite, on trouve plusieurs cavernes dont quelques-unes ont environ 340 pas géométriques de long, et qui, en certains endroits, sont d'une hauteur considérable. La caverne de bitume du célèbre Bauman (96) n'est pas si vaste que celle-ci, mais elle l'emporte par la beauté de ses stalactites (97) qui, placées sur un marbre dur et rouge, ont la blancheur de la neige : celles-ci sont d'une couleur sale sans aucune forme remarquable, car ces prétendues ressemblances avec une tortue, un lion, une orgue ou une selle de cheval, etc... sont du genre de ces contes absurdes qu'on peut nommer avec justice l'érudition des ignorans.

Nous continuâmes notre marche sur des décombres et des pierres brisées jusqu'à une profondeur de 569 *yards* ( Verges ). Là, on trouve une espèce de barrière, et après l'avoir franchie, on a de l'eau jusqu'à l'estomac : l'on marche ainsi durant l'espace d'environ 100 verges ; alors, quoique nous ne fussions point parvenus à l'extrémité de la caverne, il nous fut impossible de pénétrer plus avant. L'eau tombe du ceintre en larges goutes; ce qui rend le chemin humide et incommode.

La voûte qui se trouve à l'ouverture de cette caverne est double. Je n'ai vu aucune pétrification dans ce vaste souterrain, et il faut bien prendre garde de se laisser abuser par les conducteurs qui désignent les stalactites, sous le nom de pétrification. En sortant de la caverne, une troupe de femmes et d'enfans nous demandèrent l'aumône avec tant d'instance que nous fûmes trop heureux d'en être quittes pour quelques schellings.

Nous avions trouvé une compagnie excellente dans notre hôtellerie; mais cependant nous ne fûmes point tentés d'y passer la nuit, car nous ne connoissions aucuns de ces nobles lords qui ne paroissoient pas avoir perdu leur caractère national en prenant les eaux de Buxton, comme les héros et les demidieux de la Grèce perdirent la mémoire en buvant celles du fleuve d'Oubli. Après avoir pris quelques tasses de thé, qui dans presque toutes les auberges d'Angleterre est excellent, soit par sa qualité, soit à cause de la crême qui est d'un goût exquis, nous continuâmes notre route jusqu'à Castleton, situé à douze lieues de Buxton, et remarquable par les merveilles qu'on appelle les merveilles du pic de Derbyshire.

Personne n'est d'accord sur le nombre de ces merveilles : les livres font mention de sept; mais c'est sans doute à raison du préjugé qui a rendu ce nombre mystérieux. Or, les habitans qui n'ont jamais entendu parler de cette sorte de consécration, varient étrangement sur la quantité. Voici les plus remarquables : les trois cavernes souterraines *Heak's hole*, *Eldenhole* et *Pool'eshole*, les puits où l'eau monte et baisse alternativement toutes les deux heures, la montagne nommée *Mam-Tor*, etc.... J'observerai en passant que le nom de Pic ne convient à aucune de ces montagnes, car la forme n'en est pas conique comme celle de Ténériffe; mais je suppose que le mot *Peaked* a une signification plus ancienne et plus universelle, et qu'il sert à exprimer tout ce qui est haut et escarpé. Cette montagne est élevée d'environ trente mille pieds au-dessus du niveau de la mer.

Nous passâmes près du parc de Buxton, et nous n'apperçûmes plus ensuite que quelques arbres plantés autour des villages qui se trouvoient sur notre route. Nous fûmes surpris de voir combien la végétation étoit peu avancée. Les feuilles des hêtres, et principalement des frênes, ne faisoient que d'éclorre et sembloient nous avertir qu'ici le printemps commençoit à peine. Les vents et l'humidité attestoient encore la présence de l'hiver. Le chemin cependant étoit assez facile ; mais aux approches de Castleton, la pente devint si rapide, que notre voiture paroissoit s'abîmer sous la terre. Nous marchions dans un sentier étroit, situé entre deux montagnes qui s'élevoient jusqu'aux nues. L'immense hauteur de ces masses énormes, leur forme romantique que nous appercevions à travers la lueur indécise du crépuscule, le bêlement lointain des brebis qui paroissoient sur leurs bords, rendoient cette scène de la nature sublime et ravissante. Peu de temps après nous arrivâmes à Castleton, et nous allâmes loger à Castle-Inn, où nous trouvâmes tout ce qui étoit nécessaire pour nous rafraîchir. Enfin, après une journée si pénible, nous résolûmes d'y passer la nuit.

13 *juin.*

Sous ce climat humide et variable le ciel accorde rarement, même à ses plus chers favoris, un aussi beau jour. Lorsque je rappelle à ma pensée la nouvelle Zélande, la terre de feu, les montagnes glaciales près du Pôle Austral, les plaines de Taiti et les jardins des îles de l'Amitié, quand toutes ces images se présentent à ma mémoire, la journée des montagnes de Castleton, si abondante en merveilles, mérite encore un souvenir éternel. J'ai fait le tour du monde, et jamais spectacle semblable à celui-ci ne s'est offert à ma vue.

Nous fûmes réveillés par les rayons du soleil qui donnoit en plein sur les fenêtres de notre chambre, et nous fûmes ravis par l'aspect des sites romantiques que nous avions en perspective. Nous descendîmes, et du jardin de notre auberge nous vîmes au pied de la montagne voisine les débris d'un bourg très-ancien. Un mur à moitié démoli par le temps et flanqué sur chacun de ses angles d'une tour ruinée regnoit encore sur ce penchant escarpé. Le milieu d'une de ces tours offroit aux yeux une large brèche;

le faîte étoit couronné par des décombres couverts de longues herbes et de plantes sauvages. Vers le milieu de cette muraille antique s'élevoit une tour quarrée, jadis revêtue de pierres de taille. Sur chaque angle on voyoit des arc-boutans. Les pinnacles de la tour s'étoient écroulés. De ses murailles brisées sortoient des arbres et des plantes. Le lierre s'élevoit abondamment sur ses murs extérieurs, et serpentoit avec grace le long des crevasses. A droite et près des murs du bourg, la nature avoit creusé un vaste et profond abîme au sein d'un roc de couleur blanchâtre, et qui s'enfonçoit à pic dans les entrailles de la terre. Au-dessus de ce précipice s'élevoit un arc de pierre aussi régulier peut-être et plus hardi que s'il eut été construit par la main des hommes. A quelques pas on voyoit une chaîne de bocages verts formée de hêtres, d'ormes et de figuiers qui répandoient leurs ombres sur toute l'étendue de cette arcade. C'est dans cet abîme dont la partie inférieure étoit dérobée à nos yeux par la montagne, que se trouve l'entrée de la caverne immense du Pic.

## VII.

### ΟΙΣ ΘΕΜΙΣ ΕΣΤΙ.

*Castleton.*

SILENCE! Que tout ce qui m'entoure ne trouble point par d'indiscrets propos l'horreur sacrée que m'inspire le lieu où je suis. Moi-même je me tais, et n'ose exprimer ce que je ne puis concevoir. Je suis descendu dans la région des ombres, et j'erre au milieu de l'Erèbe. Les oiseaux du Styx ou des marais de Stymphale volent autour de ma tête en poussant des cris épouvantables. La terre avoit ouvert son sein pour me recevoir. Les montagnes se voûtoient sur moi, et près d'un petit sentier étroit et glissant, je vis un abîme dont l'aspect seul eut ébranlé l'ame la plus ferme. Je vis les sœurs terribles armées de toute l'horreur de l'enfer, occupées à ourdir et mesurer le fil de la vie. Tous les habitans du Ténare ont suspendu leurs travaux à mon approche; les parques..... les furies....! étendu dans la barque de Caron, je fus transporté sous les voûtes des montagnes jusqu'à l'autre bord du noir Cocyte; je traversai les élémens du chaos. Des torrens étoient suspendus au-dessus de ma tête; un air froid m'environnoit et un murmure vague et confus se faisoit entendre sans cesse autour de moi et sous mes pieds. Ce bruit ressembloit à celui d'un ruisseau qui se précipite sur des roches brisées. Ma lampe s'éteignit, et je fus plongé dans les ténèbres éternelles du Tartare. Alors il me sembla qu'un géant me prenoit sur ses épaules, et que nous traversions ce gouffre béant. Tout-d'un-coup un éclair luit à travers ces arcs souterrains; un bruit épouvantable frappa mes oreilles; les voûtes tremblèrent sur moi, et trois fois le tonnerre retentit dans cet abîme.

Vers le faîte, j'apperçus enfin une large ouverture à travers laquelle pénétroient les rayons du jour. Un air plus léger s'agitoit autour de moi; j'entendis le chant des oiseaux, et je crus assister au concert des dieux. Je remplis ma coupe d'un nectar divin, et j'offris une ample libation aux puissances souterraines que je venois de quitter. Bientôt mon sang circula avec plus de vivacité, et je me sentis animé d'une nouvelle vie.

Le docteur Sibtorpe qui avoit visité la caverne d'Antipaws cinq jours après lady Craven (98), nous raconta que cette dame avoit témoigné une grande frayeur en y descendant; mais qu'aussitôt qu'elle fut parvenue dans la superbe grotte ornée de ces belles stalactites, elle se sentit comme inspirée, prit la plume à l'instant même, et fit des vers sur ce magnifique spectacle de la nature.

## VIII.

*Route de Castleton à Middleton.*

LE chemin de Castleton est très-raboteux et s'élève en forme de roidillon triangulaire jusqu'au penchant d'une montagne encore plus roide. A la droite du hameau nommé *Hope*, et au centre du beau vallon de Castleton, orné de prairies et de pâturages innombrables, dont la plupart sont entourés de haies vives, se trouve un tertre de figure circulaire qui se prolonge vers la partie orientale, et qui est terminé par une crête sablonneuse. Nous gravîmes jusqu'au sommet, et nous découvrîmes alors une montagne de chaux d'une très-vaste étendue. Ensuite nous continuâmes notre route sans appercevoir aucune trace de déclivité durant une espace de neuf milles. La direction des couches de cette montagne étoit de l'occident à l'orient, et dans tous les lieux où se trouvoit quelque monticule escarpée, nous pouvions juger que cette montagne n'étoit qu'un amas de pierres sablonneuses de la même nature que celles de *Mam-Tor*. Les filons s'étendent presque toujours également de l'occident à l'orient, même durant plusieurs milles.

Plus près de Middleton nous observâmes à l'autre côté du vallon une couche qui alloit au nord. Presque par-tout ces couches s'enfoncent profondément sous d'autres masses coupées à angle droit. A une lieue de Middleton, nous traversâmes une gorge d'un aspect très-pittoresque où nous vîmes de chaque côté des masses blanches de pierre calcaire divisées par bandes égales, d'environ six pieds, couvertes de lierre, de brossailles, de mousses, de plantes sauvages, et qui ressembloient à des tourelles. Ces formations bizarres sont évidemment le résultat de la violence des torrens : aujourd'hui l'aride surface de cette montagne calcinée ne peut receler ni alimenter le plus petit ruisseau, et sur ces lieux où jadis les vagues de la mer se sont précipitées avec fureur, nous ne trouvâmes plus qu'un sol desséché.

IX.

MATLOCK.

LE soleil caché derrière ces montagnes dont la cime s'élève au-dessus des nuages n'éblouit plus mes yeux. Ses rayons bienfaisans ont cessé d'éclairer la terre, et ce vallon magnifique, ces roches escarpées, ces parcs immenses se replongent insensiblement dans l'ombre. Je te salue, agréable crépuscule, et vous, divine fraîcheur, zéphirs nocturnes dont le bruissement prolongé se fait entendre sur les vagues orageuses de la mer plus fortement que celui des ondes de la douce Derwent, lorsqu'elles sont agitées par les vents du nord! Combien mon ame est délicieusement émue! Quel charme j'éprouve, lorsque j'entends les sons mélodieux des rossignols qui, dans le silence de la nuit, chantent le bonheur de l'amour! O nature! combien tes jouissances sont pures et paisibles! Qu'il est doux de penser et de réfléchir lorsque les sens éprouvent des émotions aussi douces!

J'étois las de voir et d'admirer; ma raison succomboit sous le poids des innombrables merveilles de la nature; il me tardoit de jouir de moi-même. Lorsqu'en un seul jour, en un seul instant, des myriades d'images s'offrent à nos yeux, l'ame n'est plus qu'un miroir qui, froid et passif, ne réfléchit que des ressemblances fugitives. Vouloir digérer toutes ces impressions simultanées, les transformer dans son propre être, c'est une débauche de la pensée, à la fois insipide et nuisible.

Tel est le charme universel de la nature dont l'irrésistible influence se fait sentir à tous, même au cœur de ceux qui n'y pensent point. O puissance bienfaisante qui nous soutient, nous alimente, nous régénère sans cesse, et dont les effets ne peuvent être compris par la raison! car, où les impressions se divisent, là sont les bornes de la jouissance. Hélas! et les plus sages d'entre nous ne sont guerres plus heureux qu'un enfant qui, en appercevant une fleur, paroît charmé de ses formes, la cueille et la détruit. Divine mère de tout ce qui existe, de tout ce qui respire! tu as jetté autour de nous plus de fleurs que nous ne pouvons en détruire,

ruire, et tu as dérobé à nos regards curieux les moyens par lesquels ces mêmes êtres se reproduisent, se rajeûnissent sans cesse.

Seroit-ce donc en vain que tu nous as inspiré ce désir vif de tout analyser, de tout comprendre, qui commence avec nos sens et qui nous tourmente jusques dans l'âge le plus avancé? Tu fais vibrer les cordes des machines animales; tu souffles l'éther de la vie dans leurs veines. Le bêlement lointain de ces troupeaux qui retournent paisiblement à leur demeure, le bruit sourd et confus qui retentit sous les pas tardifs du bœuf fatigué des travaux du jour, ses mugissemens prolongés qui semblent tonner au milieu du léger bruissement des zéphirs folâtres, et les chants joyeux qui s'exhalent dans les airs du sein des nids mystérieux que recèlent les jeunes ormeaux, sont les échos de cette joie ineffable et pure que tu répands sur la terre. Mais d'autres plaisirs sont réservés encore à l'homme raisonnable et sensible. Lui seul, dans le labyrinthe des jouissances, cherche l'être-suprême qui en est le centre, dans l'immense océan des images, celui qui les a créés, dans la matière passive,

I

une volonté qui commande, dans tous les objets extérieurs, soi-même.

Le terrain que nous parcourons maintenant ressemble à celui de Plaven (99), près de Dresde; mais le pont à Plaven est plus romantique. Ici le rocher ne s'enfonce point perpendiculairement dans l'eau, et ne présente point ces longues murailles qui, à Plaven, offrent l'aspect le plus imposant. L'ombre que ce pont immense projette dans la vallée est plus pittoresque. Les moulins dont les hauteurs sont parsemées, égayent encore ce charmant paysage. Darand est d'une beauté ravissante, et les regards sont doucement attir s par la blancheur de la tour, le sommet sourcilleux de Sonnen et Konigsteins, la rivière qui serpente au milieu de ce vallon, et sur-tout par la richesse des moissons dorées.

Matlock est situé entre deux montagnes dont l'une est plus élevée que l'autre. Le vallon a moins d'étendue dans sa partie supérieure. La végétation y est, sans contredit, plus riche, plus abondante. L'on diroit qu'un dieu bienfaisant s'est plû à décorer lui-même ces masses énormes de roches entassées. La Derwent roule ses ondes paisibles sur un lit couvert de sable fin ; quelquefois ses eaux s'élèvent, en bouillonnant, sur d'énormes silex et retombent en cascades écumantes sous des voûtes formées par des longues branches d'arbres qui la dérobent aux rayons du jour, et forment, au-dessus de la tête du pêcheur solitaire, une longue suite d'arcades de verdure. L'extrémité des branches inférieures est plongée dans l'onde, qui de ce côté réfléchit à sa surface toute l'étendue de la montagne, couverte en partie de jeunes arbustes et de rians bocages.

Les montagnes de l'est sont comptées parmi les plus hautes de celles qui se trouvent dans le Derbyshire. Une d'entr'elles est nommée la montagne d'Abraham, à cause de sa ressemblance avec celles qui sont situées près de Quebec, et que Volfe ainsi que Montcalm ont immortalisées. Au pied de cette montagne se trouve un sentier tortueux et d'une excessive longueur, mais l'on est ensuite amplement dédommagé de ses fatigues par l'immensité et la richesse du paysage. Là on découvre tout le cours de la Derwent qui serpente dans ce vallon, ainsi que les belles collines couvertes de riches troupeaux, et qui se prolongent au loin vers l'horizon; enfin, le joli hameau de Matlock dont j'ai déjà parlé.

Dans cette délicieuse partie de l'Europe, la nature est si prodigue de rians paysages, d'arbres pittoresquement disposés et d'agréables verdures, qu'on chercheroit en vain un aspect qui pût lui être comparé. Les sites ravissans des environs de Menden (100), dans le pays d'Hanovre, doivent être placés au rang de ceux dont le souvenir ne s'efface jamais. Là, on admire à la fois le cours majestueux du Wezer et la situation romantique de Fulde (101), ornée de ses hautes tours et située au confluent de la Verre et du Wezer. Cependant on n'y voit pas cette innombrable variété d'objets et ces belles murailles de roc coupé à pic qu'on trouve à Allendorf (102), près de la Verre, mais qui ne sont point embellis par ces riches et charmans ombrages des campagnes de Matlock.

J'ai remarqué qu'ici les maisons destinées pour recevoir les baigneurs sont proprement meublées, et que les appartemens n'y sont point chers. Ces eaux sont tièdes et passent pour être rafraîchissantes; en effet, m'étant baigné vers le soir, je me sentis plus léger et plus fort. Les parcs des environs, qui sont plantés de chênes, de frênes, de sapins et de mélisses, sont d'une beauté admirable, et les diverses nuances de leurs feuillages forment le coup-d'œil le plus pittoresque.

## CHATSWORTH.

DE Middleton on descend, en suivant la rivière, dans le vallon dont la beauté et la richesse s'accroît à mesure qu'on s'en éloigne. Long-tems nous avions erré à travers des montagnes arides; aussi éprouvions-nous toutes les jouissances qui naissent d'un contraste subit et inattendu. Nous appercevions de toutes parts de gras pâturages, des champs ensemencés, des haies vives, des chênes élevés, des frênes, des hêtres, des tilleuls, des érables et de jeunes pépinières sur la hauteur. Plus on approche de Chatsworth et plus la nature s'embellit. La forêt se prolonge des deux côtés du vallon; derrière le château elle est très-épaisse et se distingue à une grande distance. Au-dessus des autres arbres s'élèvent de longs sapins couronnés d'une touffe de feuilles d'un verd éclatant. Le parc du duc est situé sur une hauteur à gauche de la rivière, et ce parc étoit rempli de nombreux troupeaux de vaches qui reposoient à l'ombre.

Pour arriver au château, il faut traverser

le parc et passer la rivière sur un pont de pierre. Ce parc est planté et le château est bâti, depuis environ quatre-vingts ans, sur le même sol où étoit l'ancien château de Chatsworth. En général l'édifice est digne, par son immensité, de cet illustre Pair de la Grande-Bretagne, mais le style de l'architecture est celui qui regnoit alors : des ornemens sans goût, une distribution incommode; par-tout on voit briller l'or et la soie, tout y annonce la richesse, mais non ce goût exquis et cette élégance que nous avons admiré à Schooneberg. Les bâtimens ne sont achevés que depuis fort peu de temps, car on y a travaillé par intervalle et avec lenteur : une partie du château s'appelle encore l'appartement de la reine d'Ecosse. C'est là qu'a respiré l'infortunée Marie; mais les seuls vestiges qu'on ait conservés de cette malheureuse princesse, sont le lit et les rideaux qui lui avoient appartenus, ainsi qu'une couverture de velours rouge brodée en or. A l'aspect de ce lit où cette beauté souffrante a goûté les douceurs du sommeil, réfléchi, pleuré, veillé, rêvé et parcouru le cercle de ses vives passions, qui pourroit s'empêcher de répandre quelques larmes ?

On voit dans le jardin une assez belle cascade et un magnifique jet d'eau qui s'élève, à ce qu'on assure, jusqu'à la hauteur de soixante pieds. Ce lieu parle fort peu à l'imagination : aucuns de ces détails romantiques, de ces beaux effets de lumière, de ces demi-teintes, à la fois mystérieuses et savantes, qui sont, si j'ose m'exprimer ainsi, la poëtique des jardins. Chatsworth n'est qu'un lieu agréable et la demeure commode d'un riche particulier qui peut dépenser 40 à 50 mille livres sterlings.

Le vallon situé au-dessous de Chatsworth, et qui se prolonge vers la partie sud-est, égale en beauté celui qui se trouve à l'opposite. Au sud et à l'orient, il est borné par des montagnes de sable qui reposent sur un lit de pierres calcaires; on découvre ensuite plusieurs monticules rangées en lignes droites, assez près les unes des autres et vis-à-vis de la rivière : au-delà de ses bords ornés d'arbres, la nature a placé d'affreux précipices. Du village de Matlock jusqu'à Bath, cette vallée qui se rétrécit dans ses diverses sinuosités, s'étend l'espace d'environ deux lieues et renferme des prairies d'une forme triangulaire.

## X L.

CONTINUATION DU VOYAGE.

### 13 juin.

A une heure et demie nous quittâmes Matlock, et nous continuâmes notre route dans la belle vallée de Derwent jusqu'à Cromfort, où sir Richard Arkwrigt fait construire une maison de campagne. Derrière Cromfort nous gravîmes plusieurs montagnes sablonneuses d'où nous découvrîmes à droite la belle ville de Wircsworth (103), située dans une plaine et assez près de la rivière dont je viens de parler ; sur la gauche et vis-à-vis de nous, la province du Derby-Shire, Nothingham et Leicester-Shire, ainsi qu'une partie du Warwick-Shire. A l'extrémité de cette montague, nous traversâmes diverses portions de terre d'où l'on détachoit, avec la charrue, des mottes qu'on assure être propres à faire du fumier. Les environs offrent différens sites très-agréables ; mais le Derby-Shire n'est pas aussi fertile que les autres provinces de l'Angleterre. La ville de Derby (104), où nous arrivâmes à quatre heures, n'est pas considérable. On avoit commencé aujourd'hui ce qu'on nomme ici sollicitations, ou *Canvass*. Les citoyens qui désiroient, comme membres du parlement, représenter la ville, parcouroient les maisons pour demander la voix de tous ceux qui avoient le droit de voter, usage qu'il faut nécessairement suivre.

## 16 *juin*.

A huit heures du matin nous partîmes de Derby pour Buxton (105), petite ville distante d'environ onze lieues. Nous franchîmes encore des montagnes de pierres sablonneuses. Entre Atherstone et Buxton, sur le sommet d'une petite colline, nous découvrîmes encore les belles campagnes du Warwick-Shire, mais nous en étions séparés par une plaine immense. Ici nous foulions une terre célèbre dans les fastes de l'Angleterre; car, vers notre gauche, environ à trois ou quatre milles du lieu où nous étions, se trouve Bosworth (106) où le duc de Richemond, depuis Henri VII, remporta une victoire sur le roi Richard III qui perdit la vie dans la bataille. Nous séjournâmes une demi-heure pour dîner à Coventry, où l'on voit trois hautes tours dont celle de la cathédrale, ou *conventry cross*, surpasse les autres en hauteur.

Nous parcourûmes à la hâte un terrain qui, par sa beauté et la structure des maisons, égale celui du Berk-Shire. Dans un lieu charmant, ombragé d'arbres et situé à notre droite, nous vîmes les ruines du château de Killingworth dont il ne reste que trois tours brisées; mais celui de Warwick méritoit d'être examiné avec plus d'attention. Tous les objets qui s'offroient ici à mes yeux rappelloient à ma mémoire le roman anglais si riche en aventures et si plein d'excellens caractères, Warwick qui surpassoit un roi en grandeur, puisqu'il faisoit des rois et les détrônoit à son gré. O Shakespear ! immortel génie, toi qui sus t'emparer de cette idée sublime et qui l'as si heureusement exprimée dans ton *King Henri the sith*, (Henri VI), reçois ici le tribut d'hommage que te doivent toutes les nations civilisées!

Une tête de sanglier, placée au bout d'une lance et sculptée sur les portes de la ville, me rappella le souvenir de cet illustre chevalier qui a tant de fois fait déployer cette banière glorieuse. Nous allâmes visiter le château : de tous les monumens bâtis en Angleterre dans le dixième siècle, il n'en est aucun qui soit mieux conservé ; le comte de Warwick actuel y fait sa demeure. Les appartemens en sont commodes, et ce riche seigneur a fait ajouter à ce vaste édifice plusieurs aîles du même style que le corps du bâtiment, afin que le tout fut uniforme. Les murs ont dans quelques endroits douze à quatorze pieds d'épaisseur.

On voit dans une longue suite de salles qui se succèdent, plusieurs portraits assez beaux, et qui peuvent servir à l'histoire du temps, tels que ceux de la reine Elizabeth, d'Essex, de la reine Marie d'Ecosse, de l'épouse de Charles premier, et même de ce roi malheureux; celui de l'infante de Parme, et de plusieurs autres. Elizabeth ressemble fort à son père, et cette ressemblance n'est rien moins qu'avantageuse. Essex a un faux air d'un acteur de Mayence, nommé Kock, et qui a eu plusieurs fois ce rôle à remplir. Quant à celui de Marie d'Ecosse, le peintre n'a pas été heureux, ou peut-être cette princesse s'est-elle fait peindre dans les derniers momens de sa vie.

L'arsenal du château atteste le génie chevaleresque des anciens habitans de ce séjour romantique. Nous y vîmes la cuirasse de cuir que portoit Robert lord Brooke, lorsqu'il fut tué près Lichfield. On nous fit voir aussi un cabinet rempli de diverses curiosités de la mer du Sud ; un très-beau buste d'Edouard ou le prince noir, une belle tête de Pallas, des tableaux peints d'après Rubens, le portrait d'Anne et de Marie Boleyn, par Holbein (107) ; le tout bien conservé.

La nuit qui s'approchoit nous empêcha de parcourir le jardin, et nous gagnâmes à la hâte le chemin de Stratford (108). Il étoit sept heures du soir lorsque nous y arrivâmes. Le lendemain nous allâmes visiter l'humble bicoque où nâquit Shakespear. Nous y vîmes la chaise sur laquelle ce grand homme avoit coutume de s'asseoir : on l'a scellée dans la muraille, afin de la mieux conserver ; cependant il me parut qu'elle avoit souffert depuis quinze ans que je l'avois vue pour la première fois. Nous vîmes aussi sa statue placée dans une niche en-dehors de l'hôtel-de-ville, et au milieu d'une des salles son portrait donné par Garrick, enfin sa tombe dans l'église.

### 17 juin.

Vers les dix heures du matin, nous prîmes la route de Shipston et de Chapel, pour nous rendre à Woodstock (108), et toujours par une route aussi agréable. Ceux qui sont le moins versés dans l'histoire et dans la géographie savent qu'il n'y a point de forêts en Angleterre ; mais tous conviennent en même-temps que la majeure partie de la Grande-Bretagne ressemble à un vaste parc où l'on trouve à la fois des prairies, des pâturages, des champs, des fleuves pittoresquement dessinés et des rives ombragées d'arbres et de bocages. Nous venons de passer en revue une quantité innombrable de maisons de campagne délicieuses, constamment habitées durant plus de huit mois par la noblesse et les riches particuliers de l'Angleterre. Combien de jolis hameaux on découvre derrière de jeunes arbres qui les voilent sans les cacher ! Là, on trouve une modeste et rustique demeure bâtie au milieu d'un parterre émaillé de mille fleurs différentes ;

plus loin un petit parc qui se perd sur le penchant d'une colline : à droite un pont composé d'une seule arche joint les deux bords d'un large fossé ; à gauche et de l'autre côté du grand chemin, un ruisseau se précipite du sommet d'une colline sur une digue, et confond ses eaux argentées avec celles d'un étang qui, de loin, ressemble à un grand miroir. A travers les herbages touffus qui croissoient sur ces rives, nous découvrîmes plusieurs beaux cignes, dont l'éclatante blancheur et la majestueuse encolure embellissoit encore cet intéressant tableau.

O nature ! quelle seroit l'ame assez aride pour se refuser à cet enthousiasme sacré qu'inspirent tes sublimes et divins ouvrages ! Sans doute un des plaisirs les plus innocens de la vie champêtre est de posséder un de ces oiseaux de forme si élégante, et de le voir fendre avec majesté la surface des eaux. Cependant, qui le croiroit ? le cigne est un oiseau royal, et il est des pays où le prince a seul le privilège de s'en dire le maître. Certes ! j'abandonne sans envie aux grands le droit d'exterminer les bêtes fauves, sur-tout si la chasse est un emblême de la protection que jadis le plus fort accordoit au plus foible, en purgeant certaines parties de la terre des monstres qui les désoloient, quoiqu'on ne voie plus cependant aujourd'hui aucun de ces animaux destructeurs contre lesquels on invoquoit l'assistance des héros et des demi-dieux. Que les descendans des Indigètes fassent enfermer des cerfs dans leurs parcs, et défendent à leurs sujets de tuer un sanglier, afin de pouvoir à point nommé le faire passer devant eux, pour le tuer, sans danger de leurs propres mains, j'y consens. Je veux même que cet honorable privilège soit considéré comme une cérémonie instituée en mémoire des prouesses de leurs ancêtres, comme on voit chaque année l'empereur de la Chine toucher une charrue de ses mains impériales, en mémoire de celui de ses prédécesseurs qui jadis fut nommé le père de la patrie, pour avoir introduit dans ses états l'usage de cet instrument si utile à l'humanité; mais qu'un homme ait l'impudeur de proscrire la propriété d'un oiseau apprivoisé, c'est une tyrannie qu'aucun motif ne peut absoudre, et qui ne doit être comparée qu'à l'obéissance imbécile de ceux qui la tolèrent; en un mot, c'est avoir atteint

le

le dernier terme de la dégradation dont l'espèce humaine puisse être susceptible.

Nous arrivâmes à trois heures à Woodstock: toute la ville étoit en mouvement. Nous en demandâmes la cause; on nous dit que cette agitation étoit occasionnée par la nomination de deux représentans. Chaque citoyen, et même les enfans, portoient des cocardes de diverses couleurs. Les femmes de tout âge et de toute condition, les plus belles ainsi que les plus laides, étoient vêtues comme les jours de fêtes. De toutes parts, et presque sans interruption, on entendoit crier: *huzzah!* La porte de notre hôtel étoit ornée de trois grands drapeaux blancs, sur lesquels on avoit peint les armes de la ville, et celles des deux membres du parlement entourées de diverses emblêmes; car, ce jour-là, plusieurs des bourgeois les plus notables dînoient à notre auberge avec les nouveaux élus, après les avoir placés dans des fauteuils et promenés en triomphe dans toutes les rues de la ville.

Cette nomination s'étoit faite d'ailleurs sans opposition et sans efforts; car l'influence du duc de Malborough est telle que sa volonté seule dirige les élections, tant pour

Woodstock que pour le comté d'Oxford. Dans cette session, son fils aîné, le marquis de Blandford, avoit été élu pour le comté, et le jeune lord Spencer pour la ville de Woodstock. Je passe sous silence toutes les réflexions qu'on peut faire sur la constitution d'Angleterre; il me suffira de dire ici que les aveugles défenseurs, les panégyristes exagérés, ainsi que les destructeurs de cette célèbre institution politique, ont également tort.

## XII.

### BLENHEIM (109).

Fut-il heureux, ce grand Churchill (110), au milieu de ses continuelles apothéoses ? Sans doute comme Louis XIV (111), au sein des plaisirs et des ennuyeuses déifications de Versailles. De-telles jouissances sont trop étrangères à la nature. La destinée de Louis est connue : ses foiblesses ont ébranlé l'Europe. On sait que Malborough, plus grand homme que lui, fut comme cet infortuné monarque puérile et peureux dans les derniers temps de sa vie. Il est probable que les épîtres de Boileau et les tapisseries des Gobelins ont essentiellement contribué au malheur de Louis. Comment seroit-il possible à l'homme de se retrouver lui-même au milieu de ces caricatures informes de sa grandeur prétendue? Si quelques lueurs de raison ont pénétré à travers tant de nuages, que devoit-il penser de lui-même ? Accablé de douleurs, tourmenté de la goutte et de la colique, combien il devoit paroître petit et misérable à ses propres yeux ! Pour moi, je me réjouis de n'être ni Louis, ni Malborough, de ne m'être point signalé par leurs exploits, et de n'être point ainsi tourné en ridicule aux yeux des sages par une indiscrète renommée. Plus d'un voyageur trouvera, sans doute, que les descendans du grand Churchill ont pêché contre le bon goût, en plaçant, comme ils l'ont fait ici, sa statue sous le vestibule du château, entre un Faune riant et la Vénus de Médicis. Je n'ai pu m'empêcher de sourire de cet excès de vanité.

## OXFORD (112).

*18 juin.*

On devine aisément qu'ici les Muses ont un temple, car l'étude et la science ont imprimé leurs honorables stigmates sur les traits et même sur le costume de leurs doctes nourrissons. Aux barettes noires et quarrées des étudians, à leurs longs manteaux, à leurs manches courtes et larges, on les prendroit pour de fidèles habitués d'un collège de Jésuites, et au fond on ne se tromperoit guères. Cette horde de spectres ambulans me rappella le souvenir de Wilna, en Pologne.

La manière de s'habiller n'est pas une chose aussi indifférente qu'on le pense ; je crois même qu'elle est intimement liée avec les loix, les formalités d'usage, les institutions religieuses et politiques dont l'irrésistible influence forme, si j'ose m'exprimer ainsi, des rides (113) sur le caractère que le temps même ne sauroit effacer. On ne parle qu'avec admiration, en Allemagne, de la régularité monastique qui règne dans les académies anglaises, parce qu'on ne les connoît point, ou parce qu'on connoît mal leur composition, ainsi que l'esprit qui les dirige.

Les lois contre les catholiques sont si tyranniques qu'on ne les exécute plus ; cependant on n'a pas le courage de les abroger. Le peuple anglais est le seul peut-être qui soit aussi aveuglément attaché à ses anciennes formes : sans doute c'est parce qu'il croit que son existence politique en dépend. Dites-lui que l'abolition d'une seule loi contre les catholiques est dangereuse : la populace s'insurge à l'instant même, et les scènes moitié sanglantes, moitié ridicules, dont lord Georges Gordon fut l'instigateur, sont toujours prêtes à se renouveller.

La discipline des collèges d'Oxford est si minutieuse et si sévère, que les étudians éprouvent une gêne extrême dans les moindres bagatelles ; quoiqu'au fond ils jouissent de plus de liberté que dans les universités d'Allemagne, et l'Angleterre doit s'en applaudir; car les leçons qu'ils se donnent entr'eux tournent plus au profit de leur expérience que toutes les moralités du maître. Selon moi, celui qui n'apprend à son élève qu'à connoître ce qui convient au rang qu'il doit tenir dans le monde, a bien peu mérité de la philosophie. Or, tous systèmes d'éducation institués et dirigés par des prêtres ne tendent pour l'ordinaire qu'à ce but inutile. Les étudians nobles mangent à une table séparée, et ont seuls le droit de jouir des bibliothèques qui dépendent des collèges. Heureusement pour ces pauvres privilégiés qu'ils sont en fort petit nombre, et que, cédant à cet irrésistible besoin de communication, à la fois si impérieux et si doux, ils renoncent volontiers à des préférences aussi ridicules. La majeure partie de ces absurdités est une suite nécessaire du génie monacal et de l'esprit de la cour Romaine, toujours favorables au despotisme. J'ajouterai que vraisemblablement ce genre d'éducation contribue à fortifier l'attachement aux préjugés religieux qui distingue les anglais des autres nations de l'Europe. Quand à moi, j'ai peine à concevoir comment un jeune homme peut éviter d'être ou superstitieux ou impie, lorsqu'on l'oblige, durant huit années de suite, à se présenter quatre fois par jour à la chapelle du collège pour assister aux prières.

Les amateurs de la belle architecture gothique doivent visiter avec soin Oxford, qui est après Londres la plus belle ville de l'Angleterre, soit qu'on la regarde à quelque distance, soit même qu'on la considère de près. L'œil découvre à travers de belles allées ombragées d'arbres de plusieurs espèces, une forêt de de tours gothiques, au milieu desquelles s'élèvent avec majesté le dôme de la rotonde de Radcliff, et son bel observatoire de forme octogone. Les rues sont propres, bien pavées : les maisons, pour la plupart, sont neuves et de belle apparence. Nous contemplâmes ensuite avec admiration ces vastes édifices bâtis autrefois par les moines, et consacrés aujourd'hui à la jeunesse Bretonne, sur-tout aux étudians en théologie.

Oxford renferme quatre collèges. Le plus apparent est celui de *Christchurch*, composé de quatre grands quarrés situés les uns auprès des autres. La circonférence de ce superbe ouvrage de nos ancêtres est si immense, qu'on a également droit de s'étonner de la hardiesse de l'entreprise et de la dépense excessive qu'il a dû occasionner. La grande façade occidentale du *quarré* principal dans le collège de Christchurch, a 382 pieds d'étendue. Ses petites tours gothiques s'élèvent superbement et avec légèreté dans les airs.

L'arc immense qui couronne la porte de *Merton collège*, ainsi que les ornemens dont l'intérieur de cet arc est rempli, et le sommet de la haute tour quarrée vue à travers l'ormoie qui environne ce bâtiment, sont d'un effet admirable.

*Allsouls collège* est un magnifique monument d'architecture gothique, tant par l'uniformité et la beauté des colonnes qui règnent autour de la grande place, que par ses deux hautes tours dont le faîte s'élève en forme de cyprès.

L'architecture gothique, quelles que soient ses disproportions, ses bisarreries, porte avec elle cette empreinte romantique qui caractérise les ouvrages de nos aïeux. Que de hardiesse dans l'élévation de ces longues et frêles colonnes! Avec quel art leurs branches s'étendent pour supporter ces arcs immenses!

Les collèges d'Oxford ne sont cependant parvenus que lentement à ce haut dégré de magnificence qui les distingue aujourd'hui, et il est facile d'en juger par le mélange hétérogène de l'architecture romaine avec l'architecture gothique. La cour de *Christ-*

church collège, en anglais, *Peckwater court*, est construite dans le style moderne. Une partie de *Magdalen collège* a été bâtie quelques siècles après le corps de l'édifice ; cependant ces collèges ne sont pas très-anciens. *Magdalen collège* étoit dans son origine un hôpital fondé par Henri III. L'an 1456 on en fit un collège, et le cardinal Wolsey (114) l'augmenta de plusieurs tours : ce même Wolsey a encore bâti *Christchurch collège*. En 1634, on commençoit à jeter les fondemens de l'université, qui fut achevée ensuite par le D. John Radcliffe. *Allsouls collège* fut fondé en 1437, et *Bratenhose collège* dans l'année 1507. *Hertford collège* n'a été rebâti que depuis environ 70 ans. *Watham collège* date de l'année 1613. *Trinity*, de 1594. *Balhol*, 1284. *St.-Johns*, 1557. *Worchester*, 1714. *Exeter*, 1316. *Jésus*, 1571. *Lincoln*, 1717. *Oriel*, 1324. *Corpus Christi*, 1706. *Merton*, 1610. *Pembroke*, 1620.

Le même génie et le même goût règnent dans l'intérieur de ces vastes édifices. On y voit dans plusieurs endroits les statues de marbre des fondateurs et des bienfaiteurs, les portraits des savans ou des ministres célèbres qui ont étudié dans ces différens collèges. Ajoutons encore que presque toutes ces maisons ont leur jardin particulier. Celui de *Magdalen collège* ressemble à un parc; on a même porté la recherche jusqu'à y renfermer une quarantaine de cerfs, afin de procurer à ces messieurs le plaisir de la chasse, sans sortir de leur enceinte. Je suis loin de nier que ces académies consacrées à l'étude et à la philosophie n'ayent essentiellement contribué aux progrès de l'esprit humain, mais je suis fâché d'ajouter que ceux qui avoient le plus besoin de visiter ces jardins, et ces allées sombres si propres à la méditation, en sont entièrement exclus, car il n'est permis qu'aux riches d'y entrer. Sans doute le gibier le plus gras est également leur partage exclusif.

La peinture sur verre est un luxe particulier à ces vastes édifices. La plupart des chapelles offrent aux voyageurs quelques curiosités de ce genre. Quelques-unes des fenêtres sont si anciennes qu'on en ignore la date précise : la plus grande partie sont du seizième, du dix-septième ou du commencement du dix-huitième siècles. Plusieurs de celles que l'on voit à *Allsouls collège* sont d'une beauté rare. L'on ajoute encore tous les jours d'autres ornemens du même genre empruntés en partie de cet art nouvellement retrouvé, et l'on dépense à cet usage une portion des revenus affectés à ces collèges.

Les voyageurs remarquent avec soin une curiosité d'un genre peu commun; ce sont des figures emblématiques gravées sur des pierres dont les murailles du quarré de *Magdalen collège* sont couvertes. Les bizarres fictions du prince Sicilien (115), dont parle Bridone, sont moins extravagantes que ces figures. On prétend que celles-ci sont des allégories; peut-être celles de Sicile auroient-elles aussi quelque sens, si l'on vouloit prendre la peine de les deviner.

———

## Christchurch collège.

Ce collège étoit originairement un couvent de filles, puis un monastère d'Augustins réformés. Wolsey en fit un collège qui devint un chapitre et une cathédrale à l'époque où l'on érigea Oxford en épiscopat.

On voit encore dans la chapelle des monumens de l'an 740, et même d'une date plus ancienne. La galerie de peinture et de sculpture a coûté, dit-on, 35 mille livres sterlings; c'est un présent du général Guise. Ce brave guerrier étoit sans doute plus expert dans les batailles que dans les beaux-arts, car ces peintures sont pour la plupart des copies, et même des copies très-mauvaises. La meilleure est celle qui a été faite sur un carton, d'après Andrea del Sarto: c'est une sainte-famille d'un dessin admirable. Le tableau dans lequel Annibal Caracche s'est peint lui-même au milieu de sa famille, dans le costume d'un boucher, me paroît digne de remarque, à raison de cette grossière et bizarre plaisanterie du peintre. Cet homme ne savoit point inventer. Le tableau représente une boucherie où l'on a étalé de grands morceaux de viande, et les fils du vieux Caracche sont autant de garçons bouchers. A dire la vérité, tous ses ouvrages semblent tenir de la nature de celui-ci. Caracche savoit imiter la chair et le sang, mais non les traits d'un être animé.

Cette galerie renferme aussi quelques originaux. Je n'ai pu m'empêcher de sourire de l'embarras de notre conducteur, qui étoit forcé d'avouer à tous momens que les tableaux qu'il nous indiquoit n'étoient que des copies; mais je perdois patience lorsqu'il vouloit nous persuader que ces copies étoient d'après Raphaël, le Titien, le Guide, ou d'autres maîtres aussi célèbres. J'ai vu ici quelques belles têtes de Holbein, d'un faire moins sec que la plupart de ses autres ouvrages; elles sont toutes, à ce qu'on assure, d'une ressemblance admirable. Nul trait n'y est oublié; mais on n'y remarque ni génie, ni invention, car Holbein manquoit de ce feu divin qui doit vivifier et embellir toutes les productions de l'art. Ses ouvrages sont d'ailleurs exécutés avec soin et du plus précieux fini.

On voit encore à Oxford, à côté de la bibliothèque Bodleyenne, une assez grande quantité de tableaux, mais cette collection n'est qu'un mélange de plusieurs morceaux, dont la majeure partie est au-dessous du médiocre. La seule jouissance que ces mauvais portraits m'ayent procurée, a été de rappeler à ma mémoire quelques hommes célèbres dont ils conservoient l'image.

Nous vîmes dans cette même bibliothèque, où les livres sont encore enchaînés suivant l'ancien usage des moines, le beau tableau de la chapelle de *Magdalen collège*, qu'on y avoit déposé jusqu'à ce que les réparations de l'église fussent terminées. Ce tableau qui représente un Christ de grandeur naturelle, portant sa croix, est un des plus admirables ouvrages du Guide. La tête est un véritable chef-d'œuvre. Guido-Reni s'est surpassé lui-même ; son Christ a les traits d'un dieu. Que d'art il a fallu pour répandre de l'intérêt sur un sujet de ce genre ! La situation du Christ courbé sous le faix de cette lourde croix, futur instrument de son supplice, et dont la forme ainsi que la couleur nuisent nécessairement aux effets pittoresques, les blessures sanguinolentes et livides dont le front du Christ couronné d'épines est couvert, la corde dont il est entouré, tout en un mot semble se réunir pour jeter de la défaveur sur un objet aussi noble, et cependant le génie de l'artiste s'est développé dans toute sa splendeur. A peine ose-t-on regretter qu'il n'ait pas choisi un sujet plus heureux : il est vrai que rarement le peintre est le maître du choix. Un moine, un prêtre, ou ce qui est encore pis, un hypocrite, prescrit le sujet ; c'est ensuite à l'artiste à surmonter les difficultés.

On voit sur le maître-autel d'*Allsouls collège* un magnifique tableau de Raphaël Mengs, représentant le Sauveur dans le jardin après sa résurrection. Magdeleine s'est jetée à genoux devant lui : de sa main gauche il lui ordonne de ne pas le toucher. Cet admirable *noli me tangere* est infiniment supérieur à celui du Guide ; cependant le cœur n'est que foiblement intéressé, car une attitude théâtrale ne peut remplacer l'expression. La figure entière du Sauveur est véritablement sublime ; mais ce n'est qu'une belle académie. Quant au coloris, on croiroit voir un tableau de Rubens. Les draperies sont projettées avec art ; le bras, vu en raccourci,

courci, est savamment dessiné. La tête du Christ est d'une beauté divine : celle de Magdeleine, prosternée aux pieds de son maître, ressemble à une des filles de Niobé, mais cette belle tête du rédempteur ne parle point à mon ame ; je ne suis point initié dans le mystère redoutable, et si Magdeleine verse d'abondantes larmes, ce n'est point parce que son cœur est ému, c'est parce qu'elle est repoussée. Ce tableau est d'ailleurs de la plus parfaite exécution. Les fleurs, les plantes, les cypres placés sur le devant de la scène, et jusqu'aux sommités des palmiers que l'on voit dans le lointain, prouvent avec quel soin l'artiste s'est plu à exécuter son ouvrage.

## Jardin botanique d'Oxford.

Ce beau jardin a cinq arpens d'étendue. Henri d'Anvers, comte de Darby, acheta le terrain de *Magdeleine collège*, et en fit don à l'Université. La porte d'entrée, bâtie par Inigo Jones (116), est ornée des statues de Charles Ier et de Charles II. Dillenius (117) qui fut appellé de Giesen (118), Scheuchzer (119) qui le premier donna la description des plantes de Leers (120), Shérard (121) qui a fait un long séjour à Smyrne, en furent les premiers inspecteurs. Nous allâmes visiter la maison de ce dernier, qui a laissé des fonds pour y entretenir un professeur de botanique. On y trouve une bibliothèque qui est une des plus complètes de l'Europe. Les anciens écrits que Sherard a recueillis avec un soin particulier jusqu'à l'an 1726, sont infiniment précieux pour l'histoire de l'art; mais quant aux livres modernes, la bibliothèque de Banks l'emporte par le nombre et par le choix. Le professeur Sibthorpe a cependant cherché à l'augmenter. Les *Campi Elisii* (122), de Rudbeck sont complets ici : il n'en existe d'autres exemplaires qu'à Upsal et chez sir Joseph Banks; tous les autres ont été brûlés. Les espèces d'*orchis* (123), de *sérapias* (124) et d'*iris* (125), y sont parfaitement bien gravées. Le salon principal renferme un vaste herbier, et l'on y donne des leçons sur la botanique.

On y voit encore une collection des plantes du Japon, dessinées en couleur avec une grande exactitude et infiniment supérieure à la *flora japonica* de Menzel. Un habitant du Japon a, durant son séjour à Oxford, indiqué les noms indigènes de la plupart de ces plantes.

Nous avons trouvé dans cette bibliothèque quelques volumes des plantes indiennes dessinées et achetées par Boerhaave, et qui ne sont pas encore gravées. L'herbier de Dillenius est composé en partie des plantes qui furent volées à la collection de Hein, et des dessins originaux de Dillenius pour l'*hortus eltamensis* et l'*historia muscorum*. Ces dessins, ainsi que les précédens, n'ont point encore été gravés. Quant à l'herbarium de Sherard, on peut le considérer, après ceux de Banks et de Linnée, comme le premier qui soit en Europe. Ce savant botaniste, durant son consulat à Smyrne, envoya des jeunes gens pour recueillir des plantes en Orient, et sa collection s'est considérablement accrue, tant par les présens qu'on lui a faits que par le soin qu'il a eu d'acheter toutes les plantes doubles de l'*herbarium* de Tournefort. A son retour de la mer du Sud, sir Joseph Banks fut surpris d'y voir les plantes de la nouvelle Hollande : c'étoit un présent de Dampier. Aujourd'hui le docteur Sibthorpe est occupé à disposer le grand herbier de Sherard, d'après le système de Linnée; il possède même plusieurs plantes apportées en Europe par Vaillant, Bocconi, Micheli Fiorentino et autres.

Ce jardin botanique renferme les plantes les plus rares et uniques en leur genre; cependant on n'y trouve ni une aussi grande variété d'espèces qu'à Gottingen et Salzwedel, ni des plantes exotiques aussi anciennes et aussi superbes qu'à Berlin et à Amsterdam. L'un des plus beaux ornemens de ce jardin est la réunion de toutes les plantes indigènes de la Grande-Bretagne, qu'on y cultive sur un terrain séparé. Sibthorpe a apporté de l'Archipel plusieurs espèces nouvelles, telles que *hesperis nova* ( 126 ), *thymus* (127), *verbascum* ( 128 ), *campanula* ( 129 ), plantes connues jusqu'à ce jour, qui toutes exhalent une odeur agréable. Après avoir parcouru une partie de l'Espagne, de la France, de l'Allemagne et de la Suisse, ce savant estimable accompagna Baver dans son voyage aux îles de l'Archipel. Là, ils prirent un petit bateau avec cinq rameurs, et visitèrent successivement chacune de ces îles en particulier. Ensuite ils parcoururent le Peloponèse et une portion de la Macédoine, mais ils n'osèrent pénétrer dans l'intérieur, à cause du peu de sûreté des routes. De-là, ils traversèrent Negrepont et se rendirent à Rhodes, à Céphalonie, à l'aride île de Chypre, à Candie ; enfin, par-tout où ils crurent trouver quelques-unes des plantes qui croissent sur les bords de la mer Ionique. Ils passèrent l'hiver à Pera, où Hawkius vint se joindre à eux, et l'été suivant ils retournèrent avec lui sur un vaisseau vénitien aux îles Grecques et dans l'Asie mineure : vers l'automne ils repassèrent en Italie. Tout le Parnasse est couvert de *morina persica*. L'hellebore des anciens est une nouvelle espèce qui tient le milieu entre *helleborus niger* et *viridis*, mais elle a plus de ressemblance avec cette dernière espèce. *arbutus andrachne* est le même dont parle Dioscoride, et non *arbutus unedo*, comme l'ont pensé les commentateurs : c'est le moins pittoresque, mais à raison du poli et des nuances diverses de son écorce, c'est le plus bel arbre que la nature produise dans les îles Grecques.

Le docteur Sibthorpe n'a trouvé dans aucun de ces endroits ni la plante nommée *dianthus cariophyllus*, ni celle nommée *centifolia*, mais bien la plante si rare, désignée par les botanistes sous le nom de *dianthus fruticosus* et *dianthus arboreus*. Près d'un temple, à Paros, il vit le même *laurus nobilis* que Pausanias a décrit. Ce savant, si recommandable par ses recherches, se propose de publier cinq cens nouvelles espèces de plantes trouvées dans les îles de Grèce, et il a apporté avec lui environ mille dessins. Les habitans du pays l'ont assuré que la partie supérieure d'*euphorbia apios* faisoit vomir, et que sa partie inférieure causoit la diarrhée. On sait que les Turcs mangent le fruit du *prunus lauro-cerasus*, mais Sibthorpe n'a pu découvrir de quelle espèce de pavot on tire l'opium. Il croit que cette gomme qui produit de si étonnans effets se tire du *papaver orientale*, et il nous fit voir du *ladanum* qu'il avoit extrait lui-même du *cistus creticus*, ainsi que le véritable *balsamum meccæ*, dont le Grand-Seigneur avoit fait présent à l'envoyé anglais. Sibthorpe croit que le *balsamum meccæ* vient de la plante *amysis opobalsamum*, erreur déjà réfutée par Gleditsch.

Le cours botanique à Oxford ne dure que six semaines.

## XIV.

### Douvres.

*28 juin, neuf heures du soir.*

Rien n'est comparable au plaisir que je viens d'éprouver en me promenant au bord de la mer ! Une heure après le coucher du soleil, le ciel étoit bleu, clair et sans nuages. Un vent léger ridoit la surface des eaux, et la mer se brisoit en silence sur les cailloux du rivage. Nous appercevions derrière nous, à la lueur indécise du crépuscule, la roche de Shakespear, élevée d'environ cinq cens pieds au-dessus du niveau de la mer, et qui paroissoit suspendue sur nos têtes. Ce rocher presqu'entièrement dégarni de verdure, est une masse de couleur blanchâtre et taillée à pic. A gauche, sur une colline moins élevée, nous vîmes les tours du château de Douvres, qui se dessinoient dans l'éloignement et disparoissoient insensiblement à nos regards à mesure que la nuit étendoit ses voiles sur l'horizon. Au-delà de cette mer bleuâtre on découvroit les côtes élevées de la France.

Tandis que nous contemplions à loisir ce grand et magnifique spectacle, et que nos regards se promenoient dans l'étendue, la nature nous préparoit des sensations nouvelles. Au moment où j'étois le plus occupé à considérer le sommet du château qu'on auroit pris pour une montagne, mon compagnon fit un cri d'admiration : je tournai les yeux vers le rivage de Calais, et j'apperçus une masse éblouissante de lumière; c'étoit la pleine-lune qui sortoit du sein des eaux. Cet aspect à-la-fois si simple et si grand suspendit toutes les facultés de mon ame. La lune, en s'élevant par dégrés au-dessus de la mer, projettoit des rayons argentés sur les côtes, et sembloit unir par une chaîne de lumière les deux contrées rivales. Une étoile brillante couronnoit *Cliff de Shakespear*. Plusieurs groupes d'enfans répétoient ce nom sacré au milieu de leurs jeux folâtres. O nature! combien les émotions que tu produis sont ineffables et saintes!

# IV.

## RETOUR D'ANGLETERRE.

### VOYAGE DE DOUVRES A CALAIS.

*29 juin.*

Douvres est bâti au milieu d'une plaine. Derrière est une roche élevée sur laquelle on n'apperçoit aucune trace de végétation. On trouve au bord de la mer une grande quantité de pierres à fusil de forme circulaire.

Le canal est rempli d'une foule de Marsouins longs de six à sept pieds. Lorsque la mer est calme et qu'ils se montrent à la surface, c'est, dit-on, un signe d'orage. Les Français les mangent et en tirent de l'huile.

Je n'ai vu sur cette côte ni conchylles, ni zoophites, dont j'avois trouvé une si grande abondance sur le rivage de Dunkerque; sans doute que le flux les entraîne hors du canal et les jette sur la côte Belgique qui est plus avancée. Durant le trajet, et même à la clarté du soleil, j'apperçus dans l'eau une grande quantité de points brillans (130), qui paroissoient renfermer une lumière naturelle.

Le rivage de Calais est très-bas et on n'y trouve point des roches de craie comme sur la côte opposée; on n'y rencontre point non plus de pierres à feu.

## I I.

### 30 *juin.*

Nous continuâmes notre route par la Picardie, dans une voiture à huit places, fort lourde et assez mal construite. Les montagnes de craie qui règnent des deux côtés du canal sont de forme et de nature homogènes. Quelle révolution a pu les briser? Ces deux parages sont également parsemés de précipices, mais on en voit un plus grand nombre sur les côtes d'Angleterre.

Nous vîmes le lieu où l'infortuné *Pilatre des Rosiers* et son compagnon de voyage, *Romain*, perdirent la vie. Déjà Pilatre des Rosiers voloit au-dessus du canal, lorsque tout-à-coup le vent changea et le repoussa au-dessus du continent. Alors le ballon prit feu, s'ouvrit et tomba. Sa maîtresse l'attendoit à Douvres, et lorsqu'elle apprit la fin tragique de son amant, le désespoir aliéna sa raison : on m'a assuré que peu de temps après elle étoit morte de douleur.

La voiture marchoit très-lentement ; à peine faisions-nous une lieue et demie dans une heure. Nous traversâmes un pays ouvert et plat, bien cultivé et très-peuplé. Les campagnes de Picardie ne ressemblent point à celles de l'Angleterre, car on n'y voit point de haies vives qui séparent les propriétés de chaque particulier.

Entre Abbeville et Amiens on trouve un vaste marais. La foire qui se tient dans cette dernière ville est maintenant peu fréquentée. Tous les habitans se plaignoient généralement du traité de commerce qui avoit réduit à rien les fabriques de pluche et les manufactures de laine.

Cette province renferme une grande quantité de brebis anglaises. La meilleure qualité de laines se fabrique dans les environs de Calais, mais cependant elle cède à celle de l'Angleterre. La cause doit-elle en être attribuée au climat? Faut-il la chercher dans la manière de la préparer, ou dans la nature des paturages? Les prairies sont ici très-inférieures à celles d'Avon (131).

## III.

### DÉPART DE PARIS.

Nous quittâmes Paris le 6 juillet, et nous traversâmes Livry et Claye pour nous rendre à Meaux, où l'on trouve une magnifique église cathédrale. La route est belle, plantée de grands arbres, et les campagnes bien cultivées. Nous arrivâmes à la Ferté-sous-Jouarre, jolie petite ville dont la situation est très-agréable : le pays est montueux et l'on rencontre fréquemment des terrains en friche. Les bords de la Marne offrent plusieurs sites agréables. L'aspect de Château-Thierry est superbe. Du fonds d'une grande vallée, et à travers des bocages épais, on découvre la ville et ses tours nombreuses ; au milieu on apperçoit le château sur une hauteur. Les arbres qui sont ici d'une beauté singulière forment le coup-d'œil le plus pittoresque.

## 7 *juillet.*

Nous partîmes d'ici à trois heures. Une vaste et magnifique vallée s'ouvroit devant nous; elle étoit environnée de monticules calcaires sur lesquelles on cultive des vignes en abondance. De ses hauteurs on découvre des sites admirables. Le sol est blanchâtre et mêlé de craie. Nous vîmes au lever du soleil, dans cette immense vallée et à travers les collines, serpenter la Marne, semblable à un ruban argenté. Les champs, les prairies et les pâturages de cette belle contrée offroient à nos yeux le plus riant aspect. Au-dessus du côteau couvert de vignobles, l'œil découvre de vastes plaines richement ensemencées et décorées d'arbres, de villes et de villages. Ce vallon s'étend jusqu'à Epernay, petite ville remarquable par sa situation romantique. Là, il s'agrandit et se change en une plaine immense.

Nous arrivâmes à Epernay vers les dix heures, après une route d'environ douze lieues. De-là, nous partîmes pour Châlons: il étoit quatre heures du soir; nous résolûmes d'y passer la nuit.

Châlons renferme de belles et antiques églises, un superbe hôtel-de-ville ainsi qu'un beau pont sur la Marne. Les promenades sont magnifiques et plantées de grands arbres bien alignés. Les maisons sont bâties avec assez d'élégance, mais un morne silence règne dans les rues. En général, la France contient plus de grandes villes que l'Angleterre; mais on est mieux servi dans les auberges anglaises, et il y règne une propreté admirable. Le peuple de Champagne est plus phlegmatique que celui de Picardie.

## 8 *juillet*.

Au-delà de Châlons on traverse une vaste plaine de six à huit lieues d'étendue. Le terrain est maigre, et à trois ou quatre pouces de superficie on rencontre la craie. La plus grande partie des terres est restée en friche.

Le charbon de terre est fort en usage dans ces contrées; on en trouve des mines assez abondantes aux environs de Troyes et de Ste.-Menehoult. Près de cette dernière ville, situé à dix lieues de Châlons, le terrain commence à être raboteux. Entre Sainte-Menehoult et Clermont on voit une forêt
d'arbres

d'arbres fruitiers de plusieurs lieues d'étendue, et l'on y recueille dans les bonnes années pour plus de douze mille francs de cerises. Les montagnes de Clermont sont couvertes de belles forêts; ce qui est un avantage incalculable pour les verreries de de cette province. Le sol est une marne grise et calcaire.

De Clermont où nous avons dîné on arrive à Verdun par une route d'environ cinq lieues, sur une montagne de marne, dont les ondulations ressemblent aux vagues de la mer, et dont la partie pierreuse devient plus grise à mesure qu'on approche de cette dernière ville, où elle se change en marne argilleuse. Ici on voit beaucoup de terres en friche, à raison de la stérilité du sol. Près de Verdun se trouvent plusieurs hauteurs plantées de vignes d'une excellente qualité: cette ville n'est pas si grande que Châlons; mais sa situation est plus avantageuse et les maisons d'une architecture plus régulière. La ville est bâtie en amphithéâtre, et cependant elle est dominée par le fort. La Meuse coule lentement au travers de la ville, et l'on a planté sur les remparts des tilleuls et des hêtres, ce qui forme de magnifiques

M

promenades. Nous admirâmes la citadelle, dont les murs élevés, les fossés et les superbes bâtimens au pied desquels on apperçoit le fleuve et la ville, offrent le tableau le plus imposant. Le palais épiscopal, l'hôtel-de-ville et quelques églises m'ont paru d'un assez bon style.

*9 juillet.*

Les toîts plats des maisons de la Lorraine produisent à l'œil un effet très-agréable. En général, tous les villages de cette contrée sont bien bâtis, et il paroît que les habitans y sont à leur aise. Vers deux heures nous arrivâmes à Metz. On trouve environ à deux lieues et demie de la ville un profond défilé, dont une partie est remplie de pierres, et qui se prolonge à travers la montagne, au pied de laquelle commence le vaste vallon de la Moselle. Après l'avoir franchi, on découvre autour de soi de beaux villages et de riches vignobles. Les parois du défilé dont je viens de parler m'ont paru un mélange de pierre sablonneuse, dure, friable et couverte en quelques endroits d'une pierre de sable jaunâtre dans laquelle nous distinguions des fragmens d'écaille qui avoient encore leur émail. Metz est une ville belle, grande et bien bâtie. Le gouvernement est un magnifique édifice. On voit un grand nombre d'allées, de fossés et de murs autour de l'ancienne cathédrale, et la citadelle est, dit-on, une des plus fortes qui soient en France.

# ESSAIS
## SUR
# L'HISTOIRE
## DES ARTS
## EN ANGLETERRE.

En Angleterre, ainsi que dans Rome ancienne, les guerres civiles furent un obstacle aux progrès de la peinture. L'époque de la naissance des beaux-arts dans la Grande-Bretagne fut celle où l'établissement des Anglais dans les deux Indes, et l'acte de navigation, accumulèrent chez eux d'abondantes richesses de tous les points du globe. Chez les Romains au contraire, la naissance des arts date de la perte de leur liberté. S'ils les cultivèrent avec succès sous quelques-uns de leurs maîtres, il faut se rappeller quels divins modèles ils avoient sous les yeux, combien ils devoient s'être familiarisés avec les sublimes compositions des Grecs, lorsque l'on eut dépouillé la Sicile, la Grèce et l'Asie mineure des trésors de l'art, pour les rassembler dans Rome.

Lorsqu'on réfléchit combien en Italie la nature et le climat sont favorables à l'artiste, on conçoit bientôt que si Rome ne devint point pour les arts une seconde Athènes, on en doit chercher la cause dans ses institutions et ses rapports politiques.

Un autre climat, une autre nature, et sur-tout des mœurs différentes, exercèrent leur influence dans le nord de l'Europe. La distance est trop grande des bords de l'Ilissus à ceux de la Tamise. Ou l'habitant de la Grande-Bretagne auroit méconnu le beau idéal grec, ou bien il y auroit mêlé la vérité de la nature; car, tel est le caractère de la liberté, le sol où elle règne, tout, jusqu'aux modes, jusqu'aux moindres productions indigènes, est sacré pour ses enfans. Soit orgueil, soit esprit public, il leur est défendu de chercher la perfection hors des limites de l'île heureuse. On sent donc combien il fut difficile de concevoir la sublimité d'un art venu de l'étranger.

Ce fut des Pays-Bas et de l'Allemagne que la peinture passa en Angleterre. Les talens d'Holbein, de Rubens, de Vandik, et ceux de Kneller, trouvèrent dans quelques personnes privées du seizième et du dix-septième siècle, de grands encouragemens, et furent infiniment mieux récompensés que dans leur patrie. Mais cette espèce de naturalisation d'un art étranger ne produisit qu'un médiocre effet, jusqu'à ce que les Anglais, s'étant accoutumés aux voyages, sortirent en foule de chez eux, et coururent visiter l'Italie. Les uns y acquirent le goût des bons ouvrages, les autres en rapportèrent des collections précieuses.

La fortune que firent en Angleterre les Artistes étrangers, l'estime qu'on leur témoignoit, la multiplicité des bons modèles, les progrès du goût, et plus que tout cela, l'invincible ascendant du vrai beau, telles furent les causes auxquelles l'école britannique dût enfin son existence.

En 1754, il se forma une société particulière, dont le but étoit l'encouragement des arts mécaniques et libéraux, des manufactures, du commerce et de l'agriculture. Quelqu'hétérogènes que paroissent ces objets entr'eux, il n'en est pas moins vrai qu'ils entrent tous dans le vaste plan de l'administration générale. Une seule chose paroît digne de remarque, c'est qu'un petit nombre de citoyens isolés firent ici ce qu'ailleurs on a coutume de laisser aux soins du gouvernement. La noble intention d'ouvrir à l'industrie une carrière nouvelle étoit digne sans doute de la sollicitude d'une société d'hommes libres, et devoit contribuer au perfectionnement de cette même société. Des médailles d'or, d'argent, et d'autres marques de distinction, furent distribuées aux jeunes dessinateurs, sculpteurs, graveurs, et en général à tous les artistes qui s'étoient le plus distingués, ou qui annonçoient d'heureuses dispositions. On fonda des prix annuels. Bientôt les artistes anglais formèrent entr'eux une coalition qui tendoit à seconder les sages intentions de ces généreux bienfaiteurs. Les plus distingués cherchèrent à exciter l'émulation des jeunes élèves, et à l'instar des étrangers, à se faire connoître du public, en lui offrant chaque année le spectacle de leurs travaux.

Enfin Georges III institua, il y a environ vingt ans, l'académie royale des arts, dont les premières places furent données aux plus célèbres artistes du continent. Entre les Italiens, Cipriani, Carlini, Zuccarelli, Zucchi, Bartholozzi, entre les Allemands, Zoffani, Moser et sa fille, Meyer, Angelika

Kauffman, et enfin les Suédois Nollekens, furent de la première nomination. Une aile entière du palais de Sommerset, sorti nouvellement de ses ruines et réédifié sur un plan moderne, fut entièrement consacré à cette nouvelle académie, ainsi qu'à loger une riche collection des meilleures statues antiques et des bustes les plus estimés. Le titre d'académicien devint un titre honorable, et l'ordre de chevalerie, dont les rois de la maison Stuard récompensèrent le mérite de Rubens, de Vandik, de Lely et de Kneller, fut également accordé au président de cette académie, sir Josué Reynolds.

Dans l'école de peinture qui se forma sous la surveillance de l'académie, il y eut des places de professeur fondées avec des appointemens, et le célèbre docteur Hunter y enseigna l'anatomie, premier et indispensable élément des connoissances nécessaires aux artistes. Cependant l'académie eut dans la société des arts une rivale active, et l'Angleterre doit en grande partie ses plus célèbres artistes au désir que les élèves des deux sociétés eurent d'exercer leurs forces, afin de se surpasser mutuellement.

Le public, qui n'étoit pas exempt de préjugés contre les artistes du continent, suspendit long-temps ses suffrages, et refusa, durant plusieurs années, la palme à l'académie. Cependant les productions de cette dernière, acquérant chaque jour un nouveau dégré de perfection, elle attira dans son parti quelques-uns de ses principaux antagonistes. Le voile tomba, et on lui rendit enfin justice. Il est certain que la coutume d'exposer en public les diverses productions des arts, est un moyen d'assigner à chaque artiste sa véritable place. L'émulation fut telle en Angleterre, que l'on vit même des femmes lutter avec succès dans la carrière des arts. Nouvellement encore, miss Boile et mistriss Damer nous ont offert l'exemple d'une habileté rare dans l'art de manier le ciseau. Depuis que l'académie est restée seule maîtresse du champ de bataille, et que les régnicoles ont rempli la plupart des places devenues vacantes, soit par la mort, soit par la démission des titulaires étrangers, l'émulation s'est rallentie, et on s'apperçoit aisément qu'elle a besoin d'être réveillée par une rivalité nouvelle.

Quoi qu'il en soit, on ne sauroit douter que l'école britannique ne doive son existence à l'académie royale des arts. L'orgueil des Anglais, et, si l'expression n'est pas trop dure, leur jalousie contre les artistes du continent, se décèle jusques dans leur répugnance pour le mot d'école; et même leur goût pour toutes les conceptions indigènes s'augmente au lieu de diminuer.

Le caractère de l'école britannique est un mélange du génie national, modifié par l'influence des professeurs étrangers. Mais a-t-on porté ici à son plus haut apogée l'art sublime des proportions? Dans le nord de l'Europe, celles du corps humain sont observées avec moins de rigueur, et c'est peut-être parce qu'elles sont moins belles. Les Anglais, dont la nourriture principale consiste en viande et en bierre forte, sont pour l'ordinaire gras et charnus; par conséquent, ils n'offrent aucuns de ces contours, ni ces *méplats* prononcés qu'on observe sur le corps des habitans du sud de l'Europe, chez qui les parties solides sont plus en rapport avec les parties liquides. L'incorrection du dessin est une suite nécessaire de cette différence de mœurs et d'organisation; défaut que l'on a reproché si souvent et avec tant de justice aux artistes anglais. Peut-être une étude sévère de l'antique auroit pu faire disparoître ces fautes contre les proportions; mais l'artiste seroit-il suffisamment récompensé de ses soins, puisqu'en général ses juges n'attendent de lui et ne désirent rien autre chose que des effets?

Il ne faut donc pas être surpris si, dans la Grande-Bretagne, la sculpture est restée si fort en arrière, car c'est de l'unité du sujet que dépend la sublime harmonie des contours, et quelque simple que soit cette vérité, les artistes anglais, ni le public, ne paroissent pas l'avoir bien conçue. L'art du statuaire a dû nécessairement décheoir avec la mythologie des Grecs et les élégans costumes des anciens; aussi les grands artistes ont-ils soin de s'éloigner des formes gothiques et modernes, en donnant à un prince Allemand ou Français le *sagum* des généraux Romains, ainsi qu'une draperie grecque à un saint du rit chrétien.

Rien, en effet, est-il plus ridicule que ces conceptions bizarres qui, tenant à-la-fois de l'emblême et de l'histoire, ne sont que le résultat informe de la vanité, et n'ont rien de commun que le nom avec le monument qu'Artémise fit élever à son époux?

Il est vraisemblable qu'en Angleterre l'art de la sculpture ne fera que décheoir, à moins que l'on ne se détermine à ériger dans les temples des monumens funéraires, dont la grace et la beauté, l'invention et l'ordonnance, satisfassent mieux le spectateur que ces tombeaux mesquins dont on a meublé la plupart de nos basiliques modernes.

Les plus célèbres statuaires anglais, Bacon et Banks, devroient, comme ceux du second rang, Wilton, Moore et autres, s'affranchir de cette sottise du siècle. On a vu, il y a quelques années, un Mars en marbre, exécuté par le premier, et qui annonçoit un talent décidé, la connoissance du nud et celle de l'antiquité. Banks n'a pas moins réussi dans son Achille. Le monument érigé à l'Eliza de Sterne, à la célèbre mistriss Drapper, sorti du ciseau de Bacon et placé dans la cathédrale de Bristol, se distingue avantageusement des ouvrages de ce genre. Et le tombeau du docteur Markham est également placé au nombre de ses meilleurs ouvrages. Ces essais servent à montrer ce que l'artiste auroit pu faire s'il fut né du tems d'Alexandre ou d'Auguste.

En Angleterre, tout grand homme, soit

guerrier, soit artiste ou savant, obtient une place honorable dans l'église de Westminster, où les parens, souvent même les amis, érigent pour l'ordinaire un monument à sa gloire. Cet hommage rendu à celui qui a bien mérité de sa patrie et de ses concitoyens, est une des choses qui doit le plus fixer l'attention du patriote philosophe. Plusieurs fois on a vu des corporations entières, et même les représentans du peuple, enflammés de cet esprit public. C'est ainsi que Londres a décerné au patriote Beckford une statue placée dans la maison de ville; c'est ainsi que récemment la nation a immortalisé le courageux Coock, assassiné dans l'Inde, ainsi que ses braves compagnons lord Robert Manners, le capitaine Blair et le capitaine Baynes. La Grande-Bretagne, guidée par la gloire, reçoit des mains de l'Océan le nom des courageux guerriers que la mort moissonna au sein de la victoire.

Vers la même époque, la société de marine, nommée depuis la compagnie des Indes, dans la louable intention d'encourager le commerce maritime, imita cet utile exemple, en érigeant dans l'église des frères Moraves un trophée à la mémoire du célèbre ami des indigens, Jonas Hanway, négociant. La modestie du vertueux Howard, qui a su représenter d'une manière si touchante les souffrances des malheureux détenus dans les fers, lui fit refuser la statue qu'on voulut, de son vivant, ériger en son honneur. Plus récemment encore, dans un accès d'ivresse patriotique, le peuple anglais avoit décidé qu'on élèveroit à Runnemede, où le roi Jean signa la grande chartre, un obélisque, afin de perpétuer le triomphe de la liberté.

N'oublions pas ici un monument dont les Anglais ne parlent qu'avec nthousiasme, celui que le roi et le parlement firent ériger à grands frais au célèbre Pitt, lord Chatam, père du ministre actuel, sous l'administration duquel la Grande-Bretagne parvint au comble de l'opulence et de l'éclat. Ce monument, qui se distingue parmi tous ceux que l'on voit à Westminster, est une pure allégorie. Aux pieds du ministre gémit la politique, et la constance entr'ouvre son cercueil. Près de-là, on voit la Grande-Bretagne assise et dans une attitude contemplative : à ses côtés sont le bonheur et l'océan. Au reste, cette composition sans art et sans goût n'offre rien autre chose que les traces visibles de l'orgueil national, qui se caresse jusques dans sa gratitude pour les grands hommes dont la patrie veut perpétuer la mémoire. Praxitèle lui-même pourroit-il en effet concilier une énorme perruque et des vêtemens modernes avec les règles du noble et du beau ? Mais ici, comme l'or est devenu l'arbitre du goût, on trahit le talent pour obtenir de l'or.

Disons un mot des antiques que Londres renferme dans son sein. Sans parler de la collection des bronzes placés dans les salles de l'académie pour l'instruction des jeunes dessinateurs, le duc de Richemond en possède une qui peut, avec justice, passer pour une des plus complettes de l'Europe ; mais quant à la richesse, on compte plusieurs musées appartenans à de simples particuliers qui l'emportent de beaucoup sur cette ample collection. Des hommes pleins de goût ont mis à contribution les décombres de l'ancienne Rome, et au moyen de l'or, ce puissant talisman, ils ont su attirer à eux les chef-d'œuvres de la Grèce, et les transporter dans leur patrie.

La belle maison du lord Besborough, et celle de M. Browne, contiennent un assez grand nombre d'excellens morceaux. A Londres, l'hôtel du marquis de Lansdowne est décoré de plusieurs statues superbes, et entr'autres d'un Thésée dont le travail est admirable; mais la salle des antiques dans laquelle Townley a rassemblé, avec autant de dépenses que de bonheur et de goût, les statues et les bas-reliefs les plus rares, mérite avant tout l'admiration des connoisseurs. En Italie même il seroit difficile de trouver réunis dans le palais d'un prince, si l'on en excepte la galerie du Vatican et les chef-d'œuvres de celle de Florence, autant d'ouvrages excellens qu'un amateur anglais, dont la fortune n'est pas excessive, a su en rassembler dans ce sanctuaire public.

On y trouve tant de morceaux précieux produits par le ciseau des Grecs, qu'il me seroit impossible de les détailler ici. Les premiers objets qui frappèrent mes regards furent une Cybèle et une Diane, dont l'artiste a su tellement animer l'attitude et les traits, qu'à l'instant même on se sent pénétré du sentiment de leur divinité. Je distinguai ensuite un beau Bacchus ayant une lampe à côté de lui; une Thalie qui est véritablement telle que les poëtes la représentent, pétrie d'enjouement

jouement et de graces; une copie, ou pour mieux dire, une imitation des Astragalisontes de Polyclète, deux aimables Faunes, le buste d'une Minerve, ceux de Clytie, d'Antinoüs, de Bacchus, d'Appollon et de Marc-Aurèle. Toutes ces reliques sacrées de l'art et du génie des Grecs, placées dans une enfilade de pièces, et disposées avec la plus élégante simplicité entre des colonnes, des sarcophages et des inscriptions, des bas-reliefs, des sphinx, des lions, des urnes d'Etrurie, des lampes, des vases de granite, de porphyre, d'airain, de marbre et de terre cuite, destinés aux sacrifices, sont rangés de manière que rien ne peut en interrompre l'effet.

La précieuse collection de pierres antiques, et particuliérement de celles que les Italiens nomment *intagli*, appartenant au même M. Townley, n'est ni moins considérable, ni moins digne d'être examinée avec soin. On demandera peut-être pourquoi la vue de ces chefs-d'œuvre n'enflamme pas l'artiste anglais du désir de l'imitation? Nous répondrons qu'en général on ne paie point aussi chèrement à Londres les grands ouvrages que les caricatures du luxe. Locatelli, sculpteur italien, exécuta, pour le comte d'Oxford, un groupe colossal représentant Hercule et Thésée, qui entraînent Cerbère hors de la région infernale. Lorsque l'ouvrage fut terminé, l'artiste exigea deux mille quatre cents livres sterlings. Le noble lord se récria contre cette demande exorbitante, se laissa traduire devant les tribunaux, et les deux parties étant convenues de s'en rapporter à un arbitre, Locatelli, debouté de sa demande, se vit en partie frustré de ses espérances.

Si quelquefois l'on peut citer divers traits de munificence envers certains artistes qui jouissent de la faveur publique, si Roubillac, à qui l'on doit la statue du célèbre Handell, a su obtenir du propriétaire de Waux-Hall sept cents livres sterlings, ces exemples sont trop rares pour qu'ils puissent raisonnablement exciter l'émulation.

En Angleterre, la peinture a généralement plus de partisans que la sculpture, par une raison bien simple; c'est qu'il est plus facile de se procurer à prix égal une nombreuse galerie de tableaux qu'un muséum de statues antiques, et qu'un véritable connoisseur est le plus rare des phénomènes. La tourbe des faux savans, et celle des riches ignorans, est ici plus nombreuse que par-tout ailleurs.

Londres renferme un grand nombre d'excellens ouvrages des maîtres italiens, qui, disséminés dans les cabinets des particuliers riches, sont en général peu connus. Les ducs de Devonshire, de Northumberland et de Malborough, possèdent plusieurs morceaux rares ainsi que plusieurs ouvrages d'un prix inestimable. Le goût du roi pour la peinture se manifeste par la collection exquise de tableaux dont les appartemens de la reine sont décorés. Aujourd'hui l'on y voit les précieux cartons de Raphaël, qui auparavant sembloient avoir été condamnés à l'oubli dans le château de Hamptoncourt.

Les artistes étrangers qui furent les premiers membres de l'académie, et qui devoient, en cette qualité, concourir à la formation de l'école britannique, étoient sans contredit des hommes remplis de mérite ; mais ils étoient privés du don précieux d'enseigner les véritables règles de ce genre de peinture, qui caractérise l'élégante école d'Italie. Cipriani, qui les surpassa tous pour le dessin, ne fut connu qu'au moyen du burin de son ami Bartholozzi. La muse allemande Angelika sut cacher l'incorrection et la maigreur excessive de ses figures sous le voile des graces et de la candeur.

Cependant Benjamin West, celui de tous les artistes anglais qui s'est le plus distingué dans ce genre, a joui long-temps du bonheur d'étudier les principes de son art en Italie. Cet homme, né dans le nord de l'Amérique, et membre de la secte paisible et méditative des Quakers, a déjà acquis en Europe la plus haute réputation. Tout le monde peut juger de son talent pour la composition, par la foule d'estampes qu'on a gravées d'après ses dessins. Peut-être est-on en droit de reprocher à ses premiers tableaux, tels que son départ de Régulus, la continence de Scipion, le serment d'Annibal, son Agrippine, la reconnoissance d'Égiste, son Saint-Étienne et l'archange Michel, la froideur, l'incorrection, en un mot, tous les défauts de coloris qu'une étude trop servile de ses modèles devoit nécessairement entraîner. Mais en même-temps ils offrent des traces évidentes de l'imagination la plus féconde, ainsi que du goût le plus pur et le plus délicat. Ses sujets sont en général bien choisis ; son style est noble ; l'ordonnance de ses tableaux est toujours sage ; ses figures sont bien dessinées, et l'on remarque dans ses compositions une unité de pensées qui réfléchit sur l'ensemble; mais rarement il a su s'élever jusqu'aux conceptions héroïques. Souvent ses physionomies sont dénuées d'expression, et la froideur des attitudes décèlent combien ses essais ont été infructueux, lorsqu'il a voulu transmettre sur la toile les marbres des Grecs, ainsi que cette sublimité, ce repos et ce beau idéal, attributs de la divinité.

Résumons en peu de mots le jugement que les connoisseurs doivent porter de cet estimable artiste. Tous ses tableaux sont en général d'un style noble, mais ils annoncent en même-temps peu d'invention. Celui qui paroît exécuté avec le plus de verve et de génie est son Ugolin, qu'il composa vraisemblablement durant son séjour en Italie. On s'apperçoit avec plaisir combien l'artiste a profité de l'étude de l'antique, et combien il a emprunté des traits de Jupiter et de Laocoon, sans cependant rien perdre de l'originalité de sa propre pensée.

Les nouveaux ouvrages de West ont un caractère très-différent des premiers. Les sujets pris dans notre siècle et dans nos mœurs ont été heureusement traités par cet habile artiste. La première entrevue de Guillaume Penn avec les sauvages de l'Amérique, sujet ingrat, dénué des graces pittoresques et entièrement hors des limites de ce beau idéal si cher aux grands maîtres, a du moins le mérite de la connoissance des localités et de la vérité des costumes. Les partisans du quakerisme jouent un grand rôle dans cette composition ; aussi a-lui ont-ils prodigué leurs suffrages. Ce tableau a pour pendant la mort du général Wolf, jeune guerrier, vainqueur de Québec et mourant pour sa patrie. Cette composition si belle, si touchante, suffit pour faire juger du dégré de perfection auquel peut atteindre l'école britannique dans le genre de l'histoire.

West ajouta encore à sa gloire par la représentation des batailles de la Hogue et de Boyne. L'un et l'autre de ces tableaux sont poétiquement conçus, mais le second m'a paru d'un style trop théâtral. Peut-être lui reprocheroit-on avec justice un peu de froideur et de monotomie dans ses derniers ouvrages ; plusieurs manquent d'expression. Mais en même-temps on peut attribuer ce changement au désir qu'a manifesté le roi d'avoir sous les yeux les scènes les plus mémorables de l'histoire de la Grande-Bretagne.

Les actions les plus importantes qui ont eu lieu durant la dernière guerre d'Amérique ont été représentées par cet excellent peintre, ou, pour mieux dire, par Trumbull, son élève, également né dans le nord de l'Amérique, et déjà connu très-avantageusement par son tableau représentant la sortie de la garnison de Gibraltar, morceau de la plus brillante exécution. Enfin, l'habile West doit être compté parmi le petit nombre d'artistes qui ont joui avant leur mort de toute leur célébrité, et qui méritent, par leur caractère, la vénération de leurs contemporains. Le roi, qui a pour lui une estime particulière, lui a confié la décoration du nouvel appartement du château de Windsor, dont chaque tableau lui est payé, indépendamment de la pension annuelle de mille livres sterlings, que l'on dit être attachée au titre de premier peintre du roi. La générosité du monarque et l'activité de West, sont telles que sa fortune s'élève, dit-on, à plus de quatre mille livres sterlings annuelles. Heureux l'artiste qui, comme lui, au lieu de ne peindre que des madonnes, des martyrs ou des moines, peut, à son gré, faire choix de sujets qui l'enflamme, et occuper ainsi son esprit et son cœur ! Les six nouveaux tableaux de Windsor sont l'histoire d'Edouard III, l'un des plus grands monarques d'Angleterre.

Le premier représente l'instant où, à l'issue de la bataille de Crécy, Edouard embrassa le jeune prince son fils qui, vainqueur dans cette journée, avoit ôté au roi de Bohême la vie et le fanon portant pour légende ces deux mots : *Je sers*. Cette devise fut dans la suite adoptée par les prétendans au trône d'Angleterre, et fit partie de leurs armes.

La bataille de Newil-Cross fait le sujet du second tableau. Tandis qu'Edouard assiègeoit Calais, la reine Philippe de Hainault, son épouse, remportoit une victoire signalée sur David, roi d'Ecosse, qui avoit tenté de faire une diversion, et le retenoit prisonnier. On voit la reine dans sa tente : cette princesse est environnée de barons et de prélats que l'on distingue à leur armure, ainsi qu'à leur bannière. Dans l'éloignement paroît le roi d'Ecosse qui rend les armes à sir Jean Copeland.

Dans le troisième tableau, la reine d'Angleterre demande grace à son époux pour

Eustache de Saint-Pierre et les cinq courageux bourgeois qui l'accompagnèrent, lors de la reddition de Calais.

Le quatrième représente l'établissement de l'ordre de la Jarretière. Edouard et ses chevaliers sont à genoux devant l'autel où l'évêque de Winchester officie. L'œil se repose ensuite sur la reine qui est dans la même attitude, et entourée de jeunes dames des plus nobles familles. De l'autre part, on remarque le roi d'Ecosse, un maréchal de France et plusieurs des principaux officiers français faits prisonniers, ainsi que le plus jeune des enfans d'Edouard.

Le moment où, après la bataille de Poitiers, le roi de France Jean II, fait prisonnier ainsi que son fils Philippe, est conduit dans la tente du prince Noir, son vainqueur, est le sujet du cinquième tableau.

Le sixième placé au milieu de la chambre du chapitre, représente la victoire remportée sur le dragon par St.-Georges, patron de l'Angleterre. Une femme d'une figure charmante, placée sur le devant de la scène, ajoute un grand intérêt à ce tableau. Tremblante, éplorée, elle attend sa délivrance de la valeur du héros.

Indépendamment de ces six tableaux, on parle encore du désir que le roi témoigne depuis long-temps d'avoir le tableau du cardinal Wolsey.

C'est ainsi que Georges III a su s'acquérir le nom de protecteur des arts, et que l'école britannique lui devra un jour sa célébrité, si les artistes anglais peuvent s'abstenir de prostituer leurs talens à de petites compositions qui malheureusement sont plus lucratives que les grandes fabriques; car il faut l'avouer, quoique Londres renferme plus de six cents peintres, ce nombre atteste plus la vanité des Anglais que leur goût réel pour cet art sublime. Cependant les tentatives de plusieurs amateurs, pour exciter l'émulation des artistes, sont dignes d'éloges. L'Alderman Boydell, dessinateur exercé et imprimeur en taille-douce, qui auparavant faisoit un très-grand commerce d'estampes, est l'auteur d'une entreprise au moyen de laquelle il cherche à former le goût public, et à ranimer l'art dans sa patrie.

Cet homme estimable a fait bâtir, il y a quelques années, dans Pallmall, l'une des principales rues de la capitale, un muséum qui occupe une place de 140 pieds de longueur sur 30 de large, divisé en trois pièces consécutives de quarante pieds d'élévation, et qui reçoivent la lumière par en-haut. Au rez-de-chaussée est une galerie également divisée en trois pièces, et destinée à recevoir des gravures exécutées en Angleterre. Ce bâtiment, qui fut ensuite connu sous le nom de galerie de Shakespear, a été conçu et exécuté par Damer, et l'on en évalue la dépense à cinq mille livres sterlings. La façade, les escaliers, les bas-reliefs, et sur-tout l'art avec lequel les jours sont ménagés, font le plus grand honneur à cet habile architecte. Le fronton est enrichi d'un morceau allégorique de Bank, du style le plus noble, dans lequel Shakespear, ce poëte si chéri des Anglais, est représenté assis sur un rocher et recevant une couronne de laurier des mains de la poésie : de l'autre est le génie de la peinture, qui le désigne comme son modèle dans la représentation de la nature.

Indiquer comme des modèles les scènes de ce grand dramatiste, c'est sans doute une des idées les plus belles, les plus utiles et les plus patriotiques qu'on ait pu concevoir; c'est éveiller, par un trait de génie, tous les artistes anglais, et les appeler à une lutte glorieuse.

En choisissant les scènes du moyen âge, et plus encore l'histoire de sa patrie, ce poëte immortel favorise le goût dominant de l'école britannique; car travailler est l'unique but qu'elle se propose, et pour l'atteindre, elle ne rejette aucun moyen. Le beau n'est pour elle qu'un accessoire. Son soin le plus cher est d'étonner, de soumettre, de rabaisser le spectateur par une grandeur gigantesque, ou d'ébranler ses sens par l'excès des passions. Si quelquefois elle imite la vérité de la nature, c'est dans ses momens d'horreur; si elle permet à son imagination un vol téméraire, ce n'est point pour voyager dans le charmant pays de féerie, mais bien dans la région des phantômes. Les peintres anglais ont en général un faire agréable, leur coloris est plein de fraîcheur, et s'il n'a pas toujours la vérité de la nature, ce délicieux mensonge est comme l'amour, il parvient à couvrir une multitude de défauts.

Des trois pièces qui forment la galerie de Shakespear, Boydell n'en a ouvert que deux cette année; et comme l'intention de l'estimable fondateur étoit d'exciter l'émulation, l'élève ayant le droit de placer son ouvrage à côté de celui du maître, il en résulte que tous les morceaux de cette galerie ne sont pas d'un mérite égal. West, Barry et Fuessli ont traité plusieurs scènes du roi Léar. Le premier a représenté ce monarque s'entretenant, dans son délire, avec Edgar, fils de Gloster. L'expression de ce dernier, de Kent, et du bouffon qu'on apperçoit à peine sur la scène, mais qui est peut-être ici mieux à sa place que dans la tragédie même, m'a paru défectueuse et exagérée, le roi d'une grandeur colossale; et malgré son âge, qui excède 80 ans, il annonce les forces d'Hercule. Le même défaut se retrouve dans les compositions de Barry et de Fuessli; peut-être est-ce parce que tous trois ont confondu le gigantesque avec la grandeur. Un flambeau placé dans la main de Gloster produit un effet de lumière tout-à-fait pittoresque.

Barry, actuellement professeur de peinture à l'académie royale des arts, est un homme rempli de connoissances et en même-temps le meilleur dessinateur de cette école; mais il n'a pas sacrifié aux graces, et son coloris manque de vérité. On regrette qu'il n'ait pas su éviter le défaut ordinaire à ses compatriotes. Les figures de Barry sont privées de noblesse et de suavité; j'ajouterai même que souvent il les fait grimacer, lorsqu'il veut leur donner de l'expression : son roi Léar paroît un géant. L'instant que le peintre a choisi est la dernière scène où les trois filles de ce malheureux prince, ainsi que le bâtard Edmond, victimes de leurs passions, et surtout des règles théâtrales, gissent expirantes à ses pieds : spectacle horrible dont Albany et Edgar détournent douloureusement les yeux ! Léar, sous le voile de son insensibilité apparente, s'abandonne à sa douleur infinie; son attitude, ses traits, annoncent que son cœur est brisé.

Une Vénus Anadyomène du même maître est, depuis plusieurs années, dans le portefeuille de tous les amateurs d'estampes. Cette figure est admirable; la déesse s'élève majestueusement au-dessus de l'écume de la mer. C'est Vénus, fille de Jupiter, mais ce n'est point encore la reine de Paphos et d'Amathonte, embellie par la main des graces et souriant aux amours.

Le succès que les ouvrages de Fuesli ont obtenu en Angleterre suffit pour donner une juste idée du goût national. Ce jeune Helvétien, que l'on nomme vulgairement Fuzeli, à cause de la prononciation anglaise, apporta du continent son génie mâle et pittoresque, joint à une grande connoissance des modèles académiques ; mais ayant exercé son imagination sur plusieurs sujets purement fantastiques et d'un goût bizarre, bientôt il tomba dans tous les excès de la manie. Comment les artistes ne se préservent-ils pas d'une semblable barbarie, d'autant plus que la louange des gazetiers de Londres, prix ordinaire de pareils exploits, n'est guère faite pour flatter l'amour-propre d'un homme délicat ? Indépendamment des scènes tirées du roi Léar, qui sont au-dessus des talens de Fuessli, il a trouvé dans un autre ouvrage de Shakespear, intitulé : *le songe d'une nuit d'été*, dans Hamlet et Macbeth, du même poëte, la liberté de se livrer à son penchant pour le surnaturel, ainsi que le moyen infaillible de capter l'admiration de la multitude britannique. La magie de Shakespear consiste dans une série d'idées élevées qui, profondément établies sur les usages et sur la crédulité populaire, ne laissent pas au lecteur le loisir nécessaire pour dissiper l'illusion que lui a causé leur grandeur imposante. Aucun poëte, a dit Ben Johnson, n'ose entrer dans ce cercle magique ; aucun ne se hazarde de retracer ces sublimes horreurs. J'ajouterai ici une réflexion; c'est qu'entre la peinture et la poésie il existe une barrière immense, et que souvent il est impossible de peindre, par des contours matériels, certains êtres fantastiques des poëtes, et d'asservir à des formes prescrites leurs fantômes fugitifs. Cependant l'artiste helvétien a surpassé une seule fois les limites ordinaires de l'art. Dans Hamlet, l'esprit est figuré plus beau sur la toile qu'aucun acteur ne peut le représenter sur la scène: c'est un colosse céleste; ses pieds touchent les flots et sa tête atteint l'astre blêmissant de la nuit. On découvre dans la vapeur des spectres effrayans et diaphanes, semblables à ces ombres vacillantes qui la nuit, aux rayons de la lune, s'agrandissent aux regards du spectateur étonné. Dans Macbeth, l'artiste inspiré a également saisi l'instant où les trois magiciennes se perdent dans les airs. Ce tableau a pour pendant Oberon, Litania et leur suite, sujet tiré du *Songe d'une nuit d'été*. Là, on voit une charmante série d'êtres aëriens. Fuessli travaille dans ce moment-ci à un grand tableau de cinquante-deux pieds de largeur, sur trente de hauteur, représentant une marche d'ombres heureuses dans les

les Champs-Élisées, d'après Lucien. Ce sujet offre un champ bien vaste à son imagination. Ces ombres, entassées par milliers, sont divisées en plusieurs cohortes distinguées par leurs drapeaux. On voit encore dans la gallerie de Boydell une vision de Macbeth, par sir Josué Reynolds, président de l'académie. On ne sauroit trop admirer son goût, ainsi que la sublimité de son ordonnance et la beauté de son coloris, qui pourroit le disputer à celui de Rembrant, s'il en avoit la durée. Nul ne possède à un plus haut dégré l'art d'unir, de la manière la plus heureuse, le style de l'école britannique avec le sentiment du vrai beau.

Sir Josué Reynolds est le peintre des Graces, l'Albane, le Corrège de la Grande-Bretagne. Ses portraits sont des souvenirs : on y lit à-la-fois dans l'ame de l'artiste et dans celle de l'objet qu'il a voulu peindre. Quelques-uns de ses tableaux de famille sont de véritables morceaux de poésies érotiques. Ce genre de composition est celui auquel il est le plus propre, et l'on peut dire qu'il a su l'annoblir par la manière dont il l'a traitée. Ses groupes sont toujours pittoresquement conçus, les attitudes de ses personnages toujours nobles et naturelles, et ses airs de tête du style le plus élevé. Ses draperies sont disposées avec tant de grace et de légèreté, sur-tout dans les figures de femmes, qu'on devine sans peine le nud à travers l'étoffe.

On sait que l'impératrice de Russie, désirant posséder un tableau de ce grand homme, lui laissa le choix du sujet et celui de la récompense ; malheureusement l'exécution n'a point répondu à cet acte éclatant d'une confiance honorable. Il ne me paroît point inutile de rapporter ici l'article d'un journal où l'on rend compte de cet ouvrage, afin de donner une juste idée de la partialité des Anglais pour leurs productions indigènes.

« Que de génie et de hardiesse il a fallu,
» s'écrie le panégyriste, pour créer cet enfant
» qui, d'une main divine, étouffe les serpens
» de Junon ! chacun de ses muscles n'annon-
» ce-t-il pas que cet enfant est Hercule ?
» Au fond de la scène on apperçoit une
» belle femme qui accourt vers lui ; elle
» paroît pénétrée d'inquiétude et d'effroi ;
» ses bras sont étendus, ses lèvres trem-
» blantes : l'égarement et la frayeur se pei-
» gnent dans ses yeux. A son attitude, à
» l'accent de sa physionomie, pourroit-on

« méconnoître une mère ? Les personnages
» accessoires, qui sont au nombre de onze,
» les ornemens, l'architecture, tout dans ce
» tableau est grand et majestueux, tout est
» vivant, tout y respire, tout est rempli
» d'esprit et de vérité. »

Écoutons maintenant le jugement d'un amateur de l'art sur cette composition de Reynolds : « Hercule enfant ne repose point
» sur un bouclier, mais dans une espèce de
» berceau. Sa tête seule mérite quelqu'éloge,
» car le reste du corps ressemble à une outre.
» Ce n'est point le fils de Jupiter, c'est Silène
» enfant, et les proportions de cet enfant
» sont si énormes, que la mere ne peut le
» soulever, même avec le secours d'une
» suivante ; aussi cette dernière a-t-elle pru-
» demment amené du renfort. Les ombres et
» la lumière sont distribuées d'une manière
» obscure : Junon dans un nuage est la plus
» mauvaise figure du tableau ».

Selon moi, le premier tort de Reynolds existe dans le choix du sujet. Puisque cet enfant doit être un Hercule, il faut que sa force soit le trait dominant du tableau, et qu'en conséquence le personnage principal ne se trouve point écrasé par la beauté d'une figure accessoire. Il paroît cependant que le succès de cette composition a encouragé Reynolds à travailler dans le même genre. On a vu de lui cette année, dans la salle d'*exhibition*, plusieurs sujets poétiques, tels que la continence de Scipion, Cupidon et Psyché, la Charité romaine et Iphigénie. Une ophtalmie qui lui est survenue durant l'été, et qui le menaçoit d'une cécité absolue, fit craindre à toutes les femmes de Londres que ce ne fut plus le pinceau de Reynolds qui rendit justice à leurs charmes.

Romney qui, chanté par le poëte Hayley comme peintre de genre, tient le second rang après Reynolds dont il est l'élève, a peint l'orage de la pièce de Shakespear, intitulée: *la tempête*. Cet ouvrage se voit dans la gallerie de Boydell.

Un autre nouveau membre de l'académie, le peintre Northcote, a enrichi cette collection de plusieurs morceaux tirés des pièces historiques de Shakespear. Les scènes qu'il a choisies sont prises du roi Jean, d'Henri VI et de Richard III : ses compositions ne sont pas sans mérite.

Je crois devoir encore ici un tribut d'éloge à l'académicien Opie, dont le coloris approche de celui de Rembrant, mais qui lui est aussi inférieur, quant aux airs de tête, que les artistes anglais le sont pour les graces à ceux des Pays-Bas. On distingue de cet artiste un tableau représentant une des scènes de Roméo et Juliette, ainsi qu'un autre dont le sujet se trouve dans les *Contes d'Hiver*. Il est fâcheux que son dessin soit en général incorrect.

Hamilton, reçu membre de l'académie le premier janvier de cette année, a choisi la scène du mariage dans la comédie intitulée *much a do about nothing*, (beaucoup de peines pour rien). L'on voit encore de lui, dans la même galerie, deux autres tableaux tirés, l'un de *Love's labour lost* (peines d'amour perdues), et l'autre, de *as you like it* (comme vous l'aimez), l'une des pièces favorites des Anglais. Le génie du peintre s'est merveilleusement adapté à celui du grand poëte qui a si bien su répandre les couleurs locales, celles de la nature sur tous ses sujets, tous ses caractères. La scène où le mélancolique Jacques se plaint et moralise dans le bois, lui a fourni une belle occasion de faire représenter par Gilpin, le plus célèbre peintre d'animaux qui soit en

Angleterre, le cerf triste et solitaire dont il est parlé dans cette scène. Ce Gilpin est le même qui s'acquit tant de gloire par ses tableaux des houynhms de Swift, dans lesquels il a eu l'art de signaler, par un caractère particulier, chacun de ces animaux.

Ce seroit lasser inutilement le lecteur que de donner ici une description détaillée de tous les morceaux dont la galerie de Shakespear est composée. Josiah Boydell, neveu de l'alderman, a traité avec succès la scène du jardin où Richard Plantagenet et Sommerset cueillirent les roses rouges et blanches qui, par la suite, distinguèrent les maisons d Yorck et de Lancastre, dont l'ambition divisa la nation durant trente-six ans, et fit couler par torrens le sang de leurs concitoyens.

Titus Andronicus, tragédie qu'on attribue peut-être faussement à Shakespear, offre une scène affreuse dont le jeune Kirck à tenté de diminuer l'horreur. Mais malgré le soin qu'il a pris de ménager la sensibilité du spectateur, en cachant le bras mutilé de Lavinie sous une large draperie, il reste encore tant d'objets effrayans, qu'à tous égards ce sujet n'est fait ni pour le pinceau, ni pour le théâtre, ni même pour la lecture.

Peters, artiste dont l'imagination ne s'appuie que sur une nature brute, et dont le ton de couleur n'est rien moins que naturel, a représenté aussi la scène de *much a do about nothing*. Pour bien peindre la gravité feinte de Héro, la disposition joyeuse de la jeune fille, ainsi que la curiosité méfiante de celle qui écoute, il eut fallu peut-être une étude plus profonde du cœur humain, ou plus de sagacité pour en saisir les secrets mouvemens et les mettre en évidence.

Une scène d'un comique plus bas, mais qui cependant n'est pas la moins plaisante de cette pièce où brillent Dogberry et Verjuice, a été exécutée passablement par Smirk. Une autre, d'un comique grotesque, où le joyeux Falstaff paroît avec ses acolytes et ses recrues devant le juge-de-paix Sallo, a été assez bien rendue par le peintre Durno. Mais c'est assez parler de la galerie de Shakespear; ce que j'en ai dit suffit pour donner une juste idée de cet utile établissement, qui devroit trouver en Europe plus d'imitateurs.

La galerie de Macklin mérite encore d'être citée après celle de Boydell. On y a rassemblé un grand nombre de tableaux exécutés d'après les principales scènes tirées des divers poëtes anglais. On en fit l'ouverture au mois d'avril de l'année dernière, et elle renfermoit déjà dix-neuf tableaux qui m'ont paru en général dignes d'être examinés avec soin.

La Lavinia de Gaisborough, sujet tiré des saisons de Thompson, fixa d'abord tous mes regards. Cet artiste, mort depuis quelque temps, excelloit à-la-fois dans le portrait et dans le paysage. Une touche légère, une entente parfaite du clair-obscur, un coloris transparent, un style simple et un faire facile, placent Gaisborough au rang des artistes les plus distingués de sa nation. La nature avoit destiné cet homme à être peintre; dès son enfance, il annonça une imagination vive, un talent singulier pour l'imitation. Ses portraits sont tous parfaitement ressemblans, quoiqu'exécutés d'une manière franche et large. On a remarqué qu'il se servoit de pinceaux très-longs, et qu'il se plaçoit loin du chevalet : de-là vient l'effet que font ses ouvrages à une certaine distance. Il savoit en même-temps la musique.

Les tableaux les plus récens de cette galerie sont les portraits du prince de Galles, du marquis de Lansdown, et du lord Rodney, amiral d'Angleterre. On trouve encore dans la collection de Macklin un second morceau de Gaisborough, Hobinol et Ganderetta, sujet tiré d'une idyle de Sommerville. Cet ouvrage mérite qu'on en parle ici avec éloge.

Mes yeux se fixèrent ensuite sur une vestale de sir Josué Reynolds : la belle ode de Gregory sur la méditation en a fourni le sujet. J'ai déjà dit que Fuessli avoit exercé son talent à peindre des visions magiques. L'un des tableaux de cet artiste, qu'on trouve dans la collection de Macklin, est la vision du prince Arthur, dans la reine des fées de Spencer ; l'autre, le songe de la reine Catherine, dans Henri VIII de Shakespear. On remarque dans ces deux compositions les défauts et les prétentions de son esquisse d'Ariane et de Thésée.

Le britomarte de Spencer, qui délivre Amorette, est malheureusement de la main d'Opie. On y a placé aussi une Eve dans le paradis terrestre, exécutée par Peters, d'après Milton.

Cosway a représenté Samson qui tue le lion, allégorie tirée de Spencer ; et sa femme, l'une des artistes les plus distingués de l'Angleterre, a donné les heures, d'après l'ode de Gray sur le printems. La belle ode te *mercy*, de Collins, et la boucle de cheveux enlevée, de Pope, ont fourni deux sujets au peintre Artaud. Leur mérite est bien différent; l'importance et la gravité du premier surpasse les moyens de l'artiste. Rigaud, membre de l'académie, né en Franche-comté, mais qui depuis long-temps jouit à Londres de la réputation d'un excellent peintre de portraits, a exécuté, avec autant de grace que de vérité, un tableau représentant la constance, d'après le patriarche des des poëtes anglais le vieux Chaucer. Cet excellent artiste travaille avec une force, une liberté de pinceau qui semblent lui appartenir presqu'exclusivement. Peut-être cette sévérité est-elle la cause pour laquelle il n'attire pas sur lui les yeux de la multitude, qui presque toujours ne sait admirer que des masses épaisses d'ombres et de lumière, ou des contrastes saillans. J'ajouterai encore que son dessin est plus pur que celui de la plupart de ses confrères, dont l'exagération ridicule décèle combien leur génie est inférieur au sien.

L'Amyntor et Theodora, de Mallet, peint par Stothard, doit être mis au rang des meilleurs morceaux de cette collection. Ensuite on voit un Palémon et Arcite, peint par Hamilton, ainsi qu'un autre tableau du même artiste, représentant la mort d'Arcite, décrite par Chaucer; le Caton d'Adisson, peint par Brown; le solitaire de Parnell, par Nixon; la cour de Comus, d'après Milton, par Martin; enfin, Jagos Goldfinches, par le jeune hanovrien Ramberg.

L'exemple de la protection spéciale que le roi accorde à l'école britannique s'est tellement propagé, qu'aucun seigneur anglais, aucun particulier riche, ne se dispense de faire décorer son hôtel ou sa maison de campagne par des artistes régnicoles. Déja l'on remarque dans le caractère public de ces insulaires un certain enthousiasme pour tout ce qui tend à l'utilité générale; déjà la ville de Londres s'est distinguée en diverses occasions. Si le goût le plus pur ne préside pas toujours à ses institutions, au moins sont-elles le produit d'un patriotisme vrai, et de ce respect sacré pour l'utilité générale, qui ne peut exister que dans les gouvernemens libres. J'ai déjà dit qu'on avoit placé la statue de Beckford dans la maison-de-ville, pour avoir défendu dans le sénat les droits de ses concitoyens. Dès que l'amiral Keppel fut absous par un conseil de guerre, la ville lui fit remettre une boîte fort riche et ornée de plusieurs gravures allégoriques, renfermant une patente de droit de bourgeoisie. Plus récemment encore, voulant perpétuer le souvenir de la levée du siège de Gibraltar, elle vient de faire exécuter à ses frais deux grands tableaux, dans lesquels l'artiste Copley a représenté les actions les plus remarquables des troupes de terre et de mer, et où il a eu l'art d'imiter les traits des principaux officiers. On assure même que pour mieux réussir, il fut obligé de faire un voyage dans le pays d'Hanovre, afin de se procurer les portraits des généraux allemands employés à ce siège. Elliot, actuellement lord Heathfield, les généraux Robert Boyd, de la Motte et Green, et environ dix-huit officiers supérieurs, tant anglais qu'hanovriens, forment un groupe qui s'occupe à-la-fois du spectacle des batteries flottantes et du salut de leurs infortunés ennemis. Parmi ceux qui se sont le plus signalés dans ce pieux exercice, on reconnoît sir Roger Curtis, capitaine de vaisseau, dont l'activité mérita cette marque de gratitude philantropique.

Le second tableau représente l'arrivée de

la grande flotte, sous le commandement de l'amiral Howe, qui, chargé du transport des munitions de guerre et de bouche, les conduisit heureusement jusques dans le port, et les y fit entrer à la vue des forces combinées de l'ennemi.

L'artiste Copley n'avoit pas moins compté sur l'orgueil national, lorsqu'avec une vérité aussi servile que celle qu'il employa pour peindre la levée du siège de Gibraltar, il peignit la fin touchante du grand Chatam, le premier du nom de Pitt qui fut honoré pour son mérite personnel. Lord Chatam venoit d'employer dans la chambre-haute les foudres de son éloquence contre le ministre North, à l'époque de la discussion sur les affaires de l'Amérique, et d'annoncer, avec un esprit prophétique, ce qui devoit bientôt arriver. Mais dans cette lutte du génie contre l'injustice, son corps atténué par la maladie, succombant tout-à-coup, il tombe expirant dans les bras de ses amis. Tout Londres accourut lors de l'exposition particulière qui fut faite de ce tableau, et au moment où j'écris ceci, Bartholozzi est occupé à en graver l'estampe, pour laquelle on a ouvert une souscription. La mort du major Pearson, également retracée par le pinceau de Copley, a, comme ses autres tableaux, le mérite conventionnel d'une exacte ressemblance.

En Angleterre, plus un tableau s'approche de l'imitation naïve d'un objet connu ou chéri, plus il excite un intérêt général. Il est résulté que l'artiste a grand soin de copier religieusement les traits des personnes qui, par leurs actions, sont devenues les objets de l'enthousiasme public. Elliot, le héros de Gibraltar, fut, après son retour dans sa patrie, peint par Reynolds, Brown, et plusieurs autres artistes distingués. Le tableau de Brown, ainsi que le pendant qui représente l'honorable sir Robert Boyd, commandant en second dans la forteresse, est destiné pour l'Espagne, où vraisemblablement l'on est curieux de connoître, de considérer de près le héros que l'on n'a pu vaincre. C'est avec un égal empressement qu'on se procure le portrait de Rodney, qui, de tous les amiraux employés dans la guerre dernière, fut le seul qui eut le bonheur et le courage d'assurer, par des victoires décisives, l'honneur du pavillon anglais.

Whealey a donné une preuve encore plus réelle de patriotisme et de sensibilité, en offrant à la vénération publique, dans la dernière *exhibition* des peintures de l'académie, les traits du vertueux Howard, ce digne ami de l'humanité, occupé à visiter l'asyle du malheur et des chagrins cuisans. Hamilton s'acquit les plus grands éloges par ses portraits de madame Siddons dans le rôle d'Isabelle, et de Kemble dans celui de Richard III. L'enthousiasme public répand une sorte de faveur sur tout ce qui a rapport aux objets de son culte. Telles furent peut-être les raisons qui déterminèrent Beach, Hamilton, Hoppner, Russel, Weathley, et sir Josué Reynolds même, à donner au public le portrait de la célèbre misstress Wells, qui possède le talent de l'imitation à un si éminent dégré, qu'on ne peut se soustraire au prestige.

Dernièrement, lorsque sir Josué Reynolds étoit menacé de perdre la vue, l'unique crainte étoit que le portrait de misstress Billington, autre favorite du public, ne restât imparfait. Opie, le plus fidèle, le plus servile peut-être de tous les peintres de portraits, et qui, pour cette raison, n'a pas toujours obtenu le suffrage du beau sexe, a fait au public de Londres un présent qui a paru lui plaire en lui offrant la figure caractéristique de Macklin.

Sans doute l'art ne consiste que dans une sage et heureuse imitation de la nature; celui qui ne sait point s'identifier avec elle, est indigne de la peindre. Mais combien il est peu d'artistes, et sur-tout de peintres de portraits, qui sachent l'analyser et la bien sentir! La nature a plus de copistes que de véritables imitateurs.

Sir Godefroi Kneller, après la mort de son rival Lelys, qui seul pouvoit lui disputer la palme du talent, ne craignit point d'abuser de l'amour-propre des Anglais et de sacrifier sa réputation à un vil intérêt mercantile. Cet artiste imagina d'établir à Londres une fabrique de portraits; des collaborateurs allemands furent chargés des accessoires de tous les tableaux dont il avoit dessiné le trait. A l'un étoit confié le soin de peindre la perruque; à l'autre, le chapeau : un troisième imitoit le velours, et passoit ensuite l'ouvrage à celui de ses compagnons chargé de peindre les boutons, ou autres détails accessoires. Sous la main d'un cinquième se formoient les manchettes et les cravates. Enfin, de cette bizarre association résultoit un ouvrage de pièces de rapport, où l'on sent que la nature et la vérité étoient presque toujours méconnues. Varier agréablement les attitudes, dessiner avec pureté, répandre sur tout l'ensemble cette divine harmonie qui naît de l'inspiration, donner de l'expression aux traits, dispenser sagement la lumière et les ombres, faire briller l'ame à travers son enveloppe terrestre; tel est le but de l'art, tel est celui du génie, mais auquel l'artiste avide d'or ne saura jamais atteindre, et dont l'être imbécille qui sert de pâture à son avarice ne peut même mesurer la hauteur.

Après Kneller, Hudson est de tous les peintres anglais celui qui a le mieux réussi à Londres. On étoit si accoutumé à voir sortir de ses pinceaux des figures calmes, souvent même insignifiantes, qu'ayant donné une fois au bras de l'un de ses personnages l'intention impérieuse de s'étendre pour toucher un objet quelconque, ses amis et ses élèves coururent dans toute la ville publier qu'Hudson avoit trouvé une attitude nouvelle.

En vain Hayman s'est classé lui-même au rang des peintres d'histoire, pour avoir exposé quelques-uns de ses tableaux dans la galerie de Waux-hall, et parce qu'on a exécuté d'après ses dessins, des estampes pour la grande collection du paradis perdu de Milton, ainsi que pour celles de dom Quichotte, et de quelques autres ouvrages.

Avant Reynolds, l'Angleterre n'avoit aucun artiste qui fut digne de ce nom; aussi a-t-il mérité le nom de patriarche et de fondateur de l'école britannique, qui depuis trente ans a fait d'immenses progrès. Comme peintre de portraits, on ne peut le comparer ni au Titien, ni à Vandik; mais au moins mérite-t-il d'être placé immédiatement après eux; l'unique différence est que l'un et l'autre l'ont surpassé dans le coloris. Il eut aussi l'heureuse témérité de ne point suivre servilement les costumes modernes; ses draperies sont toujours nobles et élégantes; ses attitudes, ses physionomies décèlent le don si rare de développer les caractères, et d'indiquer au spectateur jusqu'à la pensée de ceux dont il représente les traits sur la toile; et quand même leur nom seroit oublié depuis long-temps, toujours on reconnoîtra l'esprit qui les animoit. Maintenant Londres est de toutes les villes de l'Europe celle où l'on trouve le plus d'excellens peintres de portraits. Après Reynolds, les plus distingués sont Romney, Dance, Opie, Northcote, l'américain Stuard, Austin, Beechy, Rigaud, Lawrence Brown, Nixon, Hamilton et Hoppner. La mort de Gaisborough, dont j'ai parlé plus haut, est une perte irréparable pour les arts; car dans le portrait, cet habile artiste marchoit d'un pas égal avec Josué Reynolds. Pine, autre peintre célèbre en ce genre, est mort récemment en Amérique.

Le meilleur peintre en miniature que l'Angleterre ait possédé, étoit allemand : il se nommoit Jérémie Meyer; il étoit membre de l'académie, et il est mort en 1788. Cotes, Humphry, Sheller, Engleheart et Bowyer, ne peuvent le faire oublier. Russel mérite une place honorable parmi les dessinateurs et les peintres en pastel. Dans la dernière exposition des ouvrages académiques, on admira son tableau de Ruth et Noëmi.

Downman, autre peintre en pastel, à qui on ne peut reprocher qu'un peu trop d'uniformité dans ses portraits, tient un rang distingué parmi les membres de l'académie. Il a peint, pour la décoration du théâtre élevé à Richemond-House, les portraits du maître et de la maîtresse, celui de la duchesse de Devonshire, de Lady Duncannon, de Lady Elisabeth Foster, et des deux célèbres actrices, mistress Siddons et miss Farren. Ces portraits sont des chefs-d'œuvre dans leur genre. On a aussi du même artiste un beau dessin, où mistress Wells et l'acteur Edwin paroissent en scène et dans le costume de leur rôle.

Qu'on ne s'attende point à trouver ici les noms d'une foule d'artistes vulgaires dont Londres abonde, ainsi que toutes les grandes villes de l'Europe, ni celui de quelques peintres qui ont prostitué leur pinceau, soit au genre grotesque, soit à des scènes indécentes ou bizarres, toujours indignes d'occuper l'imagination et les loisirs des enfans d'Apollon.

Le même Gilpin, dont nous avons déjà cité le tableau représentant les houynhms et les yahous de l'ingénieuse satyre du docteur Swift, mérite d'être placé à côté de notre célèbre Ridinger. Nul n'a su mieux que lui peindre les chevaux, leurs fières attitudes, leurs élégans contours.

Elmer a représenté les oiseaux sauvages et privés avec une fidélité qui égale celle des peintres flamands.

Marie Moser, membre de l'académie royale, née en Allemagne, mais élevée en Angleterre où elle fut amenée fort jeune, possède le talent de peindre les fleurs avec tant d'art et de vérité, qu'on pourroit comparer, pour la fraîcheur, ses tableaux à ceux de Vanhuysum. Les décorations élégantes qu'on voit dans quelques-uns des nouveaux appartemens du château de Windsor sont de la main de cette intéressante artiste.

Les paysagistes anglais méritent un rang distingué dans les fastes de l'art. Londres en renferme une assez grande quantité. Mais avant d'en donner l'énumération, je ne crois pas hors de propos de nommer un étranger célèbre, Loutherbourg, alsacien de naissance. C'est à cet artiste plein de génie qu'il appartient de copier la nature en grand; aussi doit-on le placer à côté de l'ingénieux Gaisborough, que j'ai déjà cité plus haut, et dont les ouvrages portent l'empreinte d'une imagination véritablement créatrice.

Wilson, qu'une mort prématurée enleva aux arts, a transmis ses talens à son élève

Hodges, l'un des compagnons de Coock, et qui, après un long séjour au Bengale, fut reçu l'année précédente membre de l'académie. Durant ses voyages, il se familiarisa tellement avec l'imposant spectacle des divers phénomènes de la mer, qu'on peut lui donner à juste titre le nom de peintre de l'océan. On voit de lui un magnifique tableau dans la galerie de Boydell, représentant la scène touchante des *contes d'hiver* de Shakespear, dans laquelle Antigonus trouve l'enfant au milieu des ours. Les figures de ce morceau sont d'Hamilton.

Dominique Serres, peintre italien, qui, dans son beau tableau de Marius, répandit tous les trésors d'une imagination aussi brillante que féconde, est en quelque sorte naturalisé anglais par son long séjour dans la Grande-Bretagne. Cet habile artiste est à l'école britannique ce que Vernet fut à l'école française. Son tableau représentant le retour du roi de Naples est un morceau plein de mérite. La mer, couverte de vaisseaux et de barques grandes et petites, est représentée sous l'aspect le plus majestueux. A la vue des matelots, on distingue quelle est la nation à laquelle ils appartiennent. L'allégresse générale, la pureté d'un ciel sans nuages, la transparence et la fluidité des flots, l'effet pittoresque du phare de Messine, tous ces magnifiques détails offrent le plus vaste ensemble qui soit sorti de son pinceau.

Wright de Derby s'est appliqué à peindre les magiques et brillans effets d'un autre élement, la lumière et le feu. La girandole du château St.-Ange, l'éruption du Vésuve, les incendies, les orages, des scènes de feu de toute espèce, rendent cet artiste l'idole des amateurs anglais. D'autres peintres, tels que Barret, Marlow, Farrington, Sandby, Burgess, se distinguent encore dans le genre du paysage, et si le mérite d'une école consiste dans le nombre de ses élèves, on pourroit offrir au lecteur une liste de plus de cent noms divers; ce qui, aux yeux du philosophe observateur, ne prouve rien autre chose, sinon que l'avarice, le luxe, la vanité et l'égoïsme se sont coalisés pour corrompre l'art, le dégrader et enfanter des demi-artistes.

Les amateurs ont soin de décorer cette liste des noms du roi et de la reine, de la princesse héréditaire, de la duchesse de Malborough, de miss North, et d'un grand nombre d'autres personnes de marque. De cette manie, qui n'est que le mensonge du vrai talent, on doit conclure qu'en Angleterre l'art est encore bien loin de son apogée; que le goût auroit besoin d'être épuré; qu'enfin il est à présumer que la peinture restera au point où elle est, et ne s'élèvera guères à un plus haut dégré de perfection. Cependant on ne peut nier que de tous les pays de l'Europe la Grande-Bretagne ne soit celui qui a le plus fait pour les arts, en excitant, par d'utiles établissemens, l'émulation des artistes. Je ne vois nulle part autant d'exemples de cette gratitude publique, au moyen de laquelle la nation entière, ou du moins l'élite de la nation, perpétue le souvenir de ceux qui ont bien mérité de la patrie. Londres est le seul pays peut-être où l'on pourroit trouver un simple particulier, tel que Boydell ou Macklin, qui consacre volontairement la majeure partie de sa fortune à favoriser cette lutte si nécessaire aux progrès de l'art. Est-il un autre pays où l'on puisse compter dans la classe de la bourgeoisie opulente, ou même parmi les nobles et les princes, autant d'amateurs qui, par zèle pour les progrès du goût, emploient des sommes considérables, soit à décorer leurs maisons de campagne d'une suite de statues antiques ou de bronze, soit à dérober à la main du temps les ouvrages des grands maîtres du beau siècle de l'Italie? Non, sans doute; et ce qui est plus surprenant encore, on ne verra jamais, excepté en Angleterre, autant de protecteurs zélés employer la palette et le ciseau des artistes indigènes à retracer les traits de tous ceux qui ont illustré la nation, et dont elle doit désirer de perpétuer l'encourageant souvenir.

C'est en vain que nos artistes allemands voyagent dans l'heureuse Italie; c'est en vain qu'ils saturent leur imagination et leurs regards des chefs-d'œuvre de Raphaël, du Dominicain, de Léonard de Vinci, de Jules Romain, de Michel-Ange, de Bernini, du Guide, du Titien, du Corrège, de Carrache; en vain ils étudient les robustes et harmonieux contours des antiques habitans du vieux Latium, et les restes inimitables du sublime ciseau des Grecs, l'Apollon du Belvédère, l'Hercule Farnèse, le Laocoon, la Vénus de Médicis, la Niobé et ses enfans. De retour dans leur patrie, ils n'en sont pas moins réduits à se croire trop heureux de profiler sur la toile ou sur le marbre la face auguste du dominateur de leur canton, ou de décorer son salon d'audience des portraits de nos potentats modernes, d'après quelques estampes grossières, ou des tabatières de présent. Mengs, notre illustre compatriote, récompensé par Charles III, roi d'Espagne, est le seul qu'on puisse citer comme une exception à ce que je viens d'avancer ici. Qui sauvera de l'obscurité les noms de tant d'artistes allemands, dont le talent a péri faute de moyens pour le développer ? Pourquoi Rome et Naples ne nous rendent-ils pas notre Trippel, notre Hackert, notre Tischbein ? parce que l'oubli est pour l'artiste plus dur que le bannissement même, et que Catherine a su, des extrémités de l'Europe, vivifier en Italie leur génie par ses bienfaits.

Jusques ici j'ai jugé les artistes anglais avec la sévérité d'un cosmopolite ; j'ajouterai seulement, pour rendre hommage à la vérité, que Londres est actuellement de toutes les villes d'Europe celle qui renferme un plus grand nombre d'habiles graveurs. Sans parler des artistes étrangers, à la tête desquels il faut placer François Bartholozzi, établi en Angleterre depuis l'année 1765, on compte actuellement soixante-dix maîtres en ce genre. Je ne comprends dans cette liste ni les graveurs de cartes, ni les graveurs en lettres, qui, les uns et les autres, sont les premiers de l'Europe, ni les faiseurs de vignettes, ni les artistes subalternes aux gages des libraires, et dont le nombre s'élèveroit à plus de trois cents.

La gravure, si négligée dans les autres pays de l'Europe, et si déchue, même en France, depuis la mort des Edelinck, des deux Drevet, d'Audran, de Cars, etc., exige une correction de dessin et une précision à laquelle certains graveurs anglais semblent avoir atteint. Laissons les artistes vulgaires croire qu'il suffit de savoir couper le cuivre avec précision: une semblable erreur est celle de l'homme que la nature condamne à la médiocrité. Le graveur véritablement digne de perpétuer les ouvrages des grands maîtres, doit comprendre quelle a été l'intention du peintre, son esprit, le sentiment qui l'animoit, celui qu'il vouloit exprimer; et s'il est dispensé de l'invention, il doit au moins imiter avec intelligence le grand ensemble qu'il a sous les yeux. Un travail assidu, une attention constante, et sur-tout une grande pureté de dessin, telles sont les premières lois que doit s'imposer le graveur qui veut parvenir à l'apogée de son art. Or quiconque a des idées saines sur le caractère des Anglais, concevra aisément que la Grande-Bretagne doit produire les meilleurs graveurs de l'Europe. Disons encore que nulle part ils ne sont aussi bien récompensés : Bartholozzi a reçu dernièrement six mille écus pour une seule planche.

Cet artiste est sans contredit le premier en son genre, et par conséquent un de ceux qu'on emploie le plus volontiers. Son dessin est en même-temps si pur qu'il fait disparoître, sous son burin, les incorrections des originaux qu'il veut imiter. Enfin, les nombreux élèves qu'il a formés lui ont mérité le nom de fondateur de l'école de gravure. Ses talens sont si connus en Europe, que je me bornerai à indiquer ici quelques-uns de ses ouvrages.

Le plus important aux yeux des Anglais est sa belle estampe représentant la mort de Chatam, d'après Copley, ouvrage dont j'ai déjà parlé plus haut. Les bonnes épreuves se vendent six guinées la pièce. On m'a assuré qu'il s'occupoit à Guildhall à graver le tableau historique de la levée du siège de Gibraltar, du même maître. L'année dernière, il a donné au public les portraits des lords Lansdown et Ashburton, le premier d'après Reynolds, et l'autre d'après Gaisborough. Ses autres ouvrages modernes sont la mort de sir Philippe Sydney, d'après un dessin de Mortimer; douze gravures estimées d'après les esquisses de feu Cypriani, son ami particulier; deux sujets tirés de Joseph Andrews, roman de Fiedling, d'après Hearne; enfin une estampe dans laquelle on voit Edouard, prince de Galles, présentant à son père, Jean, roi de France, fait prisonnier à la bataille de Poitiers. Cette estampe a pour pendant la première descente des Saxons en Angleterre, sous les ordres de Vortigern et de Rowena, d'après les tableaux de Rigaud. On voit encore de lui le portrait du lord Heathfield, et cinq autres plus petits, de forme ovale, représentant divers personnages connus. Il travaille dans ce moment-ci au portrait de Kemble, frère de mistriss Siddons, d'après Hamilton, dans le rôle de Richard III, et d'après Angelika Kauffmann, dans celui de Bacchus élevé par les Nymphes, ainsi qu'au portrait de mistress Billington, d'après le charmant tableau de sir Josué Reynolds.

Je placerai au premier rang des graveurs anglais Robert Strange, que le roi créa chevalier l'année précédente ; je nommerai ensuite Woollet, qui s'est immortalisé par son estampe de la mort du général Wolf, gravée d'après le tableau de West, puis Sharpe, Hall, Sherwin, Byrne, Pouncy, Basire, Caldwall, Simon, Ogbourne, Legatt, Fittler, et un grand nombre d'autres qui gravent également au burin et à l'eau-forte.

On trouve à Londres une grande quantité de magnifiques estampes en manière noire, ou *mezzo tinto*, qu'à plus juste titre on s'est accoutumé à nommer manière anglaise, puisque ce sont principalement les Anglais qui l'ont perfectionnée. Les artistes les plus distingués en ce genre sont Jean-Raphaël Smith, les deux Green, Dixon, Dickinson, Facius, Pether, Jones, Watson, Pollard, Earlom, Burke, Collyer, Dupont et Hayward.

Dans l'*aqua tinta*, ou la nouvelle manière d'imiter sur le cuivre les dessins au bistre, nul n'est comparable à Sandby pour la suavité et l'intelligence du clair-obscur. Le peintre

Barry, Jukes, les deux Green et mistriss Prestell, se sont également exercés en ce genre. On a de cette dernière quelques planches du troisième voyage de Coock, d'après les dessins de l'artiste Weber, qui avoit accompagné cet illustre navigateur dans son dernier voyage. Les vues majestueuses du Westmoreland, de l'Écosse et des rives de la Wye, gravées par Gilpin à la manière de *l'aqua tinta*, sont deux morceaux vraiment admirables.

Les Anglais ne réussissent pas moins parfaitement dans la gravure au pointillé *opus mallei*. Londres conservera long-temps le souvenir des jolies estampes que l'infortuné Ryland avoit exécutées d'après les dessins d'Angelika, et les six tableaux au pastel de Downman. Bartholozzi, Burke, Collyer, Tomkins et miss Caroline Watson, se sont exercés en ce genre, et chacun d'eux semble s'être surpassé lui-même.

Je ne dois point oublier ici la belle estampe d'Young, d'après Zoffani, représentant l'espiègle *Lethe* de Garrick, et dans laquelle l'acteur Parsons paroît sous le costume comique de son rôle, ni le portrait de lord Rodney par Dupont, d'après Gainsborough, celui de madame Siddons, de Hayward, d'après Reynolds, du célèbre médecin Jean Hunter, enfin trois ovales, d'après Stothard, tirés du roman intitulé : *Emma* et *le Sylphe*, exécutés par Hall, Collyer et Sharp. Le tableau représentant la reine Éléonore ou la naissance d'Édouard, qui le premier porta le titre de prince de Galles, celui de la reine d'Angleterre demandant grace pour les citoyens de Calais, sont deux excellens morceaux de Green, supérieurement bien gravés en manière noire. Je citerai encore la belle estampe exécutée d'après Cipriani, par Stapier; Cléopâtre sur le fleuve Cydnus, s'avançant vers Marc-Antoine; deux charmantes vues de maisons de campagne, par Angus; les hachures, d'après un recueil de dessins irlandais extrêmement rares; le prince de Galles, par Burke, d'après le portrait en miniature de Cosway, et celui de Georges Townley, par Stubbs. Tous ces ouvrages méritent d'être distingués parmi les autres productions de ce nouveau genre.

Si l'on veut se former une juste idée de l'amour que les Anglais ont pour l'art en général, et sur-tout pour les estampes, il suffit d'examiner avec quel luxe leurs grands ouvrages

ouvrages littéraires sont exécutés. Rien sans doute ne peut être comparé à la magnifique édition de Shakespear, que Bell a enrichie d'une foule d'estampes gravées par Bartholozzi, d'après les dessins de Cipriani et les plus habiles maîtres de Londres, ni aux belles gravures qui enrichissent les voyages de Coock, monumens de la magnificence et de la générosité du peuple anglais.

On ne peut se dissimuler que la gravure ne soit en Angleterre la rivale heureuse de l'art de peindre; mais combien ne seroit-il pas à désirer qu'elle servît du moins à propager le goût du vrai beau, ainsi que des formes élégantes indiquées par la nature et les grands maîtres? Je le dis à regret, malheureusement elle ne sert que de véhicule et d'aliment à l'avidité des artistes, et à la rapacité de quelques hommes opulens également intéressés les uns et les autres à favoriser certaines inventions qui tendent toutes à hâter la décadence de l'art.

La manie ridicule d'enluminer les gravures, soit à l'huile, soit en aquarelle, l'invention plus funeste encore du quaker Joseph Booth, qui a trouvé le secret de multiplier les tableaux et d'en donner des copies à vil prix,

Q

sont autant de coups mortels portés à l'art par des mains sacrilèges.

Le *polyplasiasmus*, (c'est le nom barbare qu'on a donné à cette invention barbare), s'opère par le moyen du pantographe; chaque copie est ensuite retouchée et terminée au pinceau. En vain on prétend que ces copies sont assez fidèles pour tromper l'œil des connoisseurs, et qu'il leur est impossible de les distinguer de l'original, le public, malgré les assertions réitérées des membres de la société polygraphique, et trois expositions consécutives, n'a accueilli qu'avec froideur ces fabrications informes et toujours destructives du vrai talent. Sans doute il est facile d'imiter les productions de certains artistes; mais qu'on nous montre des copies du Corrège, du Titien et de Vandick, faites au *polyplasiasmus*, et assez fidèles pour tromper l'œil des connoisseurs, alors je serai un des premiers à rendre justice au talent du quaker Joseph Booth.

Les caricatures, si chères au peuple anglais, sont encore une des causes de la corruption du goût. Ceci me rappelle la belle allégorie du hollandais Hemsterhuis, qui supposoit que l'origine des arts date de l'époque où les Dieux s'identifièrent avec l'ame des mortels. Or s'il en est ainsi, la manie des caricatures naquit du mélange impur des satyres et des faunes avec les nymphes du Permesse : une telle alliance ne pouvoit produire que des monstres. Il existe des peintres dont le génie, semblable à celui de certains poëtes, se prostitue à la satyre ; mais il y a cette différence entre la peinture et la poésie, que les censures de l'écrivain ont pour but le perfectionnement de l'art et du goût, tandis que ces dessins satyriques qu'on nomme caricatures, blessent les règles, les principes les véritables proportions. J'ajouterai que si l'on considère ce genre de censure comme un correctif des mœurs, le but est encore plus souvent manqué ; car presque toujours le vice est par ce moyen moins sévèrement puni que le ridicule, et en général l'indécence de ces esquisses grossières d'un Bunbury ou d'un Gillray est plus nuisible que les faiblesses cachées qu'elle dévoile sans pudeur aux yeux d'un public avide et malin.

Combien les modernes dessinateurs en ce genre sont loin d'imiter l'artiste philosophe Hogarth, et de savoir comme lui sonder les profondeurs du cœur humain! Ils aiment bien mieux saisir le côté plaisant de l'anecdote du jour, et caresser ainsi l'ennui ou la malignité des oisifs de Londres. Une singularité assez piquante, c'est que le dessinateur Englefield, l'un des plus intrépides faiseurs de caricatures qui soient dans les trois royaumes, est né sans jambes et sans bras.

L'orateur Burke, montrant la lanterne magique, est dans ce genre une des plus heureuses idées qu'on ait conçues depuis long-temps. L'honorable membre fait voir aux deux lords une puce du Bengale grosse comme une montagne, et il faut convenir que c'est une critique assez gaie de son éloquence hyperbolique, ainsi que de ses continuelles clameurs contre le gouverneur-général Hastings.

Les ministres, leur conduite, leurs moindres démarches, sont le but principal où visent tous les traits de ces artistes satyriques; ils ne tarissent point sur le ministre Pitt et le célèbre Dundas, directeur de la compagnie des Indes orientales : souvent même le respect dû à l'humanité souffrante cède à l'attrait du ridicule. Je citerai pour exemple de ce que j'avance, la foule de caricatures qu'on voyoit à Londres durant la maladie de Georges III, qu'un accident cruel avoit privé de l'usage de sa raison. Mais passons rapidement à d'autres objets non moins dignes de l'attention du lecteur.

Londres est sans contredit la métropole de l'industrie humaine qui, dans aucun lieu du monde, n'offre aux yeux de l'observateur des métamorphoses aussi surprenantes. Je citerai volontiers les différens concerts donnés l'année précédente par des enfans de l'âge le plus tendre.

Déjà en 1777 le jeune Crotch de Norwich, avoit fait la plus grande sensation. Récemment les deux frères Bryson, natifs de Newcastle, l'un âgé de cinq ans, et l'autre de deux seulement, ont exécuté divers morceaux sur l'orgue et le piano-forte. Quelques mois après parut la petite miss Hoffmann, qui, âgée de trois ans, surpassa tous ceux qui l'avoient précédée. Elle touchoit, disent les papiers anglais, du piano-forte et de l'orgue avec autant de délicatesse que Just et le célèbre Haydn. En admettant qu'il y ait de l'exagération dans ces louanges, il restera encore assez de sujet de s'émerveiller de ce que cet enfant pouvoit exécuter sans faute les morceaux les plus difficiles, et cela dans un âge où elle avoit à peine eu le temps d'apprendre à parler.

Jamais la musique n'a eu en Angleterre d'époque plus brillante. Les concertos et les opéra de Handell, dont les Anglais ont presque fait un dieu, l'opéra italien, les grands concerts du panthéon, sont exécutés avec encore plus de pompe et de précision que par le passé. Ce goût passionné pour le plus charmant des arts s'est étendu jusqu'en Irlande, par les soins du duc de Buckingham. Les Anglais sont aujourd'hui tellement accoutumés à l'harmonie, qu'en général ils dédaigneroient d'assister à un concert dont l'orchestre ne seroit pas composé de trois cents musiciens. Le chanteur Marchesi reçut des entrepreneurs de l'opéra italien quinze cents livres sterlings pour un hiver, ainsi que les bénéfices qui devoient résulter d'une représentation entièrement à son profit; on le défraya en même-temps de toutes ses dépenses. Madame Mara et madame Storace ont été récompensées avec autant de magnificence. Noverre obtint en Angleterre des suffrages dont aucun artiste n'avoit joui avant lui. Le public le demanda avec une sorte d'enthousiasme, après que Vestris eut dansé dans son nouveau ballet de Cupidon et Psyché. Ces symptômes annoncent d'autres idées, d'autres sensations que l'effervescence passagère de la mode; mais le philosophe observateur n'y voit autre chose, sinon que les grands et les riches de Londres s'ennuyent encore plus que ceux des autres pays, et que par conséquent le plaisir n'y sauroit être payé trop cher.

Le peu de talent des Anglais pour la musique se manifeste dans leur insensibilité naturelle aux beautés de celle d'Italie, qui pour eux n'est jamais qu'un objet de luxe ou de vanité, tandis qu'ils n'écoutent qu'avec ravissement la mâle et robuste harmonie des airs du saxon Handell. Certes l'oreille du peuple anglais n'est rien moins que musicale; mais si l'Angleterre ne produit point de musiciens, Londres renferme plusieurs connoisseurs estimables, à la tête desquels il faut placer le docteur Burney, père de l'aimable auteur de Cécilia, et à qui l'on doit la meilleure histoire sur la musique qui ait paru chez aucun peuple. Les noms des musiciens anglais s'étendent rarement audelà des limites des trois royaumes; ceux de Arne, Shields, Dibdin, Arnold, Jackson, méritent cependant une place distinguée dans l'histoire de l'art. Billington a mis en musique les nuits d'Young; et un autre compositeur, nommé Twiss, a donné au public douze danses nouvelles d'un style aussi grotesque que la plupart des titres dont il les a chargés.

L'étude de la musique étant devenue, depuis quelque temps, une partie essentielle de l'éducation des personnes d'un rang distingué, on a vu successivement se former des artistes des deux sexes, qui souvent méritent d'être placés à côté des musiciens étrangers.

Harrison osa se faire entendre au concert du Panthéon après Marchesi. Les noms de Kelly et de mistress Billington sont prononcés à Londres avec transport. Linley s'est assuré une place parmi les meilleurs violons, et Crosdill est de la plus grande force sur le violoncelle.

L'engouement, et non le goût de la noblesse anglaise pour la musique italienne, joint à son amour passionné pour le luxe des bâtimens, donna, il y a quelque temps, naissance au projet de construire une nouvelle salle d'opéra. On assure que les souscriptions s'élevoient déja à plus de vingt-cinq mille livres sterlings, lorsque l'édifice ancien devint la proie des flammes, et que l'impossibilité de continuer les représentations fit abandonner cette entreprise.

Quoique le siècle le plus brillant pour l'architecture en Angleterre, soit celui de Jean et de Christophe Vrens, il paroît que cet art fait encore de grands progrès à Londres. Wiatt, l'architecte du Panthéon, les frères Adam, sir William Chambers qui a construit Sommerset-House, Dance, Taylor, Carr, Sandby, Dawkins, Hurst, Payne et quelques autres, sont avantageusement connus dans les trois royaumes, et passent pour des hommes qui réunissent l'habileté au génie. L'un de ces artistes, sir Robert Taylor, est mort l'année dernière, au mois de novembre : il avoit commencé par être sculpteur. L'on connoît de lui plusieurs beaux morceaux, entr'autres, la statue de la Grande-Bretagne, qu'on voit à la banque, ainsi qu'un bas-relief placé au fronton de ce bâtiment. Le talent de Taylor pour l'architecture a étendu plus loin sa réputation, ainsi que sa fortune, qui s'élève, dit-on, à cent quatre-vingt mille livres sterlings. Son plus grand ouvrage est le plan qu'il a donné de ce vaste édifice ; mais le plus poétiquement conçu est la maison de campagne d'Asgill, à Richemond.

Quelquefois le parlement d'Angleterre s'occupe des embellissemens de la ville. Dernièrement, il accorda six mille livres sterlings pour la réparation de l'église Saint-Paul, dans Coven-Garden, ainsi que des fonds nécessaires pour la construction d'une nouvelle maison-de-ville, sous la condition expresse de conserver le style de l'architecture gothique, et cela par respect pour l'antiquité.

Le mausolée du marquis de Rockingham, érigé dans la terre de Wentworth, est un des plus beaux monumens qui soient sortis des mains de l'architecte Carr. Au-dessus d'un rez-de-chaussée d'ordre dorique s'élève une plate-forme d'ordre corinthien, sur laquelle sont posées douze colonnes romaines qui supportent une vaste coupole. Dans l'intérieur est une voûte qui repose sur douze colonnes doriques ; elle est ornée des statues des plus célèbres hommes d'état de l'Angleterre, parmi lesquelles on distingue sans peine celle de Rockingham, de sir Josué Saville ; etc., et sur le plan intermédiaire, élevé de quatre-vingt-dix pieds, on a placé un superbe sarcophage antique.

L'architecte Wyatt vient aussi de construire un mausolée à Cobham, pour le lord Darnley. Malgré le nombre de monumens de ce genre, l'Angleterre ne peut entrer en concurrence avec l'Italie; et même quoique Paris ne renferme aucune basilique comparable à celle de Saint-Paul, cette dernière ville est infiniment plus riche en édifices de toute espèce. Mais il faut observer que la noblesse bretonne, qui n'habite Londres que durant trois ou quatre mois de l'année, ne se croit chez elle qu'au moment où elle retourne dans ses terres : là sont les véritables demeures des seigneurs anglais, leurs foyers paternels, le palais de leurs ancêtres. Jamais une aussi petite île n'a pu se glorifier de posséder, sur les points les plus éloignés de la métropole, un plus grand nombre de maisons de plaisance où le luxe et le goût semblent se disputer le soin de surveiller les commodités du maître. C'est là que le propriétaire opulent, fatigué des plaisirs bruyans de l'hiver, vient jouir, au sein de la belle nature, des doux amusemens de la campagne; c'est là que l'homme le plus dissolu se réconcilie avec le repos, et qu'il répare, au sein de la solitude, ses forces épuisées, ne fût-ce que pour les reperdre, d'une manière plus éclatante, l'hiver suivant dans la capitale.

L'habitude de considérer leur demeure champêtre comme leur pays natal, a contribué sans doute au maintien de cet esprit public, source et aliment d'une constitution libre. C'est de cette manière de sentir qu'émane l'alliance entre l'amour des arts et celui de la patrie, sentiment vertueux sans doute, et au moyen duquel on parvient encore quelquefois en Angleterre à s'élever au-dessus des calculs de l'intérêt.

# NOTICE

*Des principaux ouvrages de Peinture et de Sculpture.*

## I.

### GALERIE DE SHAKESPEAR.

La façade de ce bâtiment est élevée et assez étroite ; elle est couronnée par un fronton qui repose sur deux pilastres palmy-ïonien. L'espace qui les sépare est rempli par divers groupes de Bancks, et on a placé entre les colonnes une lyre en bas-reliefs, entourée d'une épaisse couronne de laurier. L'entrée de cet édifice est de forme circulaire. Un vaste magasin de gravures qui renferme d'énormes porte-feuilles et plusieurs estampes encadrées, occupe la partie inférieure. On y voit aussi diverses copies faites d'après les tableaux des grands maîtres, et dont le prix est marqué sur le cadre : le reste de ce bâtiment consiste en trois salles de même grandeur; elles sont éclairées par en-haut. Les principaux tableaux sont suspendus au mur et sur un plan incliné.

1°. Un tableau, par Opie, sous le n°. 52, sujet tiré de l'Henri VIII de Shakespear, act. V, scène IV, figures de grandeur naturelle. Celle de Cranmer réunit la décence à l'expression ; l'attitude est un peu gênée ; cependant le costume a donné à l'artiste de grands avantages. Ce morceau est exécuté à la manière de Rembrant. Henri VIII y paroît tel qu'il étoit en effet, apathique, sa main gauche est placée sur sa poitrine. Opie n'auroit cependant pas dû lui donner une physionomie aussi dénuée d'intérêt. La figure de la duchesse est aussi animée que celle des autres personnages. Le groupe secondaire est d'un style différent ; il manque d'ensemble et d'harmonie ; le coloris n'en est point pur ; la lumière et les ombres n'y sont point ménagées avec art.

2°. Jacques, par Hogdes, n°. 13, sujet tiré de la pièce intitulée : *as you like it*, act. II, scène 1ere.

Beau paysage d'un style romantique. Un torrent sort de l'épaisseur d'une forêt obscure : à côté d'un précipice et sous un chêne touffu, dont les fleurs disséminées sur la terre, couvrent les racines ligneuses, est couché le morose et mélancolique Jacques. Le cerf blessé s'enfonce dans l'onde ; à quelques pas on voit un autre de ces animaux et plusieurs dans l'éloignement. Le feuillage, la lumière, les ombres, sont disposés en grande masse, et traités avec une intelligence supérieure. Il règne dans l'ensemble la simplicité et l'unité qui convient à un lieu solitaire. Les animaux sont d'une vérité admirable. Celui qui est blessé paroît foible et souffrant ; les autres sont légers et dispos. Ils ont l'air d'écouter, et jettent autour d'eux des regards craintifs. Jacques soulève sa tête et paroît réfléchir sur les divers objets qui l'entourent.

3°. La mort de Beaufort, par Reynolds.

Le visage du cardinal est agité de convulsions ; ses mains sont savamment dessinées. Il n'en est pas de même du bras vu en raccourci. Le visage du roi est presqu'entièrement caché. L'expression des deux autres figures accessoires est admirable ; l'une paroît chercher quelqu'un qui puisse partager le sentiment de frayeur et de compassion qu'elle éprouve ; l'autre regarde fixément et semble dire : *il meurt comme il a vécu.*

Dans l'ombre entre les rideaux du lit funèbre, au-dessus de la tête du cardinal, on voit une figure de diable avec deux longues dents et des oreilles de satyre; d'un de ses ergots il lui arrache le coussin. J'avouerai volontiers que cet épisode, également hideux et bizarre, m'a moins scandalisé dans ce tableau que dans un grand nombre d'autres; il semble appartenir en quelque sorte au sujet. Lorsque l'artiste a une fois adopté dans ses compositions la mythologie chrétienne, il lui est permis de s'en servir toutes les fois qu'elle peut contribuer à peindre la vérité de l'histoire. Vers le devant de la scène, on voit un tabouret sur lequel on a placé un chapeau de cardinal : le coloris, la lumière, les ombres sont disposés à la manière de Rembrant.

4°. Hubert et Arthur; n°. 20.

La beauté de ce morceau consiste dans la figure de Hubert, qui effectivement exprime tout ce que le poëte vouloit indiquer. Le cœur du héros est brisé; sa main droite couvre son front et le presse douloureusement, tandis qu'il s'appuie de la main gauche sur une table où sont placés un crucifix, un livre de prières et un sablier. La porte de la grotte est entr'ouverte; sur le devant est
un

un réchaud, à côté duquel on voit deux jeunes garçons, dont l'un tient un brandon allumé, l'autre embrasse les genoux de Hubert; et lui montrant de la main gauche la torche brûlante, il pleure; mais il n'est point aussi agité qu'il devroit l'être. Au reste, ce sujet est parfaitement rendu, le costume bien observé; la lumière, les ombres ménagées avec art, le coloris pur et vrai. Cette composition est très-belle; on y observe seulement quelques réminiscences de Vandik.

5°. Troïlus et Cressida.

Morceau d'Angelika Kauffman, dans lequel on retrouve ce véritable goût de l'antique qui lui est propre, ainsi que les autres beautés et les défauts qui caractèrisent ses ouvrages. Cette composition a toute l'intégrité du nud; le choix n'en est pas heureux. La pudique Angelika auroit dû interdire à ses pinceaux un sujet de ce genre.

6°. Tout est bien pour qui finit bien; par Veathley.

Figures de demi-grandeur, insignifiantes, manièrées et d'un style trop théâtral; simple esquisse.

7°. Peine d'amour perdue, par Hamilton, n°. 9.

Morceau trop légèrement traité. C'est moins un tableau qu'une esquisse en couleur. Toutes les figures manquent d'à-plomb; toutes ne s'appuient que sur la pointe du pied; toutes semblent des mannequins sans expression.

8°. Comme il vous plaira: par Angelika, n°. 38.

Composition froide. Célia, en habit d'homme, n'est qu'un insignifiant jouvenceau; ce n'est point une femme, mais un jeune homme efféminé, un hermaphrodite.

9°. Roméo et Juliette, par Northcote, n°. 56.

Il eût été difficile de manquer entièrement cette scène si poétique, si pittoresque. Parmi une foule de défauts, on démêle un grand nombre de beautés dignes de fixer l'attention des connoisseurs; la vérité, la vraisemblance historiques y sont bien conservées. On voit le moine descendre avec lenteur les dégrés du souterrain; sa main droite est appuyée sur une bêche. Dans l'autre est un flambeau qu'il élève au-dessus de sa tête, et dont la lumière répand sur toute cette scène une teinte romantique. Son cœur est également partagé entre l'inquiétude et la crainte; il appelle doucement l'amante de Roméo. Juliette éveillée s'appuie sur son bras gauche;

sa main droite est étendue vers le moine; ses regards ne se sont point encore fixés sur Roméo ni sur Pâris, étendus morts au pied du monument. Le corps de ce dernier est plongé dans l'ombre, près de la couche funèbre de l'infortunée Juliette. Roméo est tombé à genoux devant cette couche fatale, sur laquelle pose un de ses bras; ses doigts sont fermés par la convulsion de la mort; sa tête est penchée : dans sa main droite est encore la coupe qui renfermoit le poison. A peine vient-il d'expirer. Juliette fixe le moine et presse son malheur. Cette expression vraiment tragique est bien rendue par l'artiste. Derrière Juliette, et sur un plan plus élevé, est un vaste tombeau où l'on voit l'effigie d'un guerrier dans le costume de la chevalerie, les mains jointes et croisées sur la poitrine. Ce tableau est encore supérieur à celui d'Arthur et de Hubert; l'exécution et l'effet en sont admirables. Les figures sont de grandeur naturelle, le dessin en est pur, l'ordonnance est sage, les draperies sont largement projettées, le coloris est celui de la nature. La lanterne, laissée par Roméo sur le bord du dégré, produit un magnifique effet de lumière. Reynolds fut le maître de

Northcote, et cet artiste est sans contredit l'un de ses plus dignes élèves.

10°. Henri V recevant la couronne, par Josué Boydell, n°. 48.

Morceau d'une assez belle exécution.

11°. Un tableau du peintre Hamilton, n°. 22.

Figures demi-nature; simple esquisse en couleur.

12°. Juliette, par Opie.

Morceau préférable à son Henri VIII. La figure de Juliette est assez belle, mais mal dessinée; ses bras sont dénués de mouvement et de vie, les draperies mesquines; la mère de Juliette n'a point la physionomie de son âge, elle est trop jeune. Ce morceau est d'ailleurs d'un faire très-large. Lorsqu'il s'agit de travailler d'après Shakespear, on pourroit confier le pinceau à l'artiste le plus médiocre, l'ouvrage se ressentiroit encore de son origine.

13°. Ferdinand et Miranda, sujet tiré de la Tempête, par Wheatley, n°. 37.

Ce morceau est exécuté à la manière d'Angelika Kauffman.

14°. Le roi Léar, par Fuesseli, n°. 29.

Ce ne sont point sans doute des hommes

que l'artiste a voulu représenter, mais des monstres à forme humaine; les mains sont disloquées, les yeux sortent de leur orbite; les draperies semblent copiées d'après le marbre; la barbe du roi Léar ressemble à celle de Jupiter, mais c'est à celle de Jupiter-Ammon, que les poëtes ont représenté sous la forme d'un bouc.

15°. Henri IV, seconde partie, act. III, scèn. II; par Durrn, n°. 21.

Ce morceau, peint à Rome, est une imitation de la manière froide et sèche de Battoni. Les draperies sont exécutées à l'italienne, et dessinées avec une élégance recherchée, sans molesse et sans grace.

*Seconde Pièce.*

1°. Songe d'une nuit d'été, par Reynolds.

Un enfant avec des oreilles de faune est assis sur une large coquille; d'une main il tient une violette tricolore. Morceau dénué d'intérêt.

2°. Conte d'hiver, par Hodges, n°. 17.

Ce tableau n'est pas son meilleur ouvrage.

3°. Les Erreurs, comédie, n°. 5; par Rigaud.

Cette composition est du style le plus noble;

les figures sont dessinées avec pureté, et les draperies aussi élégantes que riches.

4°. Les femmes joyeuses de Windsor, n°. 2, par Peters.

Composition au-dessous du médiocre.

5°. Beaucoup de bruit pour rien, n°. 6, par Peters.

Cet ouvrage, du même maître, ne vaut guères mieux que le précédent.

6°. Antoine et Cléopâtre, n°. 93, par Tresham.

Ce morceau est une des plus belles et des plus heureuses productions de l'art, mais les chairs sont dépourvues de *morbidesse* et de suavité. Le style de cette composition est très-élevé; les têtes sont supérieurement conçues, et les draperies traitées dans le grand goût de l'antique. Cléopâtre pénétrée de douleur, en posture de suppliante, se renverse dans les bras de ses femmes. Marc-Antoine assis détourne la tête, porte une main sur son front: ses regards expriment la plus vive inquiétude, mais ses yeux sont un peu trop saillans.

7°. Tableau de Boydell, n°. 50.

Esquisse foiblement composée.

8°. Tableau de Hodges, n°. 43.

Morceau rempli de graces et de poésie. La scène représente un beau soir d'été; une lueur romantique est répandue sur toutes les parties de cette composition délicieuse: la lune réfléchit ses rayons dans l'onde. A la faveur d'un fanal, on découvre une assez belle maison placée sur le devant du tableau. Plus loin est un temple, des cyprès, des pacages babyloniens, des térébynthes : deux amans causent sans témoins dans un lieu éclairé par l'astre de la nuit.

9°. Le roi Léar, par West, n°. 30.

Certes! il étoit réservé au divin Shakespear de faire des miracles, et c'en est un sans doute que d'avoir animé le froid et insensible West. Ce morceau est un de ses meilleurs ouvrages, tant du côté de l'invention que par son exécution brillante. Les têtes de Gloster et de Léar sont remplies d'un feu noble; Edgar, concentré en lui-même, jette sur eux des regards sombres. L'effet de ce tableau est véritablement admirable.

10°. Macbeth, par Fuessli, n°. 19.

Il règne dans ce tableau une grande incorrection de dessin; la figure de Banquo est hors de toute proportion.

11°. Prince de Galles, par Rigaud, n°. 74.

Costume semblable à celui que Lebrun donnoit à Alexandre. Ce tableau est du plus grand genre. Les attitudes sont à-la-fois nobles et gracieuses. Percy, couché sur l'arène, meurt en regardant le vainqueur; derrière est Falstaff, également couché sur la terre; il se couvre de son bouclier. Henri a la beauté, le courage d'un dieu. Dans l'éloignement est le fort du combat, mais le peintre a eu l'art de sacrifier les accessoires; l'unité d'action n'est point interrompue, et l'intérêt réside sur les principaux personnages.

De cette pièce on passe dans une galerie dont les murailles, ainsi que celles de deux grandes chambres qui les terminent, sont couvertes de dessins copiés d'après les originaux des grands maîtres, tant régnicoles que continentaux.

## I I.

MUSÉUM DE SIR ASTHON LIVER[*].

*Salle à manger.*

LA première pièce de ce Muséum est un candelabre antique. Une tige de lotus, reproduisant son calice, est placée sur un trépied à griffes de lion, d'où sortent des banderolles emblématiques. Ce candelabre a deux pieds de haut et vingt de largeur; il fut trouvé dans les ruines à vingt milles de Rome.

2°. Une inscription grecque, gravée sur un bouclier rond, de trois pieds de diamètre. On y lit les noms des *Epheboi* d'Athènes, sous Alcmènes, et même celui des tribus auxquelles appartenoient ces *Epheboi*. Ce bouclier fut apporté d'Athènes par le docteur Antoine Askew.

3°. Cippe sépulcral, haut de deux pieds un pouce.

4°. Un terme de cinq pieds de haut, sur lequel on voit un Mercure en bas-relief, son pétase, un caducée et un coq. Ce morceau fut trouvé à Frescati en 1770.

---

[*] M. Townley.

5°. Un terme de trois pieds six pouces, trouvé en 1774 près le lac de Nemi, et dont la partie supérieure représente un hermaphrodite; il tient dans sa main droite une grappe de raisin, et sous son bras gauche un ibis.

6°. Un vase de trois pieds de haut, appuyé sur un socle qui repose sur des griffes de lion. On voit sur ce vase un bas-relief représentant une fête de Bacchus, symbole des mystères d'Eleusis.

7°. Un Bacchus, de grandeur naturelle, trouvé à *Campo Vaccino* en 1774. Il est armé du thyrse; sa tête est couronnée de lierre; son corps est couvert d'une longue tunique, sur laquelle est un vêtement court; sa ceinture, relevée sur l'épaule droite, rejoint la poitrine : près du dieu est le léopard.

8°. Le dieu Pan, terme drapé, de trois pieds six pouces de haut, ayant une longue barbe et jouant de la flûte ; trouvé dans la ville d'Antonin-le-pieux.

9°. Buste de Septime-Sévère.

10°. Une Isis, demi-terme de cinq pieds de haut. Le visage de la déesse est découvert; le corps et les bras sont voilés. Ce morceau a été trouvé en 1776, à sept milles de Tivoli, sur la route de Préneste.

11°. Une Bacchante, de grandeur naturelle. La tête est superbe; le front est couronnée de lierre. Cette figure est entièrement drapée.

12°. Un Bacchus barbu, buste en forme de terme. Tête d'un style noble; la bouche est ouverte, la barbe est épaisse, longue et annelée.

13°. *Idem*, barbe lisse et longue, cheveux bouclés. Style de la plus haute antiquité.

14.° Une tête de Philosophe dans le genre de celle de Platon.

15°. Un buste représentant un jeune Bacchus couronné de pampre; ses cheveux sont tressés et reviennent sur le front.

16°. Pâris endormi, figure d'une grande beauté : à côté est un pétase.

17°. Un Sphinx assis. Ses aîles s'étendent depuis la poitrine jusques sur l'omoplate.

18°. Une Fontaine de marbre, de trois pieds de hauteur, ornée de bas-reliefs représentant des hermaphrodites et des faunes.

19°. Un Faune ivre.

. . . . . . . *Tibi cum sine cornibus adstas.*
*Virgineum caput est.*

20°. Un jeune Bacchus couronné de lierre, qui s'appuie sur l'Androgyne Ampelus. Près du dieu, on voit un cep de vigne orné de pampres, du milieu desquels s'élève une belle femme dont le sein est figuré par des grappes ; d'une main elle en présente une à Bacchus, et paroît le soutenir : sa gauche est posée sur l'épaule du dieu. Le cep de vigne est surmonté par le léopard. La figure de cette femme est charmante ; sa tête est un peu inclinée. Bacchus est représenté avec une peau de panthère nouée sur son épaule, et qui retombe sur son bras gauche : des sandales forment sa chaussure. On suppose que ce groupe a quinze cents, même deux mille ans d'antiquité.

21°. Une *Libera*, figure haute de cinq pieds dix pouces, à demi-nue ; le reste drapé. Le corps est divin ; la tête, les épaules, ainsi que le col, sont du plus grand style. Ce morceau, qui est d'une conservation parfaite, a été trouvé à Ostie en 1775, dans les ruines des bains de Claudius.

22°. Une Isis, de six pieds six pouces, avec une coupe de lotos sur la tête, attribut de cette divinité. Cette figure est couronnée de roses et entourée de divers symboles de végétation. Elle fut trouvée dans la vigne de Sixte-Quint, sur la voie Appienne, à deux milles du tombeau de Cecilia-Metella, et achetée de la famille Negroni.

23°. Un Bacchus enfant, de trois pieds de haut, conronné de lierre et vêtu d'une peau de chèvre. Cette figure a été tirée de la vigne d'Antonin.

24°. Un buste d'Adrien, trouvé dans une portion de la vigne qui porte son nom.

25°. Un bas-relief, de trois pieds de haut, représentant Castor qui dompte un coursier; derrière lui on voit un chien. Ce morceau a été trouvé dans la vigne Tiburtine.

26°. Un Buste semblable à la médaille de *Gordianus Africanus pater* ou l'ancien, avec la toge et le *latus clavus*; trouvé en 1770.

27°. Groupe de trois pieds de haut, Actéon dévoré par ses chiens; trouvé en 1774 dans la ville d'Antonin.

28°. Un jeune Bacchus. La partie supérieure de l'Ampelus a la forme d'un génie; sur ses joues sont des grappes de raisin; le cep est entouré d'un lézard, et le col du léopard, d'une branche de lierre; trouvé en 1772 à *la Storta*, près de Florence.

29°. Un bel Adonis dormant sur un rocher. Son pétase est lié sous le menton; sa robe, *chlamys cum fibulâ* est relevée sur l'épaule droite, et couvre une partie de son corps; des sandales forment sa chaussure, et ses jambes sont entourées de bandelettes; trouvé à *Roma Vecchia* en 1774.

30°. Une Thalie élégamment drapée. La tunique est travaillée avec tant de délicatesse, que les formes paroissent à travers. Ce morceau fut trouvé à Ostie en 1775.

31°. Un bas-relief représentant une Bacchante. Sa main droite est élevée au-dessus de sa tête; de cette main elle tient un poignard, et de l'autre le phallus d'un bouc.

32°. Un autre bas-relief représentant une procession de Bacchantes. Une Miste précède, la tête renversée, et tenant dans sa main un tambour de basque; un faune la suit, jouant du *tibia* redoublé. On voit derrière lui un autre faune ivre; sa main droite est armée du thyrse; une peau de lion est étendue sur son bras gauche; le léopard est à ses pieds. Les deux autres figures accessoires sont également couvertes d'une peau de lion. Cet antique a été trouvé en 1775 sur le chemin de Frescati.

33°. Une Diane, de grandeur naturelle. Sa main est armée d'une javeline, ou plutôt d'un flambeau; car sa chevelure est ondoyante et liée sur le sommet de la tête, comme on le voit sur la plupart des médailles antiques : le bras droit a été restauré. Cette Diane fut trouvée en 1772 près *la Storta*, à côté du jeune Bacchus dont je viens de parler.

34°. Un Hercule, tête colossale. Ce morceau est le plus ancien, le plus péniblement exécuté, le plus dur de tous ceux qui ont existé avant la soixante-dixième olympiade; c'est-à-dire, cinq cents ans avant l'ère chrétienne. Il fut trouvé dans la ville d'Adrien. On présume que cet empereur l'avoit conservé comme un monument du ciseau antique.

35°. Un Périandre, tyran de Corinthe et l'un des sept sages de la Grèce, trouvé à *Villa di Sisto quinto*; inconnu jusqu'à l'époque où l'on en trouva un semblable, avec le nom de Périandre, dans la plaine de *Cassius*, près Tivoli.

### ANTICHAMBRE.

1°. Une tête d'Apollon *Musagètes*. Ses traits, sa chevelure le font ressembler à une Muse. On présume que cette tête appartient à la statue indiquée dans le Mus. Capitol.

tom. III, tab. 15. Feu M. Lyder Browne l'apporta de Rome.

2°. Une tête d'Apollon *Philesias*, appartenant à la statue indiquée n°. 13, dans le Mus. Cap. tom. III. *Voyez* Winkelmann, Monum. ined. *Trattato prélimin.* pag. 52.

3°. Cupidon dormant sur une peau de lion. Ce morceau appartenoit jadis au cardinal Alexandre Albani.

4°. Une tête de Périclès, trouvée dans les plaines de *Cassius*, près de Tivoli, en 1780. Morceau au-dessous du médiocre.

5°. Une tête d'Antinoüs plus grande que nature. Cette tête, ainsi que des fragmens de la statue dont elle faisoit partie, furent trouvés en 1770. Durant les siècles de barbarie, on les avoit employés comme des pierres ordinaires dans les fondations du bâtiment que l'on nomme actuellement *Tenuta della Tedesca*, à quelque distance de *la Villa Pamfili*. Une portion du mur antique se trouve sous la route qui conduit de la porte Saint-Pancrace à Palo.

6°. Un Génie appuyant sa poitrine et ses mains sur un animal moitié ichneumon et moitié crocodile. Les oreilles du monstre sont

sont fort petites, ses dents longues et aigues, sa queue est canelée.

7°. Un Buste colossal d'un Romain casqué. Les prunelles ne sont point indiquées.

8°. Le Génie du Sommeil avec des aîles. A sa gauche repose une massue; un lézard, glissé sous la peau du lion, vient effleurer son pouce; un autre touche son orteil : près de lui et à sa droite est un carquois.

Après avoir traversé cette antichambre, on trouve un cabinet dont les murs sont ornés de frises et de bas-reliefs de diverses grandeurs. Ce lieu est rempli d'inscriptions, de bustes et de statues de toute espèce.

Un buste de Messaline.

*... Lassata viris, necdum satiata recessit.*

morceau où l'on peut étudier à fond tous les mystères de la science des physionomies.

## Petite Antichambre ou Salon situé sur le revers du bâtiment et vis-à-vis la porte d'entrée.

1°. Beau Sarcophage de basalte noir, ou plutôt d'une espèce de granit composé de portioncules extrêmement tendres, aussi déliées que celles des pierres sablonneuses, et du plus beau poli.

2°. Un magnifique bas-relief représentant un Bacchus barbu, s'appuyant sur un Faune, tandis qu'un autre lui chausse ses sandales. Derrière lui on voit un énorme thyrse ; Trimalcion est couché sur un lit. P. S. Bartoli et Montfaucon font mention de ce monument.

BIBLIOTHÈQUE.

3°. Deux bustes d'Homère, dont l'un est de la plus grande beauté. Les plis du front se dirigent transversalement vers la tempe droite ; sa bouche est pleine d'expression, ses yeux annoncent que son ame est occupée des plus grandes pensées, mais son regard est doux ; un pli profond descend de la région du crâne entre les deux sourcils. Ce buste fut trouvé à Bayes en 1780.

4°. Un beau buste de Périclès, couvert d'un casque.

5°. Une petite Vénus du travail le plus exquis. La poitrine, les bras, les cuisses sont superbes ; elle attache à son pied l'*armilla*, et son autre bras paroît s'appuyer sur un Terme en forme de Priape.

6°. Cupidon tirant de l'arc. La tête est entièrement restaurée, et les aîles, ainsi que le bout des pieds, le sont en partie ; une peau de lion est étendue sur son arc : au style de cette tête et de la figure en général, on reconnoît l'auguste antiquité. Ce morceau fut trouvé dans un grand vase à *Castel guido*, ci-devant *Lorium*, où mourut Antonin-le-pieux. *Galeria Faustina*, sa femme, y avoit une maison de plaisance. Cette anecdote s'est perpétuée au moyen du nom; car l'église actuelle porte encore celui de *Madona della Galeria*.

7°. Un petit Faune, statue entière. Il tient dans sa main un syrinx; de ses épaules descend une peau de chèvre : le bras gauche et les deux jambes sont restaurés.

8°. Tête de Faune souriant, cornes naissantes.

9°. Un Faune poursuivant une nymphe; morceau d'un travail achevé. Le corps de la nymphe surpasse en délicatesse tout ce que l'antiquité a pu produire de plus exquis.

10°. Un belle tête de Diane. Ses cheveux sont liés par derrière, et retombent négligemment sur son épaule.

11°. Une tête de Bacchante.

12°. Le buste de *Marcellus*, tel qu'on le voit sur les médailles antiques, bien conservé, ainsi que son piédestal.

*Litibus judicandis decemviri.*

13°. Le buste de Diomède. Son regard est fier, même sauvage. Ce morceau fut trouvé à Ville-Adrienne. On en voit au Vatican une copie qui est encore plus mauvaise que l'original.

14°. Un beau buste de *Lucius Verus cum paludamento*, trouvé à *Villa-Maffei*. Voyez Mus. Maff.

15°. Une tête de Muse couronnée de laurier, trouvée à Frescati.

16°. Une Isis ou déesse de la Fortune, de trois pieds de haut. Sa main droite est appuyée sur un timon; la gauche est en partie mutilée : draperie longue. Trouvée à *Roma Vecchia* en 1775.

17°. Deux Lévriers.

18°. Une tête de *Dioscure*.

19°. Une jolie petite statue de Vénus, de quatre pieds de haut. Le bras est restauré et le menton un peu endommagé; son corps repose sur un pied, l'autre est vu en raccourci : les cuisses sont serrées l'une contre l'autre. Vers la région ombilicale, on voit que les chairs sont un peu pressées; les charmans contours de cette figure délicieuse sont si délicats, si tendres, si bien proportionnés et d'une forme si aimable, qu'on ne peut se lasser de l'admirer, et qu'on a peine à croire qu'un semblable objet n'ait jadis été qu'un marbre insensible, façonné depuis sous les coups du marteau. Il est plus vraisemblable que cette jolie statue est une Léda. Les légères cassures qu'on apperçoit sur le menton sont des traces laissées par le bec du cygne, qui sans doute a été brisé, et qu'elle tenoit entre ses mains. L'émotion et la langueur qu'on démêle dans tous ses traits conviennent mieux à l'amante du dieu métamorphosé, et sa chaussure est plutôt celle d'une Léda que de la Mère des Amours. Ce morceau précieux fut trouvé à Ostie en 1775.

20°. Un petit Hercule assis.

21°. Un bas-relief, placé au-dessus de la cheminée, représentant le centaure Nessus et Déjanire; tiré du palais Vérospi.

22°. Un petit Hercule imberbe, de deux pieds six pouces de haut. Il tient des pommes dans ses mains; derrière lui on voit l'arbre qui les a produites. Trouvé à *Gebela* en Syrie, non loin de *Biblos*. Le docteur Swinney envoya ce morceau à Londres en l'année 1779; il l'avoit acheté d'un Grec à Constantinople.

## SALLON.

1°. Un Décébale, tête colossale tirée du *forum* de Trajan, avec cette inscription :

« Qui pense que la bataille est perdue?
» Non ! rien n'est perdu, puisqu'une vo-
» lonté insurmontable, la soif opiniâtre de
» la vengeance, une haine immortelle et un
» courage à l'épreuve des évènemens, ne
» peuvent être domptés ; jamais son courroux
» ne m'arrachera cette gloire ».

*Has conditiones Decebalus deductus ad Trajanum invitus accepit.* Dio Cassius.

2°. Un Astragalison, jeune homme assis à terre, qui mord le fragment d'un bras. Il paroît que c'est le reste d'un groupe de deux jeunes gens qui se sont querellés au jeu des osselets, dont un existe encore dans la main de la figure qui manque. Ce morceau fut trouvé sous le pontificat d'Urbain VIII, en fouillant les bains de Titus, où l'on voit un autre groupe de Policlet. Le cardinal François Barberini, neveu de ce pape, le plaça dans son superbe palais, où il resta jusqu'en 1768, qu'il fut apporté en Angleterre. Cette nature n'est point noble, mais l'exécution est d'une vérité frappante ; le pied étendu est bien dessiné.

3°. Un buste colossal de Marc-Aurèle. *Velato capite.*

*Studium Philosophiae serium et gravem reddidit, non tamen prorsus abolita in eo comitate.*

JUL. CAPITOLIN.

4°. Un Antinoüs, buste colossal. Apothéose, Laurier.

5°. Une tête de Minerve en marbre de la plus grande beauté. M. Townley a donné son casque et son égide en bronze. La chevelure de la déesse est nouée par derrière; le col est superbe; l'attitude de la tête, ses regards ainsi que sa bouche, expriment la plus forte attention, mais son air annonce moins de science divine que de recherches humaines. Ce morceau fut trouvé en 1773, à *Villa-Cazali,* et tiré, à ce qu'il paroît, des bains d'Olimpiodore.

6°. Un buste de Clytie. Chevelure ondulée et moëlleuse; le visage est ovale et d'une beauté parfaite. Ce morceau a coûté mille livres sterlings.

7°. Un buste colossal d'un jeune Hercule. Tiré du palais Barberini.

8°. Un buste de Trajan. Trouvé en 1776.

9°. Une Isis sortant d'un lotos. Il n'est point d'expressions pour peindre ce bel antique, ou pour mieux dire, l'ensemble de ce morceau ; car il faudroit le pinceau d'Apelles, ou celui qu'exige la nature, pour en faire sentir les beautés. Je me bornerai donc à esquisser cette charmante tête, si digne d'être admirée par un connoisseur délicat. Ses beaux cheveux retombent en longues tresses derrière elle ; son front, son col et ses épaules sont ombragés par des boucles onduleuses et flottantes ; la draperie n'est qu'une toile fine dont la transparence ne dérobe rien aux formes ; elle couvre le bras droit, ainsi qu'une partie de l'épaule, où elle est attachée avec des agraffes rondes : delà, elle se projette en larges plis sur le beau sein de la déesse, et s'étend jusqu'au milieu du bras gauche, où elle est fixée par une autre agraffe. Les feuilles de lotos, solidement réunies à leur base en forme de coupe, s'élèvent obliquement vers la partie supérieure ; ensuite elles se replient sur elles-mêmes en différentes tiges, et produisent les formes les plus agréables. De cette coupe sort le buste. Le sein droit, dont la draperie légère et transparente ne dérobe aux yeux ni la forme, ni la rondeur, offre une foule de beautés ravissantes ; le gauche est nud et ne peut être décrit par la plume d'un mortel.

Le col voluptueux de la déesse s'élève avec majesté; sa tête est légèrement penchée vers l'épaule droite; ses joues sont belles et offrent l'ovale le plus parfait: sur ses lèvres réside un sourire plein de noblesse et de douceur. La partie supérieure de cette belle bouche décèle combien il y a d'ame et de vie dans cette tête divine, combien il y a d'énergie et de facultés intellectuelles sous cette voûte majestueuse et solide. Le nez, qui est de la coupe la plus noble, appartient à Isis plus qu'au caractère égyptien. Enfin, cette tête sublime est un modèle du vrai beau idéal. L'ensemble n'est cependant qu'une beauté égyptienne, douce, languissante, mélancolique, animée par un regard où se peint une sensibilité à-la-fois énergique et profonde. Ce morceau est tiré du palais Laurenzani, à Naples.

10°. Une Diane. Les draperies sont moelleuses; les proportions du corps sont petites, mais belles. Ce morceau fut trouvé à *Villa-Vérospi*, et vraisemblablement dans le même lieu où étoient les superbes jardins de Salluste.

11°. Une main du plus beau travail, qui tient par les aîles un papillon à demi-formé.

*N. B.* « Le philosophe Forster s'étant moins appliqué dans son ouvrage à donner une exacte topographie de l'Angleterre, qu'à rapporter tout ce qui pouvoit contribuer à faire connoître les mœurs, la politique, le génie de ses habitans, ainsi que l'histoire des arts dans la Grande-Bretagne, j'ai pensé qu'une esquisse rapide des principaux monumens de Londres et ses environs, ne seroit pas sans utilité pour le lecteur. Les extraits qu'on va lire sont tirés de l'excellent ouvrage intitulé : Londres ou guide des voyageurs dans cette partie de l'Angleterre. Paris, Buisson, 1788, 2 vol. *in*-12. »

## SAINT-PAUL.

Cambden, dans sa *Britannia*, ainsi que la plupart des auteurs qui ont écrit sur les antiquités britanniques, prétendent que ce temple magnifique étoit consacré à Diane, à l'époque où le christianisme fut introduit en Angleterre; mais ce ne fut qu'en l'année 180 de l'ère chrétienne que cette célèbre basilique cessa d'être un temple payen.

Éthelbert, roi de Kent, converti par les

LA CATHEDRALE DE S<sup>T</sup> PAUL.

soins de St.-Augustin, apôtre de l'Angleterre, envoyé par le pape Grégoire vers l'an 596, dédia ce monument à St.-Paul.

En 961, cette église fut réduite en cendres. On la rebâtit en bois; mais elle fut encore la proie des flammes en 1086. Ce ne fut qu'en 1256 qu'on la construisit en pierres sur un plan plus vaste. En 1444, le feu du ciel endommagea considérablement son clocher, qui ne fut réparé que dix-huit ans après. Vers l'an 1562, un plombier oublia dans le clocher un réchaud allumé qui embrâsa la flèche, consuma la charpente de la nef, et causa d'autres dommages considérables. On employa cinq ans à réparer la charpente, mais on ne toucha point au clocher, pas même sous le règne de Charles I$^{er}$., qui contribua à une souscription d'environ cinq mille cinq cents livres sterlings, destinée à réparer tout ce qui étoit susceptible de l'être. L'on fit cependant quelques additions d'après les dessins d'Inigo Jones.

En 1632, ce prince fit élever à ses frais un très-beau portique, orné de sa statue et de celle de son père Jacques. L'église resta en cet état jusqu'au jour où l'incendie de 1666 la consuma presqu'en entier. Enfin, on la reconstruisit à neuf en 1675. Le parlement vota en conséquence, à diverses fois, les sommes nécessaires, dont le total monta à 736,752 livres sterlings. L'ouvrage ne fut complettement fini qu'en 1711. L'architecte est le célèbre sir Christophe Wren.

Le plan de Saint-Paul présente la forme d'une longue croix ; les murs en sont bâtis dans le style rustique, soutenus et ornés à la fois par deux rangs de doubles pilastres posés l'un sur l'autre. Ceux du rang intérieur sont d'ordre corinthien ; ceux du supérieur d'ordre composite. Les espaces qui se trouvent entre les cintres des fenêtres et l'architrave de l'ordre inférieur, sont chargés d'ornemens d'un dessin très-varié ; la façade de la partie de l'ouest est d'un style très-noble, enrichi d'un portique magnifique, d'un superbe fronton et de deux tours majestueuses. Devant ce portique, on remarque une belle rampe de marbre noir qui règne dans toute son étendue ; le portique lui-même est formé de douze fortes colonnes d'ordre corinthien, surmonté de huit autres d'ordre composite : elles sont toutes rudentées et cannelées. Le rang supérieur de ces colonnes supporte un noble frontispice, couronné de ses acrotères, sur lesquels on voit un bas-relief représentant la conversion de St.-Paul. Sur la partie la plus élevée du frontispice, sont trois figures d'une proportion admirable; l'une représente St.-Paul : St.-Pierre est à sa droite, et St. Jacques à sa gauche. Du côté des tours, on a placé dans un bel ordre les quatre évangélistes, avec les emblêmes qui les caractèrisent, l'ange, le lion, le bœuf et l'aigle. Au milieu de la place qui conduit au portique, on voit la statue en marbre de la reine Anne sur un piédestal. Les quatre figures qui embellissent la base sont la Grande-Bretagne armée d'une lance, la France couronnée, l'Irlande tenant une harpe, et l'Amérique un arc. En montant l'escalier de marbre noir, il conduit à trois vastes portes ornées de bas-reliefs au-dessus de leurs cintres; celle du milieu, beaucoup plus large que les latérales, est garnie de marbre blanc dans son pourtour : on remarque au-dessus un beau bas-relief qui représente St.-Paul prêchant aux Béréens.

Du côté du nord est un autre portique auquel on arrive en montant une rampe circulaire formée de dix-sept marches de marbre noir; son dôme est supporté par six grandes colonnes cannelées, d'ordre corinthien, et de quarante-huit pouces de diamètre. La partie supérieure du dôme est surmontée d'une urne très-grande, et qui est ornée avec goût de festons, de fleurs et de fruits; au-dessus s'élève encore un fronton supporté par des pilastres. On a sculpté sur ce morceau les armes royales, ornées de tous les attributs de la royauté, et supportées par des anges. Enfin, au-dessus de ce fronton et à une distance convenable, on a placé les statues de cinq apôtres.

Le troisième portique qui est au sud correspond à celui du nord; son dôme est supporté par six belles colonnes d'ordre corinthien; mais comme le terrain est infiniment plus bas de ce côté du temple que de l'autre, la rampe, au lieu de dix-sept marches, en a vingt-cinq. Ce portique est également orné d'un fronton, au milieu duquel on voit un phénix s'élevant au-dessus des flammes, avec cette légende: *Resurgam*; allusion ingénieuse à la restauration du temple après l'incendie qui l'avoit détruit. Au-dessus du fronton sont placées les figures des cinq autres apôtres.

A l'extrémité de l'édifice et en face du

portique principal, c'est-à-dire à l'est, les murs prennent une projection circulaire, afin de ménager dans l'intérieur la place de l'autel et du sanctuaire. Cette partie est enrichie de diverses sculptures.

Indépendamment de deux petits dômes qui couvrent les portiques latéraux, et des deux tours qui s'élèvent au-dessus du portique principal, au centre de l'édifice s'élève un dôme majestueux et singulièrement imposant, vingt-cinq pieds au-dessus du comble du temple. On voit naître sa base, formée d'un cercle régulier de trente-deux colonnes, entre lesquelles on a pratiqué des niches adossées à d'autres colonnes qui forment le cercle intérieur : celles-ci sont terminées par leur entablement, sur lequel pose une très-belle galerie ornée d'une balustrade. Au-dessus de ces colonnes règne un rang de pilastres entre lesquels on a pratiqué des fenêtres. De l'entablement de ces pilastres, et environ à deux pieds au-dessus, le diamètre diminue considérablement; deux pieds plus haut, il se rétrécit encore. C'est à ce point que la convexité du dôme commence, et ses arches se réunissent à cinquante-deux pieds plus haut. Vers la partie la plus élevée du dôme, on distingue un balcon agréable, du centre duquel s'élève une lanterne ornée de colonnes d'ordre corinthien. Le tout est terminé par un globe d'or, sur la sommité duquel on a placé une croix également dorée.

La hauteur prodigieuse à laquelle est placée non-seulement cette croix, mais une grande partie des détails qu'on vient de parcourir, trompe nécessairement l'œil, et l'on ne se doute pas que ces objets soient dans des proportions aussi colossales qu'ils le sont en effet.

Ce vaste édifice est entouré, à une distance convenable, d'un mur à hauteur d'appui, servant de base à la plus magnifique balustrade que l'on connoisse; elle est formée de deux mille cinq cents balustres de fer coulé en fonte, de cinq pieds six pouces de hauteur (la base non comprise), d'une grosseur proportionnée, le tout pesant deux cents tonneaux et huit livres. Cette enceinte est coupée de distance en distance par sept belles grilles de fer.

Quant à l'intérieur du temple, il est difficile d'en peindre la majesté, lorsqu'on regarde la porte principale (du côté de l'ouest). En entrant dans la nef, on voit des drapeaux suspendus

suspendus en trophées : ce sont ceux qui furent pris à Luisbourg, en 1758. Une arcade superbe, soutenue de droite et de gauche par des piliers d'une hauteur prodigieuse et d'une force proportionnée, partage l'église en corps principal ou nef et en deux ailes. L'autel élevé à l'extrémité du chœur termine le point de vue. Les piliers sont ornés de colonnes et de pilastres des ordres corinthien et composite ; les arches du comble sont enrichies de boucliers, de festons et d'autres décorations. Les deux chapelles qui sont au fond des deux ailes, passent pour des chefs-d'œuvre. En avançant au point où se forme la croix, on se trouve au-dessous de la coupole, dont on peut admirer les peintures, et l'on a la vue complète de l'orgue, qui est très-beau, placé dans une galerie que supportent huit colonnes de marbre d'ordre corinthien. En passant sous cette galerie, on entre dans le chœur, garni de soixante stalles, sans y comprendre le trône de l'évêque et la chaire du lord-maire.

La galerie de fer qui est au pied de la lanterne dans la coupole, offre le coup-d'œil le plus étendu et le plus varié qu'il soit possible d'obtenir ; mais comme il faut monter

T

cinq cent trente-quatre marches pour y arriver, la plupart de ceux qui viennent admirer ce monument se contentent de gagner la première galerie, et de monter les deux cent soixante premières marches qui sont plus faciles; quoique le coup-d'œil y soit moins étendu que celui de la galerie supérieure, on y voit avec avantage les peintures de la coupole et la magnificence du chœur, sur-tout son beau pavé de porphyre. Enfin l'on s'amuse à se transmettre, d'un certain point de la circonférence du dôme, des paroles qui, prononcées le plus bas qu'il soit possible, s'étendent à l'autre extrémité. Le volume de son s'augmente si prodigieusement en circulant autour de cette circonférence, qui est de cent quarante pieds, que si la porte s'ouvre ou se ferme, on croit entendre le bruit du tonnerre.

Delà on passe à la bibliothèque, dont les livres sont en petit nombre et de peu de valeur. Le seul objet digne d'attention, est le parquet, dont les panneaux sont réunis sans chevilles ni clous. On prendroit plaisir à voir un superbe dessin ou plan de sir Christophe Wren, s'il étoit dans un meilleur état; c'est celui que cet architecte célèbre

L'HÔTEL DU LORD MAIRE DE LONDRES.

avoit proposé pour la reconstruction de St. Paul, et qui ne fut pas accepté, quoiqu'il le préférât à celui qu'il mit en exécution. On finit par montrer la grosse cloche, dont le poids est de quatre-vingt-quatre quintaux: c'est sur cette cloche que le marteau de l'horloge sonne les heures; les quarts sont frappés sur une autre de moindre grosseur.

### HÔTEL DU LORD-MAIRE.

Lorsqu'on est arrivé au *Poultry*, qui est une continuation du *Cheap-side*, on apperçoit l'hôtel du lord-maire, nommé *Stocks-Market*. Autrefois on y vendoit des légumes, des herbes et des plantes médicinales; mais en 1739 la cité acheta l'emplacement pour bâtir une résidence à son premier magistrat, et l'édifice fut complettement fini en 1752. Les murs sont en pierres de taille de Portland. On y entre par un portique formé de six hautes colonnes cannelées d'ordre corinthien. Le même ordre est conservé dans la distribution des pilastres, tant sous le frontispice que des deux côtés. Le rez-de-chaussée est extrêmement massif, bâti dans le style rustique. On y a pratiqué, au niveau de la rue, une porte qui conduit aux cuisines, caves et autres offices. Au-dessus de cette porte s'élève une double rampe qui conduit au portique; c'est-là que les colonnes dont il est parlé plus haut ont leur base; elles sont taillées dans les proportions du Palladio, surmontées d'un fronton régulier orné d'un très-beau bas-relief qui représente, d'une manière ingénieuse, la dignité et l'opulence de la cité de Londres. Au-dessous du portique regne un double rang de croisées qui s'étendent d'une extrémité à l'autre de la façade. On en voit un autre, de forme carrée, pratiqué dans l'attique : le tout est couronné d'une balustrade. L'édifice est oblong, et sa longueur forme sa profondeur. Au milieu il y a une cour, à l'extrémité de laquelle on a construit une salle égyptienne dont l'étendue est égale à celle de la façade; elle sert pour les repas publics. Son plafond est extrêmement élevé. Aux deux extrémités de cette salle on a ouvert une croisée d'une hauteur extraordinaire, et placée entre des pilastres couplés d'ordre corinthien, lesquels s'élèvent jusqu'à l'attique. Au-dedans les appartemens sont très-élégamment meublés, et les offices abondamment pourvus.

Le bas-relief exécuté sur le grand fronton,

LA BOURSE ROYALE.

est d'un dessin très-correct et d'un fini parfait. La figure principale représente le génie de la cité de Londres, sous la forme de Cybèle, couverte cependant du manteau impérial, pour exprimer que Londres est la capitale du royaume; elle porte sur sa tête une couronne de tourelles : de la main droite elle tient le bâton prétorien, et s'appuie de la gauche sur les armes de la cité. Elle est placée entre deux piliers ou colonnes, pour exprimer sa stabilité. A sa droite est un enfant nud, tenant d'une main les faisceaux et la hache, de l'autre l'épée, au bout de laquelle on voit le bonnet, symbole de la liberté.

Aux pieds de cette même figure est couchée la Faction dans l'attitude de la rage et du désespoir; sa tête est couverte de serpens entortillés.

Plus loin, sur la droite, on remarque un groupe dont la figure principale représente un fleuve antique; sa tête est couverte de pavillons divers et de joncs : sa barbe est longue. De la main droite il manie un gouvernail, tandis que du bras gauche il s'appuie sur une urne dont jaillit une source abondante. Le cygne qu'on voit à ses pieds indique que c'est la Tamise. Le vaisseau qui paroît derrière, l'ancre et le cable qui sont au-dessous, expriment le tribut de richesses que paie le fleuve à cette opulente cité.

Sur la gauche on est frappé de la beauté d'une femme qui, dans une humble attitude, présente d'une main un ornement de perles, et de l'autre répand une corne d'abondance. Derrière cette figure on voit deux enfans nuds jouant ensemble et tenant une cicogne par le col.

Cet édifice a coûté à la ville 42,638 livres sterlings.

## BOURSE ROYALE.

L'incendie de 1666 ayant détruit l'ancien édifice construit par sir Thomas Gresham, celui qui subsiste aujourd'hui fut bâti immédiatement après, et coûta à la cité 80,000 livres sterlings. Le terrain qu'il occupe a 203 pieds de longueur sur 171 de largeur, et la cour pratiquée au milieu est de 61 perches carrées. Elle est environnée dans ses quatre parties, d'un bâtiment solide et régulier de pierres de taille employées dans le style rustique. Les deux façades, situées au nord et au sud, ont chacune un portique, au centre duquel une arche majestueuse et très-élevée ouvre l'entrée de la cour. Celle de ces façades qui présente le plus beau coup-d'œil, est celle du sud donnant sur la rue dite *Cornhill*.

A chaque côté de l'arche s'élèvent des demi-colonnes qui supportent un double fronton. Entre ces colonnes, qui sont d'ordre corinthien, on a pratiqué à droite et à gauche deux niches garnies des statues de Charles I et de Charles II, vêtues à la romaine. Au-dessus du cintre de l'arcade, sur la corniche entre les deux frontons, sont les armes du roi en relief. De chaque côté de cette entrée règne un rang de croisées pratiquées entre des demi-colonnes et des pilastres d'ordre composite ; elles sont surmontées d'une balustrade. La hauteur de l'édifice est de 56 pieds; mais de son centre, c'est-à-dire au-dessus de l'entrée, s'élève une lanterne et une tourelle haute de 178 pieds. Sur la gauche de cette lanterne on a fixé une girouette qui a la forme d'une sauterelle, en l'honneur du fondateur de l'ancien édifice, sir Thomas Gresham, qui avoit une sauterelle pour cimier d'armes.

La façade du nord qui donne sur *Threadneedle street*, est ornée de pilastres d'ordre composite ; mais elle n'a à l'extérieur ni colonnes ni statues : son fronton est triangulaire.

Lorsqu'on est entré dans la cour, le premier objet qui frappe la vue est la statue pédestre de Charles II, sur un piédestal de marbre blanc, haut d'environ 8 pieds. Le prince est vêtu à la romaine. L'approche de la statue est défendue par une grille de fer ; sur celui des panneaux du piédestal qui est à l'est, dans un cartouche formé d'une couronne, d'un sceptre, de branches de palmier et autres ornemens, on lit l'inscription suivante :

*Carolo II Cæsari Britannico*
*Patriæ patri,*
*Regum optimo, clementissimo,*
*Augustissimo,*
*Generis humani deliciis*
*Utriusque fortunæ victori*
*Pacis Europæ arbitro*
*Marium domino ac vindici,*
*Societas mercatorum advent. Angliæ,*
*Quæ per CCCC. jam propè annos*
*Regiâ benignitate floret,*
*Fidei intemeratæ et gratitudinis æternæ,*
*Hoc testimonium*
*Venerabunda posuit.*
*Anno salutis humanæ M.DC.LXXXIV.*

Sur le panneau, à l'ouest, est un amour

en relief tenant une rose de la main gauche, et reposant sa tête sur un bouclier où les armes de France et d'Angleterre sont écartelées.

Du côté du nord sont les armes d'Irlande, sur un bouclier que supporte un Amour. On ne peut s'empêcher d'observer que tant d'Amours rassemblés autour des statues de Charles II, font une allusion à la galanterie de ce prince et au caractère des Anglais de son temps.

Sur le panneau qui est au sud on a gravé cette inscription en anglais :

« Cette statue a été réparée et embellie » par la compagnie des négocians-aventu- » riers d'Angleterre, en 1730 ; Jean Hau- » bury, écuyer, gouverneur. «

Enfin, sur le panneau à l'est, sont les armes d'Ecosse, et encore un Amour tenant un chardon ; le tout exécuté en relief.

Lorsqu'on a considéré cette statue, de quelque côté qu'on jette les yeux, on voit la cour environnée d'une galerie basse (*piazzas*), dans laquelle les négocians se promènent à couvert et sont à l'abri des injures de l'air. Au-dessus des arcades de cette galerie quadrangulaire, règne au pourtour un entablement, et au milieu de la corniche de cette partie du carré, s'élève un fronton. Sous celui du nord sont les armes du roi : au sud celles de la cité ; à l'est celles de sir Thomas Gresham, et à l'ouest celles des merciers : le tout enrichi d'ornemens convenables.

Dans les espaces qui se trouvent entre les colonnes, on a pratiqué vingt-quatre niches, dont vingt sont garnies des statues d'Edouard I, d'Edouard III, de Henri V, de Henri VI, d'Edouard IV, d'Edouard V, de Henri VII, de Henri VIII, d'Edouard VI, de Marie, de Jacques II, de Guillaume et de Marie, d'Elizabeth, de Jacques I, de Chales I, de Charles II, de Jacques II, de Guillaume et de Marie, d'Anne, de Georges I, de Georges II et de Georges III, tous représentés debout dans leurs vêtemens royaux.

Indépendamment de ces vingt-quatre niches, on en a pratiqué sous la galerie vingt-huit qui ne sont pas occupées encore, à l'exception de deux. Dans l'une, à l'angle nord-ouest, est la statue de sir Thomas Gresham ; dans l'autre, au sud-ouest, est celle de sir John Barnard qui reçut cet honneur de son vivant, en reconnoissance des services insignes qu'il avoit rendus à ses concitoyens, comme négociant, magistrat et représentant de la cité dans la chambre des communes.

LE COUVENT JARDIN.

C'est dans cette cour ou dans ces galeries que les négocians ou les personnes qui ont affaire à eux, s'assemblent tous les jours depuis onze heures du matin jusqu'à trois heures après-midi. A chacune des façades du nord et du sud, on trouve de très-larges escaliers dont les marches sont de marbre noir, avec rampes de fer; ils conduisent à une espèce de galerie qui s'étend autour des quatre côtés de l'édifice : c'est-là que l'on trouve le café de Lloyd, célèbre par les affaires de commerce qui s'y font, le bureau d'assurance, dit du *royal exchange*, la cour du lord-maire et d'autres bureaux publics. Dans la tourelle dont il a été parlé plus haut, on a placé une excellente horloge à carillon qui sonne à trois heures, à six, à neuf et à midi ; cette horloge a quatre cadrans que l'on règle tous les jours, de manière que le commerce s'y conforme généralement pour la distribution du temps et l'exactitude des rendez-vous.

## Covent-Garden.

Le nom de ce marché s'est conservé. Le terrain qu'il occupe formoit jadis le jardin d'un couvent de religieux, dont il subsiste encore des restes autour du marché; c'est le meilleur entrepôt de Londres pour les légumes et les plantes potagères. On y trouve aussi tout ce que fournissent les pépinières en arbres et en fleurs, des marchands grainetiers, des herboristes. C'est au printemps le plus agréable coup-d'œil qu'il soit possible de désirer. L'emplacement est vaste; les édifice dont il est environné ont une belle apparence, et *la Piazza*, qui règne d'un côté, est un monument qui fait honneur à la mémoire d'Inigo Jones. Le portique de la paroisse Saint-Paul, qui embrasse une des quatre parties du carré, ajoute à la beauté du lieu.

## CHELSEA.

Grand village tres-peuplé, à deux milles de Londres. La compagnie des apothicaires y a un jardin d'environ quatre arpens, où l'on cultive une quantité considérable de plantes domestiques et exotiques. Sir Hans-Sloane leur en fit la donation, sous la réserve qu'ils paieroient une rente de cinq liv. sterlings par an, et qu'ils fourniroient annuellement à la société royale de Londres cinquante espèces de plantes diverses cultivées

L'HÔPITAL ROYAL DES INVALIDES À CHELSEA

dans ce jardin au nombre de deux mille. C'étoit dans sa maison de Chelsea que sir Robert Walpole avoit cette fameuse collection de tableaux, regardée comme la plus belle d'Angleterre, et qui, au grand regret des amateurs des beaux-arts, est perdue pour ce pays, ayant été achetée par l'impératrice de Russie. On remarque dans ce village le café de Saltero, qui est tres-fréquenté, à raison du nombre de curiosités naturelles qu'on y voit.

Chelsea-Hospital. L'hôpital de Chelsea pour les invalides des troupes de terre. Il y a eu d'abord un collège bâti sur ce terrain, et fondé par le docteur Sutkliff, sous le règne de Jacques I, pour l'étude de la théologie. Le roi en posa la première pierre; mais quoiqu'il encourageât cette entreprise en donnant des matériaux et de grandes sommes d'argent, le bâtiment tomba en ruine avant d'être achevé, faute de moyens suffisans pour le finir. Le terrain échut à la couronne sous Charles II, qui commença les travaux de cet hôpital. Il fut continué sous Jacques II, et fini par Guillaume et Marie.

Cet édifice, qui a été construit en entier par sir Christophe Wren, consiste dans une vaste file de bâtimens. Au front, du côté du nord, on y entre par une esplanade plantée en allées; et de l'autre côté, au sud, il y a un jardin qui s'étend jusqu'à la Tamise. Au centre de cet édifice est un fronton supporté par quatre colonnes, au-dessus desquelles est une tourelle : c'est une des entrées qui conduisent dans la maison. A l'un des côtés de cette entrée se trouve une chapelle dont les ornemens et les vases ont été donnés par Jacques II : de l'autre côté est une grande salle où tous les pensionnaires dînent à la même table, et les officiers à une autre. Dans cette salle est le portrait de Charles II, et plusieurs autres tableaux dessinés par le signor Vario, et peints par M. Cook : le tout a été donné par le comte de Ranelagh. Le pavé de la chapelle et de la salle est en marbre blanc et noir. Le tableau d'autel est une résurrection peinte par Sébastien Ricci. Les aîles s'étendent à l'est et à l'ouest; elles joignent la chapelle et la salle du côté du nord, et ont vue sur la Tamise du côté du sud. Elles ont à-peu-près trois cent soixante pieds de longueur, et quatre-vingts pieds de largeur. Il y a trois étages. Les chambres sont bien distribuées et bien aérées. A la façade est un rang de colonnes qui s'étend du côté de la chapelle et de la salle, avec cette inscription sur la corniche :

*In subsidium et levamen emeritorum senio belloque fractorum, condidit Carolus II, auxit Jacobus II, perfecére Guilelmus et Maria, rex et regina, M. DC. XC.*

Au centre du quadrangle est la statue de Charles II, vêtu à la romaine. Elle est un peu plus grande que nature, et posée sur un piédestal de marbre. C'est un présent de M. Tobias Rustot : on dit qu'elle lui a coûté cinq cents livres sterlings.

Il y a plusieurs autres bâtimens adjacens qui forment deux grands carrés ; ils consistent en des appartemens pour les officiers et les domestiques de l'hôpital. Il y en a aussi pour les officiers blessés, tant de cavalerie que d'infanterie : c'est dans un de ces corps-de-logis qu'est l'infirmerie.

Une simplicité élégante règne sur la surface de tous ces bâtimens ; et de quelque côté qu'on les considère, on remarque partout que l'intention des fondateurs a été remplie, en ménageant des logemens pour un grand nombre d'individus, et en y réunissant tout ce qui peut les rendre commodes et agréables.

L'hôpital de Chelsea est particulièrement remarquable pour sa grande régularité et l'harmonie de ses parties qui est plus frappante sur-tout dans la façade du nord. Le centre particulièrement ressort avec beaucoup d'effet, et les ailes vont en diminuant imperceptiblement. On a calculé que tous ces bâtimens ont coûté une somme de 150,000 l. sterlings : l'étendue de terrain qu'il couvre est de plus de quarante arpens.

Il y a dans les ailes seize quartiers, et des logemens pour quatre cents hommes, ainsi qu'un grand nombre d'appartemens dans les autres bâtimens pour les officiers et les domestiques.

Les pensionnaires sont tous vétérans : il faut qu'ils aient servi au moins vingt ans, ou que leurs blessures les mettent hors d'état de servir. Ils sont vêtus de rouge. Leurs habits sont doublés de bleu : ils sont nourris, blanchis, logés et habillés. Le gouverneur de l'hôpital a des appointemens de 500 livres sterlings, le lieutenant-gouverneur 250 liv. et le major 150 livres. Il y a trente-six officiers qui reçoivent chacun 6 sols sterlings
par

par jour ; trente-quatre dragons légers et trente sergens, chacun 2 schellings par semaine ; quarante-huit caporaux et tambours, chacun 10 sols par semaine, et trois cent trente-six soldats, chacun 8 sols.

Comme la maison est montée sur le pied de garnison, tous les membres sont obligés de faire le service à leur tour. Ils assistent deux fois par jour aux prières prononcées par les chapelains, qui ont chacun des appointemens de 100 livres sterlings par an, ainsi que le médecin, le secrétaire, le contrôleur, le député-trésorier, l'intendant et le chirurgien. Les pensionnaires externes, qui sont au nombre de huit à neuf mille, ont chacun 7 livres 12 schelings 6 sols sterlings par an.

Ces dépenses considérables sont supportées par une retenue faite sur l'armée, d'un seul jour de paie par an. Quand cela n'est pas suffisant, le parlement y supplée. Cet hôpital est gouverné par les commissaires suivans : le président du conseil, le premier commissaire du trésor, le principal secrétaire d'état, le trésorier-général des forces, le secrétaire de la guerre, les contrôleurs de l'armée, le gouverneur et le lieutenant-gouverneur de la maison.

## GREENWICH.

Greenwich, jolie ville du comté d'Essex, à six milles de Londres. C'est le lieu de la naissance de plusieurs têtes couronnées, entre autres, de Marie, d'Elizabeth, etc. Le palais qui avoit été bâti par Humphry, duc de Glocester, étant tombé en ruine, Charles II en commença un autre, dont il ne vit finir qu'une aile qui forme à présent l'une de celles de l'hôpital de Greenwich. Cette maison ressemble plus au palais d'un souverain qu'à un hôpital. Mais Guillaume III voulant encourager le commerce et la navigation, consacra ce beau palais et plusieurs autres édifices à l'usage des matelots anglais, qui, par leur âge, leurs blessures ou autres accidens, ne seroient plus en état de servir leur pays. Guillaume donna des lettres-patentes en 1694, à l'effet de nommer des commissaires pour l'exécution rapide de ce noble projet, et demanda l'assistance de ses sujets, ses moyens ne lui permettant pas de fournir l'argent nécessaire pour un établissement si dispendieux ; en conséquence de cette requête, plusieurs donations considérables furent faites sous son règne et les suivans.

L'HÔPITAL DE GREENWICH DU CÔTE DE LA RIVIERE.

Le front de l'hôpital qui donne sur la Tamise, consiste en deux rangs de bâtimens. La maison du gouverneur est au milieu : derrière est le parc, parfaitement planté. Ces deux rangs de bâtimens sont séparés par une large esplanade ; ils correspondent parfaitement l'un à l'autre, et sont terminés chacun par un dôme. Quant aux deux fronts donnant sur la Tamise, deux rangs de colonnes couplées d'ordre corinthien supportent leurs frontons. Dans le centre, entre ces rangs de colonnes, est la porte principale ; elle est d'ordre dorique, ornée d'une tablette et d'un fronton. Entre les colonnes sont deux rangs de fenêtres qui éclairent un premier et un second étage : celles du premier sont les plus petites ; les cadres en sont rustiques, couronnés d'un fronton. Les croisées du second sont plus grandes et ornées de même que les autres de frontons. Au-dessus est un attique : le tout est couronné d'une belle balustrade.

Les bâtimens qui sont contigus et en face de l'esplanade sont plus élégans. Au centre est un rang de pilastres du genre corinthien. La façade est du style rustique ; il y a deux rangs de croisées. Les dômes qui sont à l'extrémité ont cent vingt pieds de hauteur; ils sont supportés par des colonnes couplées, ainsi que les portiques, sous l'un desquels est la chapelle, dont l'intérieur est orné avec la plus grande recherche.

A côté de la porte de ce bâtiment qui donne sur le parc, sont deux globes, l'un céleste, l'autre terrestre. Au milieu de l'esplanade on voit la statue de Georges II.

La grande salle d'entrée de cet hôpital est peinte par sir James Thorn-Hill. Dans le centre de la coupole est une boussole dont les points sont très-exacts. Dans la partie supérieure de cette coupole sont les quatre vents peints en relief, de couleur de pierre.

*Eurus*, ou le vent d'est, paroît s'élever de l'est; il tient de sa main droite une torche allumée, comme venant éclairer la terre; de sa main gauche il chasse du firmament l'étoile de Vénus : un groupe d'enfans lui montrent la rosée du matin qui tombe à ses pieds.

*Auster*, ou le vent du sud. De larges gouttes d'eau tombent de ses ailes; il presse une outre d'où sort une pluie abondante; les enfans qui l'entourent lancent les éclairs et la foudre.

*Zephyrus*, ou le vent de l'ouest, est accompagné de petits zéphirs qui portent des corbeilles de fleurs qu'ils jettent devant lui: une figure jouant de la flûte annonce les plaisirs du printemps.

*Boreas*, ou le vent du nord, a des ailes de dragon, pour dénoter sa furie : ses compagnons dardent la grêle, etc.

Au-dessus des trois portes de la coupole sont de grandes tables ovales où sont gravés en lettres d'or les noms des bienfaiteurs qui ont donné plus de cent livres serlings pour cette fondation; ces tables sont ornées de petits séraphins qui étendent leurs ailes en signe de merci. A chacune des tables sont des enfans de charité qui ont l'air d'être sculptés en marbre blanc ; ils sont assis sur des corbeilles; ils montrent la Charité qui est dans une niche, et semblent dire que tout l'argent qu'on donne pour voir cette salle est pour leur entretien. Effectivement, l'usage est de donner un schelling, dont il ne revient que trois pences à celui qui montre la salle; le reste fait un fond suffisant pour l'entretien de vingt pauvres enfans de mariniers. On leur apprend ce qu'il est nécessaire qu'ils sachent des mathématiques et des autres connoissances relatives au service de mer. En conséquence, c'est une pépinière de marins habiles qui sont la sauve-garde de ce pays.

## GRANDE SALLE.

Dans le milieu d'un grand ovale, sous un dais aux quatre coins duquel on voit les Vertus cardinales, sont Guillaume et Marie. La Concorde est assise entr'eux. L'Amour tient le sceptre. Guillaume présente la paix et la liberté à l'Europe, et foule aux pieds la Tyrannie.

Au-dessous est l'Architecture qui tient un dessin de l'hôpital, et montre les fondateurs.

Près d'eux est le Temps qui découvre la la Vérité.

Au-dessous, la Sagesse et la Vertu, sous la figure de Pallas et sous celle d'Hercule, détruisent la Calomnie, l'Envie, etc.

Dans la circonférence de l'ovale sont les douze signes du Zodiaque, au-dessus desquels président les quatre Saisons de l'année.

Apollon sur son char, tiré par quatre chevaux blancs, prenant sa course au travers du Zodiaque et donnant la lumière à tout le plafond. Les Heures volent autour de lui, et la rosée tombe sous ses pas.

Le cadre de l'ovale est supporté par quatre figures de pierre, et entouré de divers trophées de marine.

Les deux extrémités du plafond sont élevées en perspective, avec une balustrade et des figures colossales supportant des arches elliptiques qui forment une galerie, dans laquelle sont les arts et les sciences relatifs à la navigation.

Dans le milieu de la galerie, près de la salle d'en-haut, est la poupe d'un vaisseau de guerre anglais : la Victoire le charge des dépouilles et des trophées pris sur les ennemis.

Au-dessous est une figure qui représente la ville de Londres assise sur la Tamise : l'Isis et de plus petites rivières lui présentent des trésors. On voit la rivière Tine qui apporte une quantité de charbon.

Dans le centre de la galerie est la poupe d'une frégate espagnole chargée de trophées.

Au-dessous est la Saverne avec ses lamproies, la Humber avec ses saumons de plomb. Ces deux rivières, la Tamise et la Tine, sont les quatre grandes rivières d'Angleterre.

A gauche de la galerie est le noble chevalier Tycho-Brahé : près de lui est Copernic tenant son systême à la main. A côté est un vieux philosophe montrant les figures de mathématiques les plus remarquables de Newton.

Du même côté est le célèbre astronome anglais le révérend M. Flamstead, calculant la grande éclipse du 12 avril 1715. Près de lui est son élève M. Thomas Weston, autrefois maître de l'académie de Greenwich. Il aide M. Flamstead à faire ses calculs, en faisant des observations sur un grand cadran, tandis qu'un vieillard compte sur une horloge le temps que la lune est à descendre sur la Saverne.

Aux quatre angles de cette galerie sont les quatre élémens, offrant leurs différentes productions à Guillaume et à Marie, tandis que la Renommée descend en chantant les louanges du couple royal.

Dans la frise qui règne autour de la grande salle est cette inscription :

*Pietas augusta, ut habitent securè et publicè alantur qui publicae securitati invigilarunt, regia grenovici Mariæ auspiciis, sublevandis nautis destinata, regnantibus Gulielmo et Maria, M. DC. XCIV.*

Au nord de la salle sont peintes, dans des niches, huit des principales vertus sociales : l'Humanité, la Bienveillance, la Bonté, la Générosité, la Pitié, la Libéralité, la Magnanimité et l'Hospitalité.

Les côtés sont ornés de pilastres flûtés, de coquillages, etc...

### Salle d'en-haut.

Dans le plafond qui s'élève en perspective, est la reine Anne et le prince Georges de Dannemarck, supportés par l'Héroïsme, l'Union conjugale, la Libéralité, la Piété, la Victoire, etc...

Neptune remettant son trident au prince comme grand amiral des mers britanniques, est accompagné de Tritons et autres dieux marins qui apportent leurs différentes offrandes, tandis que le Dieu des vents commandent aux vagues de se calmer.

Dans la partie supérieure du plafond sont les quatre parties du monde admirant la puissance des Anglais sur la mer.

Aux quatre angles du plafond on voit les armes d'Angleterre, d'Ecosse, de France et d'Irlande, ornées de festons, de coquillages de mer, de grands vases de fleurs et de trophées.

A la gauche, en entrant dans la salle, est

un grand bas-relief enrichi d'or, dans lequel on voit la révolution ou le débarquement du prince d'Orange qui est reçu à bras ouverts par la Grande-Bretagne, accompagnée de la raison d'état et de l'amour de la patrie.

Derrière le prince, Neptune et Amphitrite résignent entre ses mains leurs fonctions. De petits Amours jouent dans les voiles.

Au-dessus de la tête du prince est une figure emblématique, dont l'air et l'attitude expriment les heureux présages. Jupiter ou le pouvoir divin tient un rouleau sur lequel est gravée cette inscription :

*Anglorum spes magna.*

A la droite, au-dessus de la cheminée, on voit le débarquement du roi Georges à Greenwich ; à sa droite est la paix, à sa gauche le bonheur. Il est conduit par la Vérité, la Justice, la Religion et la Liberté. Devant lui tombe la Rebellion.

St. Georges, protecteur de l'Angleterre, paroît avoir le roi sous sa sauve-garde : il foule aux pieds un dragon mort. Au-dessus de sa tête est l'Eternité tenant une couronne d'immortalité, récompense des bons rois. La Renommée le devance en chantant ses louanges. A quelque distance est une des vues de l'hôpital, avec une grande affluence de peuple, qui se réjouit de l'heureuse arrivée du monarque.

Sur la grande façade de cette salle est Mercure descendant sur terre : d'une main il montre la famille de Georges I, et de l'autre l'inscription suivante gravée dans la frise:

*Jam nova progenies cœlo, etc.*

Des Anges et des Amours tirent un rideau qui laisse voir le roi assis, s'appuyant sur un globe, tandis que la Providence descend et lui remet un sceptre entre les mains.

A sa droite est la Prudence, sous la figure de la princesse de Galles; et la Concorde avec ses faisceaux, sous celle de la reine de Dannemarck.

Au-dessus de la tête du roi est Astrée avec ses balances, revenant sur la terre sous la figure de la princesse Sophie.

Au-dessous d'Astrée sont de petits Amours, avec cette inscription :

*Jam redit et virgo, etc.*

faisant allusion au retour de la justice et de l'âge d'or, versant sur la terre une corne d'abondance.

Une figure soutient une pyramide, emblème de la stabilité et de la gloire des princes.

Sur les genoux du roi est le prince Frédéric, à côté de lui le prince de Galles, à la gauche duquel on voit une figure représentant la Victoire navale avec un trident, une couronne rostrale, des palmes et des lauriers : elle tient un grand rouleau, sur lequel on a représenté plusieurs actions mémorables des Anglais sur mer.

La Paix et l'Abondance, aux pieds du roi, lui présentent les génies de la peinture, de la poésie et de la musique, sous les figures des trois jeunes princesses. Autour de la corne d'abondance sont le prince William et ses petites sœurs jouant avec une colombe, image de l'aimable harmonie de la famille royale.

Une grande quantité d'Amours volent autour des colonnes qu'ils entrelacent de festons de fleurs. Quelques-uns portent des corbeilles, d'autres jettent des fleurs dans des vases, enfin tous expriment leur joie sur cet heureux évènement.

En sortant de la salle, à gauche de l'arche, un bas-relief enrichi d'or annonce que le commerce et la richesse de la Grande-Bretagne sont dus principalement à la navigation. La Grande-Bretagne montre une figure qui représente la richesse publique, tandis que Mercure étend la main vers la poupe d'un vaisseau, sur le pavillon duquel est l'inscription suivante:

*Salus publica.*

Au-dessous est l'Abondance versant des richesses dans le giron du Commerce assis sur des ballots de marchandises. Il tient un gouvernail, emblême de la navigation.

A la droite de l'arche est le pouvoir britannique représenté par la Grande-Bretagne, tenant un trident entre l'Océan et Cibèle. Elle montre une figure qui représente la Sécurité publique. Près d'elle est un vaisseau, sur lequel est gravée cette inscription:

*Securitas publica.*

Tous ces bas-reliefs sont supportés par des tritons, et les bases sont ornées de trophées de marine.

Les étrangers payent deux pences chacun pour voir cette salle, et la recette est employée à l'entretien de l'école de mathématiques.

Afin d'assurer encore davantage le bien-être de l'hôpital, tous les matelots, tant de la marine royale que des vaisseaux marchands, paient six pences par mois, qu'on retient sur leur paie. En conséquence, tout marin qui peut produire un certificat authentique portant qu'il n'est plus en état de servir, et qu'il a été blessé en défendant un vaisseau d'un sujet du roi, ou en prenant un bâtiment sur l'ennemi, est admis dans l'hôpital et jouit des mêmes avantages que ceux qui ont servi dans la marine royale.

On compte aujourd'hui dans cet hôpital près de deux mille marins et cent enfans de matelots : il n'y a point d'externes, comme à Chelsea. Chaque marin a par semaine sept pains pesant chacun seize onces, trois livres de bœuf, deux de mouton, une pinte de pois, une livre un quart de fromage, deux pains de beurre, quatorze quartes de bierre et un schelling pour du tabac. Les pilotes ont deux schellings six pences par semaine pour du tabac, les sous-pilotes un schelling six pences, et les autres officiers en proportion de leurs rangs. Chaque pensionnaire reçoit tous les deux ans un habit bleu complet, un chapeau, trois paires de bas, deux paires de souliers, cinq cols, trois chemises et deux bonnets de nuit.

Cet hôpital a divers gouverneurs tirés de la noblesse et des grands officiers de l'état. En voici les principaux et leurs émolumens. Le gouverneur, mille livres sterlings par an; le lieutenant-gouverneur, trois cents; le trésorier, deux cents; trois capitaines, chacun deux cents; six lieutenans, chacun cent; un médecin et un chirurgien, chacun deux cents; un clerc de l'échiquier, cent; un auditeur, cent.

## HAMPTON-COURT.

Hampton-Court, délicieusement situé sur les bords de la Tamise, à quinze milles de Londres, palais magnifique bâti par le cardinal Volsey. Il y avoit deux cent quatre-vingts lits de soie pour les étrangers, et une quantité de vaisselle d'or et d'argent. Cette somptuosité ayant excité l'envie, il en craignit les effets et se détermina à le donner à Henri VIII qui en retour, lui permit d'habiter son palais de Richemond. Ce palais étoit si admiré dans ce tems-là, que Grotius a dit de lui :

*Si quis opes nescit, ( sed quis tamen ille ?) Britannas*
    *Hamptincurta, tuas consulat ille Lares.*
*Contulerit toto cum sparsa palatia mundo,*
    *Dicet, ibi reges, hic habitare deos.*

Ce palais, qui servit de prison à Charles I, est, ainsi que son parc, environné à moitié par la Tamise. Guillaume et Marie furent si enchantés de sa situation, que tandis que Guillaume le faisoit démolir pour le rebâtir plus magnifiquement, la reine voulant jouir de cette retraite agréable, s'établit dans un bâtiment près de la rivière, qui s'appelloit la Galerie-d'eau; elle le fit arranger commodément et décorer avec élégance. Quoiqu'il n'ait pu subsister après que le bâtiment principal fut achevé, sur le terrain qu'occupoit cette galerie, on a fait de petits enclos, entourés de haies très-hautes, pour préserver du vent les plantes exotiques qu'on y transporte en été. Il y a deux bassins qui servent à leur arrosement. Ces enclos sont si près du grand appartement, que des croisées on distingue presque toutes les plantes.

A une petite distance est une serre chaude destinée pour les plantes exotiques qui ont besoin de chaleur. Marie avoit tant de goût pour cette partie du jardinage, qu'elle donna des appointemens considérables au docteur Plukenet, grand botaniste, pour qu'il inspectât et enregistrât la collection des plantes curieuses

curieuses qu'elle fit mettre dans ce jardin; mais, depuis sa mort, elles ont été très-négligées, et il en reste fort peu.

Le parc, les jardins et le terrain qu'occupe le palais ont trois milles de circonférence.

Sur le fronton de la façade du palais est un bas-relief représentant les triomphes d'Hercule sur l'Envie; vis-à-vis est un grand bassin ovale au milieu des parterres qui sont bien dessinés.

A l'entrée de la grande allée sont deux vases de marbre d'un travail admirable; l'un est de *Cibber*, et l'autre d'un étranger : on ne peut décider lequel est le plus beau. Ils sont ornés de bas-reliefs, dont l'un représente les triomphes de Bacchus, l'autre Amphitrite et les Néréides. Au bout de cette allée, en face d'un grand canal qui court dans le parc, sont deux autres vases, le bas-relief de l'un représentant le jugement de Pâris, et l'autre Méléagre chassant le sanglier.

Dans les quatre parterres sont quatre statues de bronze; la première est un Gladiateur, la seconde Apollon, la troisième Diane, et la quatrième Saturne prêt à dévorer un de ses enfans.

Au sud du palais est le jardin privé, dont

le niveau a été baissé de dix pieds, pour laisser aux appartemens la vue de la Tamise : dans ce jardin est une belle fontaine, et deux grandes terrasses l'embellissent.

Au nord du palais est un jeu de paulme, et derrière on trouve une porte qui conduit dans le désert. Plus loin est la grande porte des jardins, aux deux côtés de laquelle sont deux grands pilastres de pierres ; sur l'un est un lion couché, et sur l'autre une licorne.

Aux deux portes de la première entrée du palais sont quatre autres pilastres avec des lions et des licornes ; chacun d'eux tient un bouclier sur lequel sont gravées les armes de la Grande-Bretagne et plusieurs trophées.

En traversant une grande cour où sont les écuries, on arrive au premier portique, décoré par Wolsey des têtes de Trajan et d'Adrien d'un côté, et de celles de Tiberius et de Vitellius de l'autre.

Ce portique conduit à un quadrangle, delà à un autre, au-dessus de la porte duquel est une horloge astronomique du célèbre Tompkin, où l'on a marqué les douze signes du Zodiaque, le lever et le coucher du soleil, et les différentes phases de la lune.

A gauche de ce quadrangle est un grand

vestibule où l'on avoit élevé un théâtre sous le dernier règne.

A droite du quadrangle est une colonnade de pierres composée de quatorze colonnes et de deux pilastres d'ordre ïonique, avec un entablement et une balustrade décorée, au milieu de deux grands vases. Cette colonnade conduit au grand escalier, orné de deux balustrades de fer doré et d'un travail curieux, montées sur du porphyre. Du plafond pend une chaîne de bronze doré qui supporte une grande lanterne de glace, laquelle contient seize bougies; au-dessus de cette lanterne est une couronne impériale. L'escalier et le plafond sont peints par Verrio. Au-dessus à gauche est Apollon et les neuf Muses : Pan est assis à leurs pieds. Un peu plus loin est Cérès, tenant d'une main des épis, et de l'autre montrant un pain. Flore est à ses pieds entourée de sa suite ; elle tient une guirlande de fleurs. Près d'elle sont les deux fleuves *Thame* et *Isis*, avec leurs urnes. Au milieu est une grande table sur laquelle est une quantité de vases très-riches, ornés de fleurs.

Les peintures du plafond sont Jupiter et Junon avec Ganimède, monté sur l'aigle, et présentant le nectar. Le paon de Junon est sur le devant. Une des parques, les ciseaux à la main, a l'air d'attendre les ordres de Jupiter pour couper le fil de la vie. Toutes ces figures sont couvertes d'un dais entouré des signes du Zodiaque et de plusieurs zéphirs tenant des fleurs : d'un côté est la Renommée avec ses deux trompettes.

Au-dessous est une belle Vénus montée sur un cigne : Mars lui parle d'amour, et Cupidon est monté sur un autre cigne.

A droite sont Pluton et Proserpine, le Ciel et la Terre et d'autres figures : Neptune et Amphitrite sont sur le devant; on leur sert le nectar et des fruits. Bacchus est appuyé sur une riche aiguière ; il pose sa main droite sur la tête de Silène assis sur son âne qui est tombé ; il a l'air de vouloir atteindre une table que Diane montre. Cette table est supportée par des aigles. Sur l'un des côtés est assis Romulus avec la louve ; sur l'autre on voit Hercule avec sa massue. La Paix tient une branche de laurier d'une main, et de l'autre une palme au-dessus de la tête d'Enée qui paroît inviter les douze Césars au banquet céleste. Au-dessus de leurs têtes est le génie de Rome, son air est menaçant : il tient une épée flamboyante, emblême de la destruction, et une bride, image du gouvernement.

A côté de cette peinture est Julien écrivant sous la dictée de Mercure.

Au-dessus de la porte est un bûcher funéraire.

Au-dessous de toutes ces peintures on voit divers panneaux au nombre de trente-six, représentant des trophées et autres décorations en camaïeu.

De l'escalier on entre dans la salle des gardes qui a soixante pieds de long, sur quarante de large. Elle contient des armes pour mille hommes, artistement disposées de différentes manières. On a placé des pilastres de piques et de bayonnettes à chaque angle des seize panneaux qui entourent cette pièce, décorée des portraits de plusieurs amiraux qui se sont distingués. Le dessus de cheminée est une figure colossale, par Cannletter.

De la salle des gardes on entre dans la première salle du dais. La tapisserie est ancienne et représente l'histoire de Tobie et celle de Midas. Le dais, le trône et les sièges sont de damas cramoisi. Au fond du dais sont les armes du roi, une couronne et son chiffre, le tout brodé en or.

A gauche, derrière la porte, est un tableau de 18 pieds sur 15, par sir Godfrey Kneller : c'est un portrait de Guillaume III couvert de ses armes ; il monte un cheval gris qui foule aux pieds des triomphes. A côté du roi est une épée flamboyante. A la partie supérieure de ce tableau, Mercure et la Paix supportent le casque qui est orné de lauriers. Au fond paroît Neptune avec sa suite, qui reçoit le roi sur les bords de la mer. Dans le lointain on voit une flotte : sur le devant est l'Abondance avec sa corne ; elle présente une branche d'olivier, et Flore répand des fleurs.

Sur la cheminée est un portrait en pied du marquis Hamilton, par Mytens.

Les deux dessus de porte sont : l'un l'architecture, l'autre des ruines avec figures par Rousseau.

La salle suivante est la seconde salle du dais. Le plafond est cintré : au milieu est suspendu un chandelier doré, à douze branches. La tapisserie est ancienne, mais riche. Les clairs sont en or et les ombres en soie. Le sujet est le sacrifice d'Abraham. Le trône et les tabourets sont en damas cramoisi.

Sur la cheminée est un portrait en pied de Christian IV, par Van-Sommer.

On trouve aussi dans cette salle un beau paysage, de Zuccarelli, dans lequel il a représenté Isaac et Rebecca.

Les dessus de porte sont des ruines et des paysages, par Rousseau.

La salle d'audience est très-vaste. La tapisserie représente Dieu apparoissant à Abraham, Abraham achetant un lieu de sépulture pour sa femme, et Abraham recevant les trois anges.

Au dessus de la cheminée est un portrait en pied d'Elizabeth, fille de Jacques I, par Honthorst.

Les dessus de portes sont deux Madona, par Domenico Fetti.

Dans le sallon est aussi un trône. Les rideaux sont un tissu d'argent; la tapisserie est fond d'or. Le sujet est Abraham envoyant ses domestiques chercher une femme pour Isaac, et Rebecca ouvrant le trésor.

Sur la cheminée est un excellent portrait de Charles I, par Vandik. Vis-à-vis est la famille des Cornaro, d'après le Titien, par le vieux Stone.

Les dessus de porte sont, l'un David tenant

la tête de Goliath, par Fetti ; l'autre une sainte famille, par Schidone.

Dans la chambre à coucher du roi est un lit de velours cramoisi galonné d'or. La tapisserie représente l'histoire de Josué et le jugement de Salomon. Le plafond est peint par Verrio : le sujet est Endymion endormi ; sa tête repose sur les genoux de Morphée ; Diane l'admire. Vers une autre partie du plafond est une belle figure du Sommeil. Dans les bordures sont quatre paysages, et quatre enfans portant des corbeilles de fleurs.

Les tableaux de cette chambre sont Joseph et sa maîtresse, par Orazio Gentilischi.

Les dessus de porte sont des fleurs bien exécutées, par Baptiste et Bogdane.

Sur la cheminée est un portrait en pied d'Anne, duchesse d'Yorck, par sir Peter Lely.

On a placé aussi dans cette chambre une pendule, par Tompkin, qui va un an et un jour sans avoir besoin d'être montée.

Le cabinet de toilette du roi est de 12 pieds sur 6. Le plafond est peint par Verrio. Mars dort sur les genoux de Vénus, tandis que des Amours emportent son armure, son épée et sa lance ; d'autres enchaînent ses jambes et ses bras avec des guirlandes de roses. Les bords de ce plafond sont ornés de jasmins, d'orangers et de différentes espèces d'oiseaux.

Ce cabinet est meublé en damas des Indes; il contient les tableaux suivans:

Des fleurs, par le vieux Baptiste.

D'autres fleurs, de Withoos.

Du gibier mort, etc. par Van-Aelst.

La tête d'un saint.

Lady Vaux.

Le Christ et St. Jean, par Lionardo da Vinci.

François I$^{er}$., par Jannet.

Reshemeer, par Holbein.

L'ange et Saint-Pierre en prison, par Steenwich.

Charles I à cheval, par Wandik.

Le Grand-Mogol et sa suite.

Un paysage, avec figures.

Loth et ses filles, par Polembourg.

Une bataille, de Wouvermans.

Diane se baignant avec ses nymphes, par Polembourg.

L'intérieur d'une église et la femme adultère, par Deneef.

Henri VIII.

Erasme, de Holbein.

Une femme qui chante, par Gerardow.

Des fleurs, par Baptiste le jeune.

Le cabinet du roi est d'une forme triangulaire. On y a placé une glace, de manière qu'elle réfléchit tous les appartemens de cette partie de l'édifice.

Les tableaux de cette pièce sont :

L'offrande des Bergers, du vieux Palma.

Henrietta Maria, d'après Wandik, par Gibson.

Un dessin.

Sacarissa, par Russel.

Le Centaure enlevant Dejanire, d'après Julio Romano.

Des Fleurs, par Bogdane.

Judith et Holopherne, de Paul Véronèse.

Une tête de Magdelaine, par Sasso Ferrato.

David et Goliath.

Un Saint-Sacrement, par Léandro Bassan.

Le jugement de Pâris.

Des Nymphes et des Satyres, par Polembourg.

Un Paysage avec des troupeaux, de Vander-Velde.

La tête de Cyrus apportée à Thomyris, de Vencenzio Malo.

Pierre et l'Ange en prison, de Steenwyck.

Un Paysage avec une charrette de foin, par Wouvermans.

Un Paon et autres Oiseaux, de Bogdane.

La Visitation, par Carlo Maratti.

Charles I à table, de Van-Bassan.

Des Fleurs, par Bogdane.

Le cabinet de la reine Marie est orné d'une tenture travaillée en entier par elle-même; elle fait honneur au goût de cette bonne reine, tant pour l'ouvrage que pour le dessin.

On trouve dans cette pièce les tableaux suivans:

La Vierge apprenant à lire à l'Enfant-Jésus, du Guercino.

Une Sainte-Famille, par Dorsa de Ferrara.

Lord Darnley et son frère, par Lucas de Heere.

Le roi de Bohême à table, de Van-Bassan.

Charles V.

L'épouse de Georges I.

Moïse frappant le rocher, de Marco-Ricci.

St.-Jérôme, par Mieris.

Mistriss Lemon, de Vandik.

Georges I.

Un Paysage avec figures, par Dietrice.

St.-François, par Tenières.

Une Madone et St.-Jean, du Guercino.

Un portrait de Femme.

Des grappes de Raisin, par Verelst.

Un buste de Femme, de Piombo.

L'offrande des Bergers, par Séb. Ricci.

Une Femme trayant une chèvre, de Berghem.

Un portrait de Femme, par Rembrant.

L'Ascension de la Vierge, de Calvart.

Un Paysage, du Poussin.

La galerie de la Reine est de soixante-dix pieds sur vingt ; elle est ornée de sept beaux morceaux de tapisserie, d'après les fameux tableaux de Lebrun.

1.º L'entrée triomphante d'Alexandre dans Babylone.

2.º Sa rencontre avec Porus.

3.º Alexa dre et Bucéphale.

4.º Sa visite à Diogène.

5.º Sa consultation des Devins.

6.º Sa rencontre avec Darius.

7.º La tente de Darius.

Sur la cheminée est un buste de Vénus en albâtre ; elle est sur une glace ovale, au-dessous de laquelle sont deux colombes en relief.

Il y a dans cette galerie deux belles tables de marbre égyptien.

Le plafond de la chambre à coucher de la Reine est peint par sir James Thorn-Hill; il représente l'Aurore sortant de l'océan dans son char d'or traîné par quatre chevaux blancs.

Sur la cheminée de Jacques I, la reine est à sa droite sur l'une des portes, tous deux par Vansomer; l'autre dessus de porte pest le rince of Walles leur fils, par Mytens. Outre ces portraits, il y a dans cette pièce celui de la duchesse de Brunswick, par Moreelze, et un paysage, par Zucarelli. Dans la corniche sont les portraits de Georges I, Georges II, de la reine Caroline, et de Frédéric, prince de Galles.

Le plafond du sallon est peint par Verrio. Au milieu est la Justice, sous la figure de la reine Anne; elle tient d'une main ses balances, et de l'autre une épée : elle est habillée de violet, doublé d'hermine. Sur la tenture sont placés neuf tableaux représentant le triomphe de Jules César, par Andrea Mantegna. L'un des dessus de portes représente le Sauveur avec la Samaritaine, et l'autre, le Sauveur avec la femme adultère: tous deux par Séb. Ricci.

La tapisserie de la salle d'audience de la

reine représente Melchisedech donnant du pain et du vin à Abraham.

Il y a dans cette pièce un beau trône et les tableaux suivans :

Un portrait de femme.
La comtesse de Lenox.
Marguerite d'Écosse.
Bacchus et Ariane.
Le duc et la duchesse de Brunswick.
Bacchus et Ariane, par Cyro Ferry.
Marguerite d'Écosse, par Mytens.

La salle où le dernier roi dînoit en public est noble et grande ; elle est décorée des tableaux suivans :

Charles, électeur palatin.
Un Vaisseau, par Vandervelde.
*Idem, idem.*
La princesse Élizabeth.
Le Sauveur dans la maison du Lazare, de Séb. Ricci.
L'étang de Betesda, *idem.*
Baccio Bandinelli, du Corrège.
La Femme adultère, par Séb. Ricci.
Le prince Rupert, de Mirewelt.

Dans le sallon du prince de Galles la tapisserie représente le sorcier Elymas frappé d'aveuglement. Ce morceau est pris d'après un des cartons de Buckingham-Houze.

Sur la cheminée est le duc de Wittemberg, par Mark-Gérards.

L'un des dessus de porte est un portrait en pied du comte de Mansfeld, général des troupes Espagnoles dans les Pays-bas, par Mytens.

La tapisserie de la salle du dais du Prince représente l'histoire de Tobie. Sur l'une des portes est Gusman; sur une autre, Gundamor; sur la troisième, deux ambassadeurs espagnols, par Blemberg; sur une quatrième, une reine de France, par Porbus.

Sur la cheminée est Louis XIII de France; il tient un bâton à la main, et a un chien à côté de lui. Ce tableau est de Bel-Campo. Vis-à-vis est Assuérus et Ester, par le Tintoret.

Dans la chambre à coucher du Prince, sur la cheminée, est un portrait en pied du duc de Lunenbourg; sur l'une des portes, le prince de Parme; sur une autre, un noble espagnol, et sur la troisième, la femme de Christian IV, roi de Dannemarck.

La chapelle est boisée à une grande hauteur : on y voit un tableau du Tintoret, représentant la Cène.

Dans le cabinet à côté sont les morceaux suivans :

Georges II et la Reine.
Jonas, par Hemskirk.
Un Paysage.
Une tête d'Artemise, par Gentileschi.
Othon et Galba.

Dans la salle à manger sont huit vaisseaux, dont six par Vandervelde, quatre desquels représentent la défaite de l'armée.

Sur la cheminée est un beau portrait du comte de Nottingham, par Zucchero ; le massacre des Innocens, par Breughel, et l'enlèvement des Sabines, sont dans un cabinet voisin.

Dans le cabinet de toilette du Roi, la tapisserie représente la bataille de Solbany, et renferme les portraits suivans :

Sir Joh Lawson, par sir Peter Lely.
Le duc de Glocester, par sir G. Kneller.
Lord Sanwich, d'Obson.

Dans la chambre à coucher, un Moine et des Religieuses à table, par Longepier; Suzanne et les Vieillards, par Paul Véronèse.

Dans le cabinet attenant, Jupiter et Europe, et deux Madones.

La salle du conseil contient les tableaux suivans :

Le duc d'Albe, par Rubens.

Le Déluge, du Bassan.

Le jugement de Midas, de Schiavone.

Les neuf Muses, du Tintoret.

L'offrande des Bergers, de Vecchio Palma.

Le Sauveur et la Samaritaine, par le même.

Charles I, d'après Vandik, par le vieux Stone.

Au centre de cette pièce est le modèle d'un palais qu'on se proposoit de bâtir dans Hyde-Parck. Ce morceau a coûté 500 guinées.

La salle à manger est ornée des portraits de neuf beautés célèbres, savoir :

La comtesse de Peterborogh.

La comtesse de Renelagh.

Lady Middleton.

Miss Pitt.

La duchesse de St.-Albans.

La comtesse d'Essex.

La comtesse de Dorset.

La duchesse de Grafton.

La reine Marie, par Wissing.

Sur la cheminée est un beau relief en marbre blanc, représentant Vénus dans son char, accompagnée de plusieurs Amours.

Le plafond de l'escalier de la Reine, peint par Wick, représente Charles II, la reine Catherine et le duc de Buckingham, avec les attributs et sous l'habit de Mercure, tandis que l'Envie est terrassée par des enfans nuds. De cet escalier on descend dans un quadrangle, au milieu duquel est un bassin rond et quatre grandes lampes montées chacune sur des guéridons de fer : à gauche, sur les croisées, sont les travaux d'Hercule, peints à fresque.

Le palais d'Hampton-Court consiste en trois quadrangles, dont les deux premiers sont gothiques : le dernier est orné d'une belle colonnade d'ordre Ionique, les colonnes couplées. Ce bâtiment a été fait sur les dessins de sir Christophe Wren.

Les jardins sont dans le goût ancien.

*N. B.* « Ces descriptions ont été fidèlement extraites de l'ouvrage que j'ai cité plus haut. Je n'ai rien changé au texte. »

# F I N.

# NOTES
## DU TRADUCTEUR.

(1. Pag. 2.) REYNOLDS (JOSUÉ) naquit le 16 juillet 1723, à Plymton, petite ville du Devonshire. Destiné par son père à l'état ecclésiastique, le hazard fit tomber entre ses mains la Théorie de la Peinture de Jonathan Richardson : il la lut avec enthousiasme, et partit pour Londres vers l'année 1742. Son premier maître fut M. Hudson. En 1749, il suivit en Italie lord Keppel, et ce fut dans ce sanctuaire des arts qu'il acheva de former son génie.

De retour à Londres, son premier ouvrage fut le portrait en pied de son Mécène, gravé ensuite par Fischer. Bientôt les plus belles femmes de l'Angleterre briguèrent l'avantage d'être peintes de la main de Reynolds. L'on trouve au cabinet de la bibliothèque nationale, et principalement dans la collection de l'alderman J. Boydel, plusieurs estampes gravées d'après les originaux de cet illustre maître, par Ardell, Fischer, Watson, Dam, Valentini, Green, J. R. Smith, Hodges, Hayward et Jones. Les véritables amateurs des arts regrettent seulement qu'elles n'y soient pas en plus grand nombre, et qu'on ait négligé de se procurer ces magnifiques estampes, à mesure qu'elles paroissoient.

On voit à Liwerpool un paysage de cet habile maître, qui représente une vue de la Tamise, prise de Richemond. Son tableau de famille à Bleinheim est un de ses plus beaux ouvrages. Aucun peintre ne l'a surpassé dans l'art de grouper et de dessiner des enfans.

Au mois de février 1764, Reynolds eut le mérite d'être le premier fondateur de ce club qui exista longtemps sans nom, mais qui, aux funérailles de Garrick, prit celui de club littéraire. Le docteur Johnson et quelques autres appeloient Josué leur *Romulus*. Ce célèbre artiste, à l'exemple de Raphaël, Rubens et Salvator Rosa, joignoit l'art d'écrire à l'art de peindre. Il fut reçu, dès l'origine, dans cette fameuse association dont les membres ont été si bien caractérisés par Goldsmith dans sa *Revanche*. Sa maison étoit le rendez-vous des gens de lettres et des artistes les plus distingués; aussi le docteur Johnson disoit-il : « Je ne connois per- » sonne qui, sur la route de la vie, ait recueilli plus » d'observations que sir Josué Reynolds. » Sa vue s'affoiblissant de jour en jour, il se démit de sa place de Président de l'académie royale de peinture. Son dernier ouvrage fut le portrait de Charles James Fox. Reynolds mourut dans la nuit du 23 février 1792, âgé de 69 ans, à Leicester-Fields. Burck a fait publiquement son éloge, et l'on trouve aussi plusieurs détails sur sa vie dans une brochure intitulée : *Témoignage rendu au génie de Reynolds*. (Voy. Magas. Encyclop.)

On a de lui plusieurs ouvrages qui tous annoncent une connoissance profonde des passions et du cœur humain. Ses écrits sont également précieux pour le philosophe et pour l'artiste. Ses principaux ouvrages sont trois lettres écrites en 1759, et insérées dans l'*Oisif*, du docteur Johnson : elles traitent de la critique de Michel-Ange ainsi que de la pratique des peintres italiens et hollandais.

Les discours que sir Josué Reynolds adressoit chaque année aux élèves de l'académie royale sont, de tous ses écrits, ceux qui ont le plus contribué à établir sa réputation littéraire. Ces discours, dont l'objet étoit d'animer et de guider les élèves, ont été traduits en français par Jansen. Paris 1794, 1 vol. in-4°.

(2. Pag. 2.) Mistress Billington, jeune actrice de la plus séduisante figure, et dont les mélodieux accens font les délices du public. J'ai été plusieurs fois témoin de ses succès, et ils sont encore moins dûs aux graces de sa personne qu'au talent décidé qu'elle a reçu de la nature : on la croiroit née sur les bords du Tibre ou de l'Arno, et l'Angleterre a produit peu d'actrices dont la voix soit plus faite pour transmettre au cœur les vers charmans de l'immortel Metastasio.

(3. Pag. 4.) Rigaud, Peintre d'histoire et de portraits. Ses ouvrages sont d'un faire très-agréable, mais les connoisseurs un peu sévères ne placent cet artiste qu'au second rang.

(4. Pag. 4.) Hodges, excellent peintre de marine. Cet habile artiste a fait le tour du monde avec le capitaine Cook ; les dessins qu'il a rapportés de ses voyages font l'ornement des principaux cabinets de Londres.

(5. Pag. 5.) Marlow, bourg d'Angleterre dans le Buckingham, diocèse de Lincoln.

On trouve aussi, dans le duché de Mecklenbourg, une petite ville nommée Marlow ou Merlow (lat. *mellotum*). Elle est située long. 30. 58. lat. 53. 53., près la petite rivière de Recknitz.

(6. Pag. 5.) Hamilton, Peintre d'histoire. Son portrait de madame Siddons, dans le rôle d'Isabelle, est de tous ses ouvrages celui qui a le plus contribué à établir sa réputation; il existe peu de portraits aussi ressemblans. Comme cet artiste est encore dans la force de l'âge, on peut espérer qu'il marchera un jour sur les traces de Reynolds et de West.

(7. Pag. 7.) Voici la notice exacte de la meilleure description de ce monument célèbre.

Westmonasterium or the history and antiquities of the abbey church of St. Peters Westminster, containing an account of its ancient and modern Building, Endowments, chappels, altars, reliques, customs, privileges, form of government, etc. With the copies of ancient *Saxon* charters, etc. and other Writings relating to it.

Together with a particular history of the lives of the abbats collected from ancient mss. of that convent, and historians; et the lives of the Deans to this time.

And also.

A survey of the church and cloysters, taken in the year 1723; with the monuments there wich, with several prospects of the church et other remarkable Things, are curiously engraven by the best hands, in 2 vol. By M. John. Dart. to wich is added Westminster abbey a poem by the same author.

London Printed et sold by James Cole Engraver in Hatton Garden, Joseph Smith print seller in St. Pauls church yard, etc.

Le premier renferme 71 estampes, et le second 62. Elles ont été gravées par Cole.

(8. Pag. 7.) Handell (George Fréderic) naquit à Hall, dans le duché de Magdebourg, le 24 février 1685. Il étudia jusqu'à l'âge de 14 ans les principes de son art, sous le musicien Zachau. En 1703, il partit pour Hambourg : là, il composa son opéra d'Elmire, ensuite il partit pour l'Italie, et fit à Florence l'opéra de Rodriguo. En 1709, il composa à Vénise son Agrippine, qui eut vingt-sept représentations de suite. Handell ayant joué de la harpe dans une mascarade, Dominique Scarlati, le plus habile musicien de l'Europe sur cet instrument, s'écria : *Ecco il diavolo, o sia il sassone !*

Après avoir fait quelque séjour à Vénise, il partit pour Rome, où il composa sa sérénade qui a pour titre : *il triomfo del tempo*, et fit jouer ensuite, à Naples, son Narcisse et sa Galathée. En 1710, il quitta l'Italie et revint à Hanovre où il fut nommé directeur de l'orchestre de l'électeur, à la place du célèbre Stephani ; un an après, il eut permission de continuer ses voyages, et alla, pour la première fois, en Angleterre, où il composa son opéra de Rinaldo qui fit long-temps les délices de Londres. L'électeur d'Hanovre étant devenu roi de la Grande-Bretagne, ce prince lui fit une pension de 400 liv. sterlings ; alors il travailla, sans relâche, pour le théâtre. Ayant perdu la vue en 1751, cet accident ne l'empêcha point de continuer toujours à toucher de l'orgue et à composer des opéra.

Handell mourut à Londres, le 13 avril 1759, et laissa, dit-on, une succession de plus de vingt mille livres sterlings. On a placé son tombeau à Westminster, parmi ceux des rois et des grands hommes qui ont illustré la nation anglaise.

Ces détails diffèrent de la plupart de ceux qu'on trouve dans l'élexicographie ordinaire. Ceux qui désireront des renseignemens plus précis sur cet illustre artiste, peuvent consulter, 1°. sa vie, récemment publiée à Londres ; 2°. le Dictionnaire musical de Walter, à l'article Handell; 3°. le Mattheson; 4°. le *Gentleman magasin*. Je joins ici la liste de ses principaux ouvrages, parce qu'elle ne se trouve dans aucune biographie française.

Elmire, Néron, en 1705; Florinde, Daphné, en 1708, sur des paroles allemandes, à Hambourg.— *Il triomfo del tempo*, Acis et Galathée, et Rodrigue, tous trois à Rome, en 1709, sur des paroles italiennes. — Renaud, Thésée, 1711 ; — Pastor fido, 1712; — Amadis, 1715, sur des paroles allemandes, à Hambourg, — Mutius Scœvola, 1721. — Othon, 1722. — Jules César et Floridant, 1723. — Flavio et Tamerlan, 1724. — Rodelinde, 1725. — Alexandre et Scipion, 1726. — Richard, 1727. — Ptolomée, 1728. — Lotario, 1729. — Parthenope, 1730. — Porus, 1731. — Roland, 1732. — Ariane, 1733. — Ariodant, 1734. — Alcine, 1735. — Arminio, Atalante, Justin, 1736. — Bérénice, Pharamond, 1737. — Xercès, 1738. — Deidamie, 1740.

Ses *Oratorio* sont, en général, sur des paroles anglaises : quelques-uns sont aussi en allemand ; en voici la liste :

Le Messie, Saül, Judas Machabée, texte allemand, 1720. — Esther, Debora et Athalie, 1733. — La fête d'Alexandre, 1735. — Ste.-Cécile, 1736. — Israël en Egypte, 1738. — Samson, 1742. — Suzanne, 1743. — Hercule, 1744.

Handell a composé encore plusieurs cantates, ainsi qu'un grand nombre de morceaux de musique instrumentale.

(9. Pag. 10.) Ici, Forster se trompe : ce que tout Londres peut attester, c'est que le roi d'Angleterre est passionné pour la musique ancienne, et sur-tout pour les bruyantes conceptions du saxon Handell. O Corelli, Palestrina, Durante !......

Sa majesté britannique a institué à Londres un concert où l'on n'exécute que des morceaux de musique du siècle dernier, et elle y assiste régulièrement.

(10. Pag. 11.) Mistress Mara est née en Allemagne. Son nom de fille est Schmeling. Lorsqu'elle étoit enfant elle jouoit du violon à Londres. Quelques dames s'intéressèrent à son sort, et lui fournirent les moyens de cultiver les talens qu'elle avoit reçus de la nature. Etant allé à Berlin, le feu roi de Prusse qui n'avoit qu'une opinion médiocre des chanteuses allemandes, se plut à mettre à l'épreuve son extrême habileté, en lui faisant chanter à livre ouvert des morceaux qu'elle ne pouvoit connoître. Là, elle

épousa Marra, qui jouoit du violoncelle. Nulle chanteuse ne sait rendre avec plus d'art et de précision les difficultés; mais arrive-t-elle au cœur ?

Les entrepreneurs de l'opéra de Londres lui ont donné jusqu'à trois mille livres sterlings. Il seroit à désirer que cette inimitable actrice dût encore à la nature un caractère moins superbe, et *ce seroit une femme accomplie.*

(11. Pag. 13.) Miss Cautels, jeune actrice du théâtre de Covent-Garden. Le public de Londres, et sur-tout les partisans de madame Billington, n'ont placé miss Cautels que parmi les chanteuses du second rang.

(12. Pag. 18.) Jamais je n'ai flatté ni les nations, ni les rois; et loin de juger les Anglais avec cette partialité ridicule de la plupart de mes compatriotes, qui les admirent sans restriction sur la foi de nos drames et de nos romans, j'ai souvent manifesté dans mes écrits mon opinion sur la nation britannique; mais je trouve qu'ici Forster s'abuse encore. Les anglais ne sont point doués en général d'un *génie médiocre.* Les fastes des sciences et de la philosophie attestent le contraire : sans invoquer les noms de Shakespear, Newton et Pope, je me crois autorisé à soutenir que les écrivains anglais du second ordre ont plus de génie que ceux des autres nations qui n'ont point obtenu les honneurs du premier. Goolsmith et Butler valent mieux que Marivaux et Scarron.

(13. Pag. 18.) « Mistress Siddons est un de ces génies que la nature ne se plaît à former que rarement. Son père et sa mère étoient directeurs d'une troupe

» de comédiens ambulans, et tous deux honorèrent
» leur profession par des mœurs et une conduite exem-
» plaires. A l'âge de seize ans, elle débuta sur un
» théâtre de province ; puis elle abandonna cette
» profession périlleuse, et fut, durant deux ans, de-
» moiselle de compagnie d'une dame de qualité qui
» avoit une belle bibliothèque. Elle en profita avec
» ardeur pour s'instruire. Peu de temps après, ayant
» épousé M. Siddons, homme de mœurs irrépro-
» chables, elle remonta sur la scène et joua durant
» quelque temps à Bath.

» En 1783 elle débuta sur le théâtre de Drury-Lane,
» où elle fut accueillie avec le plus vif enthousiasme. Nulle
» actrice ne l'a égalé dans l'art d'exprimer les passions.
» Ses moindres gestes ont un caractère de sensibilité
» qui semble n'appartenir qu'à elle seule. Son jeu
» annonce une intelligence supérieure. Ses traits, sa
» physionomie respirent à-la-fois la majesté et la grace.
» Le rôle où elle se surpasse elle-même est celui
» d'Isabelle, dans le *fatal mariage* ; mais c'est dans
» celui de lady Macbeth qu'on la voit réunir la terreur
» à la sublimité.

» Cette illustre artiste est aussi distinguée par ses
» vertus que par son rare talent. Bonne épouse,
» bonne mère, nulle femme ne fut jamais plus exacte
» à remplir ses devoirs. Enfin, on peut dire qu'elle
» honore également son sexe et son siècle par sa con-
» duite et par son génie. La personne qui a dicté cette note
» est moins encore l'enthousiaste que l'amie de madame
» Siddons, et l'un de ses regrets, en quittant Londres,
» est d'avoir perdu la société d'une femme si dis-

» tinguée par les qualités éminentes de son cœur et de
» son esprit. »

Je tiens ces détails de miss Williams, jeune personne du plus rare talent, et à qui l'Angleterre, la philosophie et les gens de goût doivent un grand nombre d'écrits où elle a su allier à la profondeur des pensées toutes les richesses d'une imagination brillante ornées d'un style enchanteur.

(14. Pag. 19.) The Crusade est une Pièce qui a eu du succès, et que l'on joue encore souvent à Londres.

(15. Pag. 19.) La Tour fréquentée (The Haunted Tower), pièce jouée sur le théâtre de Drury-Lane, et dont le sujet est tiré d'un fragment gothique de madame Barbaud, l'une des femmes les plus distinguées de l'Angleterre. L'auteur est M. Cobb. Cette pièce a eu un succès prodigieux ; on en a donné 70 ou 80 représentations de suite. Cependant elle n'a d'autre mérite que celui de la musique, qui est extrêmement agréable et qu'on entend toujours avec délices. Voyez la note suivante.

(16. Pag. 19.) M. Cobb est l'Auteur de l'opéra intitulé : *The Haunted Tower* (la Tour Fréquentée), et de plusieurs autres petites pièces de circonstances, qui ont toujours eu le plus grand succès. Cobb n'a écrit que pour le théâtre.

(17. Pag. 19.) Ni Chanson, ni Souper (No Sung, no Supper), pièce jouée sur le théâtre de Drury-Lane; elle a eu le succès le plus brillant, et ce succès est dû en

grande partie à la musique qui est simple, agréable et du meilleur style. Plusieurs airs de ce joli opéra sont admirablement bien chantés par la signora Storace.

La scène se passe dans l'habitation d'un meûnier, dont la femme est vivement courtisée par le bailli du village. On avoit préparé un souper pour le galant; le mari survient, le galant se cache. Une vieille, témoin de l'entrevue, opère, au moyen d'une chanson, le dénouement de cette bagatelle dramatique.

(18. Pag. 19.) Mme. Storace. Depuis long-temps cette agréable chanteuse jouit à Londres de la faveur publique. Je l'ai vue en 1787, dans l'opéra intitulé: *Le Schiave per amore*. Dès-lors elle annonçoit le talent le plus distingué, et l'on m'a assuré que depuis elle avoit acquis une grande habitude du théâtre. Cette excellente actrice réussit principalement dans les rôles qui demandent de la finesse et de la gaîté. Sa voix n'a rien de pathétique; mais elle a infiniment de charmes et de douceur. Madame Storace a chanté aussi dans l'abbaye de Westminster, à la commémoration de Handell.

(19. Pag. 19.) Le Dramatiste ( the Dramatist ), pièce en cinq actes d'un jeune homme nommé Reynolds, jouée sur le théâtre de Drury-Lane. C'est une excellente satyre contre les auteurs dramatiques dénués de talent. Le principal personnage se nomme *Vapid*. Voyez la note suivante.

(20. Pag. 19.) M. Reynolds, auteur de la pièce dont il est parlé dans la note précédente, est encore très-jeune. Ce drame qui a parfaitement réussi à Londres, est son premier ouvrage.

(21. Pag. 19.) Les Rivaux ( The Rivals ), pièce en cinq actes de Sheridan. Elle n'est pas sans mérite, mais fort inférieure à son école du scandale. Le rôle principal est un amant jaloux : elle est écrite depuis plusieurs années.

(22. Pag. 19.) M. Shéridan, le flambeau de l'opposition et l'un des premiers génies que l'Angleterre ait produits, soit comme orateur, soit comme politique. Cet homme extraordinaire est né à Dublin, et fils d'un professeur de l'art oratoire. Les annales du parlement n'offrent aucun exemple d'éloquence comparable à celle qu'il a déployée dans l'accusation contre Hastings. Défenseur zélé des droits du peuple, les ministériels de Londres le soupçonnent d'être fort attaché à la forme du gouvernement républicain ; mais ses ennemis mêmes conviennent que la nature l'a doué des plus grands talens, et qu'il est supérieur à tout ce que l'Angleterre a produit dans ce siècle.

Ses principales pièces de théâtre sont l'École du Scandale et la Critique. Son *Monodi* sur la mort de Garrick, est un superbe morceau de grande poésie. Ses discours dans le parlement, qui tous paroissent faits d'inspiration, sont pleins de force et de grâce. Il sait embellir et animer les matières les plus abstraites et les plus sèches : ouvert, généreux, hospitalier à l'excès dans son commerce avec ses amis, on peut dire qu'il s'est peint lui-même dans un des personnages de son École du Scandale, pièce trop connue pour qu'il soit nécessaire de l'analyser ici.

(23. Pag. 19.) Miss Farren. Cette charmante actrice est grande, bien faite et de la plus intéressante

figure. Elle joue admirablement bien les coquettes et les petites-maîtresses. Un de ses rôles favoris est celui de lady Teazle, dans l'École du Scandale. Le comte de Darby qui est séparé de sa femme, mais qui n'a pas divorcé, a conçu, depuis plusieurs années, un vif attachement pour miss Farren, et il est vraisemblable qu'un jour elle deviendra comtesse de Darby. Ses amis applaudiront sans doute à cette union, mais le public regrettera long-temps miss Farren.

(24. Pag. 20.) M. Kemble est frère de mistress Siddons et acteur du théâtre de Drury-Lane. Il joue également dans la tragédie et dans la comédie, mais il n'est véritablement supérieur que dans les rôles tragiques. Lorsqu'il joue la comédie, il manque d'aisance, de grace, de légèreté. Quoique M. Kemble soit moins favorisé de la nature que sa sœur, il a, comme elle, une figure expressive, une voix sonore et touchante ; en un mot, c'est un grand acteur. Un de ses principaux rôles est l'Othello de Shakespear.

(25. Pag. 20.) M. Holman, acteur de Covent-Garden ; il joue les amoureux dans les rôles tragiques, et réussit parfaitement dans celui de Roméo. Il est en général inférieur à Kemble.

(26. Pag. 21.) Le Stratagême du Petit-Maître (The Beau's Stratageme), ancienne comédie écrite avec esprit ; on l'attribue à M. Farka. Les artifices que deux galants mettent en usage pour s'introduire chez deux dames dont ils sont amoureux, font le sujet de cette

pièce. On la joue très-souvent sur les divers théâtres de Londres ou des provinces, et toujours avec un égal succès.

(27. Pag. 22.) M. Levis, acteur du théâtre de Covent-Garden, joue les petits-maîtres avec autant d'aisance que d'agrément.

(28. Pag. 22.) M. Quick, excellent acteur comique de Covent-Garden. Son rôle favori dans le *Stratagême du petit-maître*, est celui de Scroob, caractère bas, mais plein de gaieté et de ce que les Anglais nomment *humour*, qualité fort différente de l'esprit.

(30. Pag. 22.) Miss Young. Le jeu de cette actrice est froid, maniéré, rarement naturel. Elle joue dans les mêmes emplois que mistress Siddons, et cette comparaison ne lui est nullement avantageuse; elle n'est plus d'ailleurs de la première jeunesse.

(31. Pag. 22.) M. Weston, célèbre acteur, est mort depuis plusieurs années. Sireel, l'un des personnages de la pièce intitulée : *le Statagême du Petit-Maître*, étoit son triomphe.

(32. Pag. 22.) Une beauté peu commune et des moyens au-dessus de la classe ordinaire, tels sont les dons que la nature avoit prodigués à Mistress Barry, qui vient recemment de quitter la scène. Cependant ceux qui se souviennent de l'avoir vue dans le zénith de sa gloire, avouent qu'elle n'a jamais eu le sublime talent de mistress Siddons, ni son exquise sensibilité. Le rôle favori de mistress Barry étoit *Euphrasia* dans la fille grecque.

(32 *bis*. Pag. 22.) L'Amour dans un camp, pièce du troisième ordre, et qu'on peut classer dans le nombre de celles qui ne doivent leurs succès qu'à la nouveauté, et qui n'ont jamais qu'une existence éphémère.

(32 *ter*. Pag. 23.) M. Hastings, l'un des hommes les plus célèbres de son siècle, est né de parens honnêtes; il avoit à peine seize ans lorsqu'il partit pour les Indes Orientales. Aussi personne ne possède mieux que lui la connoissance des divers idiômes en usage parmi les peuples de l'antique patrie des enfans de Brama. Je ne le considérerai ici que sous le rapport littéraire, et j'oserai affirmer, d'après le témoignage des personnes les plus respectables, que l'Angleterre a produit peu d'hommes aussi instruits que M. Hastings. Il a publié d'ailleurs un grand nombre d'ouvrages dont un seul suffiroit pour établir sa reputation.

Assez d'écrivains modernes ont peint dans M. Hastings l'homme public. Tous les journaux de l'Europe ont retenti de ce fameux procès dont il fut, durant sept ans, le héros, ou pour mieux dire, le prétexte. Si l'on écrit sa vie d'après les éloquens plaidoyers des grands orateurs de l'opposition qui ont parlé dans cette longue affaire, le nom de Hastings doit être placé à côté de ceux de Néron et de Caligula. Mais ses adversaires n'ont pu prouver aucun des crimes dont ils assuroient qu'il étoit coupable; cependant il paroit, d'après un mûr examen, que ce célèbre gouverneur des Indes n'étoit point entièrement innocent, ou que, s'il n'avoit point commis les actes d'injustice et d'oppression dont on l'accusoit, il avoit souffert que ses agens les commissent en son nom. Malheureusement l'expérience a démontré aux Européens, et sur-tout à l'Angleterre, que ces possessions dans l'Inde sont de telle nature, qu'il est impossible de les conserver sans des mesures violentes. O humanité! humanité!....

On assure que M. Hastings a été bien moins féroce que ceux auxquels il a succédé, et cependant aucun n'a su maintenir et faire respecter mieux que lui la domination anglaise dans cette partie du globe. J'ajouterai encore que la plupart de ses prédécesseurs ont été plus avares, et qu'il a rapporté moins de richesses que tous ceux qui ont régné au nom du peuple anglais sur ces opulentes contrées. M. Hastings a aussi des amis, j'en pourrois citer plusieurs dont je me plais à respecter le caractère et les mœurs ; à la vérité, tous sont nés en Angleterre et n'ont point de parens dans les Indes.

(33. Pag 27.) M. Burke, âgé maintenant de soixante et quelques années, est Irlandais de nation. Il étoit jeune lorsqu'il obtint une place dans le parlement, par la protection du feu marquis de Rockingham. Bientôt il se distingua par son éloquence extraordinaire, et sur-tout par une imagination aussi vive que brillante. Peu d'hommes en Angleterre sont plus versés que lui dans la connoissance des auteurs anciens. Ses discours sont parsemés de traits empruntés avec art des grands écrivains de la Grèce et de Rome, et son style étincelle d'images : en un mot, c'est moins un orateur qu'un poète.

M. Burke étoit, il y a vingt ans, un des plus chauds amis de la liberté, et il a soutenu, avec une véhémence extraordinaire, les droits des Américains dans leur querelle avec la mère-patrie. Les philosophes dont il avoit tant de fois invoqué les principes, n'ont pas vu depuis, sans quelque surprise, combien il étoit opposé à la révolution française. Dès l'origine il a prédit qu'elle seroit souillée de crimes et d'horreurs. Or, c'est maintenant à M. Burcke lui-même que je m'adresse, et je le somme au nom de la postérité de me répondre. L'homme qui a jadis plaidé avec tant d'éloquence la cause de l'humanité, en supposant qu'il lui reste encore quelque vertu, peut-il être exempt de remords, si on lui démontre que ses âcres déclamations ont été peut-être une des causes politiques de ces mêmes maux dont il avoit, dans sa haine, menacé l'enfance de la révolution ? Personne ne peut se dissimuler que le nom de M. Burke étant d'un grand poids dans les cours étrangères, son livre contre la révolution a dû nécessairement influencer et l'opinion et les opérations des puissances jusqu'alors tranquilles spectatrices de nos démêlés intérieurs, et contribuer efficacement à la coalition contre la France : évènement qui a servi de prétexte aux tyrans et aux tigres déguisés sous le masque du républicanisme, pour mettre à exécution les mesures révolutionnaires qu'ils avoient conçues dans leur rage perfide. Les amis même de M. Burke, malgré la haute idée qu'ils ont de sa moralité et de sa prétendue philantropie, doutent qu'il puisse facilement échapper aux justes reproches de sa conscience, s'il réfléchit qu'il a été un des plus puissans instigateurs de cette guerre impie qui a presque dépeuplé l'Europe. Sans parler du livre que M. Burke a écrit sur la révolution française, et qui est dans les mains de tout le monde, il a composé un traité du sublime, ouvrage excellent. On a publié aussi plusieurs des éloquens discours qu'il a prononcés dans la chambre des communes.

(34. Pag. 27.) M. Fox né en 1749, est fils du lord Holland. Il fut admis dans le parlement avant l'âge prescrit par la loi ; et ce qu'il y a de remarquable, c'est que ce célèbre membre de l'opposition débuta par une attaque assez vive contre les droits du peuple, et une adhésion à la cour ; mais il a bien réparé depuis cette erreur de jeunesse, en devenant le plus infatigable, ainsi que le plus éloquent défenseur de la liberté, et le plus zélé protecteur des droits de l'homme.

Les rares talens qu'il avoit reçus de la nature, le placèrent de bonne heure à la tête de l'opposition. Ses discours sur la guerre de l'Amérique et contre les ministres qui dirigeoient cette guerre, sont des modèles d'éloquence. J'ajouterai que, dans son opposition aux desseins tyranniques de la cour, il fut secondé par tous les gens de bien, et par un grand nombre d'hommes de mérite qui existoient alors. M. Fox devint secrétaire d'état sous les auspices du lord Rockingham, qui occupoit le premier rang dans le ministère. La mort de ce seigneur étant survenue trois mois après la nomination de M. Fox, divisa le parti de l'opposition. Le roi, dont le pouvoir avoit été considérablement diminué par la dissolution de ce même ministère qui avoit excité la guerre de l'Amérique, regagna assez d'influence pour contre-balancer celle de M. Fox.

Lord Shelburn, aujourd'hui marquis de Lansdowne, l'un des hommes de l'Europe à la fois le plus instruit et le plus aimable, celui enfin dont l'amitié est faite pour honorer un penseur et un homme délicat, fut mis à la place de lord Rockingham. Alors milord Schelburn fit la paix avec la France et l'Amérique ; mais il quitta ensuite le ministère, ayant perdu sa majorité dans la chambre des communes, par la coalition entre M. Fox et lord North, ministre durant la guerre avec le continent. Cette coalition fut très-orageuse, et M. Fox fut renvoyé une seconde fois par l'influence de la cour, immédiatement et inconstitutionnellement exercée contre lui. En vain il avoit essayé d'affoiblir cette influence ministérielle par une loi réglementaire pour la compagnie des Indes, au moyen de laquelle la chambre des communes eût acquis une suprématie durable. Après un violent débat, la cour réussit, et Pitt fut nommé ministre en 1784. Mais M. Fox, doué de toutes les qualités nécessaires à un homme d'état, et de plus d'intégrité que n'en ont ordinairement ceux qui sont à la tête des affaires, demeura invariablement chef de l'opposition.

Cet homme célèbre, j'ose même dire immortel, étoit fort joueur dans sa jeunesse ; mais on a observé que depuis quelque temps il mène une vie assez retirée. Personne ne réunit d'ailleurs des qualités plus aimables, et l'on peut dire qu'il est généralement estimé, même par ses ennemis en politique, car il n'en a point d'autres. Son style ressemble à celui de Démosthène ; souvent même M. Fox est supérieur à l'orateur grec. En général, sa logique est irrésistible.

Ce qui paroîtra extraordinaire, c'est qu'il a publié diverses adresses qui n'annoncent que peu de talens : mais ses discours contre M. Burke sur la révolution française, sont de véritables chefs-d'œuvre. On peut juger de ses principes par la conclusion d'une de ces harangues, dans laquelle il fait l'éloge le plus pompeux de cette même révolution si calomniée dès son origine.

(35. Pag. 27.) M. Shéridan. Voyez note 22.

(36. Pag. 31.) En Angleterre, chaque corps de métier, chaque profession quelconque a une caisse commune. Les ministres de l'évangile, les capitaines de vaisseaux, les maîtres, les contre-maîtres, les artistes en tout genre, les artisans, les domestiques des deux sexes, au moyen d'une foible rétribution annuelle, reçoivent dans leur vieillesse ou en cas d'infirmités, des secours proportionnés à la mise prescrite par le réglement. Les veuves, les orphelins ont également droit à une pension alimentaire.

O ma patrie! un jour viendra où je pourrai élever ma voix, et proposer à mes concitoyens d'imiter ce salutaire exemple! Mais de pareils établissemens ne peuvent jamais être que les heureuses émanations de cet esprit public qui doit lier entre elles toutes les parties de l'état. Je me bornerai aujourd'hui à une simple réflexion, dans la crainte qu'on ne me soupçonne d'émettre des principes contraires à ceux de l'égalité.... Telle corporation qui seroit nuisible sous le gouvernement d'un seul, est nécessaire dans une république...

(37. Pag. 36.) M. Banks est un des hommes les plus instruits de l'Angleterre. Son voyage autour du monde avec le capitaine Cook l'a fait connoître des savans les plus distingués de l'Europe. Tous les honneurs littéraires lui ont été prodigués; peu de temps

après son retour, on le nomma président de la société royale de Londres. En général il passe pour un assez bon naturaliste ; mais il s'est livré plus particulièrement à l'étude de la botanique. M. Banks a toujours été zélé partisan de la cour. C'est un homme de mœurs douces et d'un caractère paisible, mais peu communicatif avec les étrangers.

(38. Pag. 36.) Hawkins, célèbre minéralogiste, à qui l'on doit plusieurs découvertes utiles.

(39. Pag. 37.) Yeals. Son cabinet mériteroit une description particulière ; c'est l'un des plus complets qui existent dans la Grande-Bretagne.

(40. Pag. 37.) M. Martyn, professeur à Edimbourg, est auteur d'un voyage en Italie, qui n'a eu qu'un succès médiocre. Il a publié aussi en anglais les lettres de J. J. Rousseau sur la botanique, auxquelles il a ajouté deux volumes. L'auteur suit la méthode de Linnæus, et parcourt toutes les classes des plantes dont il donne les caractères.

Cette continuation qui est très-estimée, a été traduite en 1789 par mon sensible et vertueux ami P. Lamontagne, littérateur distingué, à qui nous devons un grand nombre d'ouvrages en différens genres, et plusieurs pièces de théâtre, toutes écrites avec élégance.

Un médecin chymiste, nommé *Alyon*, a enrichi cet ouvrage de notes précieuses. On y a joint un volume de planches enluminées. La traduction de ces lettres fait aussi partie de la collection des œuvres de J. J. Rousseau, qui se vend chez Poinçot, libraire à Paris.

(41. Pag. 37.) M. Curtis est auteur de la *Flora Londoniensis*, ouvrage nécessaire à tous les botanistes, et l'un des plus estimés en ce genre.

(42. Pag. 37.) M. Smith n'est point un botaniste, mais plutôt ce qu'on nomme en Angleterre, *a nursery man*, un homme à pépinières. Il en possède de magnifiques aux environs de Londres; mais il n'a rien publié sur la botanique.

(43. Pag. 37.) Dickson. Son ouvrage est un de ceux qui méritent le plus de fixer l'attention des naturalistes de toutes les nations.

(44. Pag. 37.) Baver. On connoît un grand nombre d'estampes exécutées d'après les dessins de cet habile artiste.

(45. Pag. 37) *Hortus Kewensis*. On sait que de toutes les parties de l'histoire naturelle, la botanique est celle qui est le plus cultivée en Angleterre. Un semblable ouvrage, s'il étoit exécuté avec soin, ne contribueroit pas médiocrement à reculer les bornes de la science.

(46. Pag. 38.) Miss Méen. Son ouvrage est devenu assez rare, même à Londres.

(47. Pag. 38.) *Strelitzia regina*. Voyez la description de cette belle plante dans Linnée et les principaux botanistes allemands.

(48. Pag. 38.) *T........... speciosa* est une

plante du genre des hydrocotyles. Voici la description. que Linnée et les autres botanistes nous en ont donnée.

» La capsule de la *solandra* simple est oblongue, toruleuse et loculaire. Ses graines sont abondantes et disposées deux à deux dans de petites alvéoles. Lorsque ses graines sont mûres, les valvules se séparent jusqu'à leur base, et sont intérieurement divisées par une membrane très-déliée ».

On distingue encore une autre espèce de *solandra*, nommée par les botanistes, *solandra lobata*. Ses feuilles sont la plupart trilobaires. Elle ressemble à la nappée, par ses pétales oblongues qui sont entières au sommet.

(49. Pag. 38.) *Plumbago rosea*. Voyez Linnée.

(50. Pag. 38.) *Cypripedium album*. Voyez Elisabethæ Blackwell, *herbarium selectum*, etc.

(51. Pag. 38.) *Dryander*, l'un des coopérateurs de M. Banks.

(52. Pag. 40). Lac des esclaves. Voyez les cartes de ces contrées, qu'on a récemment publiées en Angleterre.

(53. (Pag. 40.) *Cooks revers*, grande rivière d'Amérique qui se décharge dans l'océan pacifique, à 59 dégrés de latitude nord. Cook la remonta en 1778, à 70 lieues de son embouchure, pour chercher si elle communiquoit avec la baie d'Hudson.

(54. Pag. 41.) Johnson (Samuël) naquit à Lichfield dans le Staffordshire. Il vint à pied à Londres avec le célèbre acteur Garrick, qui étoit né dans la

même ville. Long-temps il vécut obscur ; souvent même il étoit hors d'état de se procurer les choses les plus nécessaires à la vie. Dénué de tout, et par conséquent sans amis, il eut le courage d'entreprendre son célèbre dictionnaire, qu'on peut considérer comme les archives de la langue anglaise. En un mot, Johnson prouva qu'un homme seul pouvoit et devoit peut-être remplir cette tâche difficile.

On l'accuse d'avoir introduit un grand nombre de mots nouveaux, et d'avoir latinisé la langue. Il eût été plus juste de dire qu'il l'a considérablement enrichie ; au lieu de confondre ainsi, comme ont fait plusieurs critiques, les innovations souvent barbares d'un néologisme sans goût, avec les emprunts et les conquêtes que peut faire sur les idiômes analogues, une sage et heureuse néologie.

Les rares talens que Johnson avoit reçus de la nature, le tirèrent enfin de cette avilissante obscurité. Ses contemporains lui rendirent justice, et il jouit, même de son vivant, de la plus haute réputation. Les personnes de goût recherchèrent sa société, quoique ses manières fussent en général désagréables et pleines de rudesse, sur-tout lorsqu'il croyoit avoir reçu quelque offense. Cet homme célèbre étoit d'un caractère fort irritable ; mais sa conversation étoit à la fois si instructive et si brillante, qu'elle lui faisoit pardonner tous ses défauts. Nul ne discutoit avec plus de force et de subtilité, et ne savoit embellir ses argumens par des figures qui annonçassent une imagination plus féconde. Son langage étoit aussi correct et aussi nerveux que ses écrits.

Johnson est peut-être un des premiers moralistes

qui aient jamais existé, et l'on a observé avec raison que sa plume fut toujours employée à la défense de la vertu. Les philosophes et les gens de goût placent son *Rambler* au rang des meilleurs ouvrages en ce genre. Il règne une excellente critique dans ses vies des poëtes anglais ; mais on y remarque aussi quelques préjugés et assez de mauvaise humeur. Ses ennemis lui ont reproché avec justice de s'être souvent montré insensible aux beautés de quelques-uns des meilleurs poëmes anglais. Il a traité sur-tout avec une sévérité peu excusable le poëte Gray, auteur d'une ode sur l'adversité, et de plusieurs morceaux écrits d'un style énergique et touchant. C'est avec le même esprit de critique qu'il a jugé Young ; mais la réputation de ce grand poëte, loin d'être affoiblie par cet examen, n'en a été que mieux établie.

Madame Piozzi a publié diverses anecdotes sur la vie de Johnson ; toutes sont vraies et pour la plupart très-piquantes. Il a vécu durant l'espace de vingt années, dans la maison de cette dame, et elle a recueilli plusieurs de ses bons mots, qui seuls suffiroient pour lui mériter la réputation d'un des plus agréables esprits de l'Angleterre. Ses notices sont très-précieuses pour les biographes.

(55. Pag. 41.) Multifarious Aulugelle, liv. 5, chap. 6, a dit : » *Militares coronæ multifariæ sunt* «. Cette expression, très-élégante en latin, n'est qu'un néologisme barbare dans nos langues modernes.

(56. Pag. 41.) Le docteur Joseph Warton, maître de l'école collégiale à Winchester, et Thomas

Warton son frere, agrégé au collège d'Oxford, acquirent l'un et l'autre une grande célébrité par leur érudition, leur goût et leurs talens poétiques ; tous deux ont publié plusieurs morceaux de poésie, écrits d'un style élégant et pathétique.

Le docteur Warton a traduit en vers les géorgiques de Virgile. Il a aussi publié un ouvrage intitulé : *Essai sur le génie et les écrits de Pope*, dans lequel on trouve un grand nombre d'anecdotes également piquantes et variées ; mais il l'a traité avec une partialité révoltante, en soutenant qu'il n'étoit pas poëte. Cependant qui peut nier que le sensible auteur de la lettre d'Héloïse à Abailard, et de la boucle de cheveux enlevée, ne soit un homme de génie ? Le docteur Warton étoit d'un caractère franc et ouvert. Il est mort depuis quelques années, dans un âge fort avancé. Il a survêcu à son frere Thomas Warton, qui étoit plus jeune que lui, et qu'il aimoit avec une tendresse peu commune.

Ce dernier, outre des poëmes originaux, a publié des recherches curieuses sur l'ancienne poésie anglaise. Sa conversation étoit aussi aimable que spirituelle.

(57. Pag. 41.) Brand Hollis (T.) est moins un homme de lettres qu'un amateur distingué par son goût et la variété de ses connoissances. Londres l'a placé avec justice au rang des plus zélés amis de la liberté. Il jouit d'une fortune considérable qui lui a été laissée par Thomas Hollis, auteur de deux volumes de mélanges sur la vie et les ouvrages de plusieurs grands hommes en Angleterre, particulièrement sur Milton.

M. Brand Hollis possède dans une de ses maisons de campagne, une magnifique bibliothèque, près de laquelle on trouve un cabinet rempli de toutes les diverses éditions de Milton, ainsi qu'une collection de portraits de ce poëte si justement célèbre. C'est ce que M. Hollis nomme son cabinet de Milton.

(58. Pag. 41.) Selden (John) naquit en 1584. Cet illustre savant, qui auroit pu parvenir aux premiers emplois, s'il n'avoit préféré l'étude et l'indépendance à toutes les jouissances de l'ambition, avoit pris pour devise : *liberté sur toutes choses.* Il eut plusieurs démêlés avec Jacques I<sup>er</sup>. et Charles I<sup>er</sup>.; cependant il mourut paisible à l'âge de 70 ans, en 1654. Ses principaux ouvrages sont :

*Eutichii patriarchæ Alexandrini, ecclesiæ Alexandrinæ origines, arabicè et latinè, ex interpretatione et cum commentariis Joannis Seldini.* Londini, 1642, in-4°.

*Edmeri angli historia rerum sui sæculi, ab anno 1066 ad annum 1122, cum notis Joannis Seldini.* Londini, 1623, in-fol.

*De diis syriis syntagmata duo, cum additamentis M. Andreæ Beyeri. Amstelodami,* 1680, in-8°.

*Marmora oxoniensia ex arundellianis, seldemianis, aliisque conflata, cum commentariis et explicationibus Humphridi Prideaux, necnon annotationibus Joannis Seldini et Thomæ Lydiati, edente Michaele Maittaire, cum variis notis et indice.* Lond. 1732, in-fol.

On a publié à Londres la collection complète des œuvres de Selden, sous ce titre :

*Joannis Seldini opera omnia tam edita quàm inedita, ex recensione Davidis Wilkins.* Londini, 1726, 3 vol. in-fol.

(59. Pag. 42.) Ces verres sont des espèces de jattes de cristal remplies d'eau. Les convives y lavent leurs mains sans se déranger, et les essuient à une petite serviette, de huit pouces quarrés, bordée d'une frange. Au premier coup-d'œil, un étranger n'est pas médiocrement surpris de cette bisarre propreté.

(60. Pag. 43.) On sait que les Anglais ne font point en général usage de serviettes; mais ce qu'on auroit dû ajouter, c'est qu'ils se servent de magnifiques nappes qui traînent presqu'à terre, et qui sont d'une blancheur éblouissante. Ils en changent régulièrement à chaque repas.

(61. Pag. 43.) Rousseau a expliqué la cause de cette âpreté de mœurs dont on accuse en général les nations libres.

(62. Pag. 44.) J'ai habité l'Angleterre durant plusieurs années; et en rendant hommage à l'exacte probité des marchands anglais, je suis forcé d'ajouter que je n'ai jamais éprouvé de leur part ce genre de politesse auquel Forster paroît si sensible.

(62 *bis*. Pag. 52.) Les femmes d'Athènes et de Rome n'avoient garde de se défigurer ainsi par des modes bizarres aussi éloignées de la nature que du bon goût; mais les observatrices, ou pour mieux dire, les victimes des modes nouvelles, sont également étrangères

à l'élégance attique et au caractère romain. Toutes les fois qu'il s'agit de costume et de parure, les femmes ont tort de ne pas consulter les peintres, et sur-tout d'oublier que leurs ornemens ne doivent jamais être qu'auxiliaires des formes de la nature. Une femme dont le mouchoir s'éleveroit nécessairement au niveau des joues, seroit une espèce de monstre digne de disputer aux Hottentotes le prix de la difformité.

(63. Pag. 54.) Qu'on se figure une vaste rotonde, d'où l'on descend dans un assez beau jardin très-bien illuminé. Autour de cette salle on trouve de distance en distance plusieurs petits sallons, où les promeneurs circulaires s'arrêtent pour prendre de fort mauvais café et d'excellent thé. Tel est Renelagh. La *belle compagnie* ne s'y rend qu'à certains jours marqués : on s'y promène, on y parle bas, puis l'on sort ; rien de plus auguste et à la fois de plus ennuyeux ; mais on y va comme au bal ou comme on alloit à la cour, moins pour y être que pour y avoir été.

(64. Pag. 55.) Mendoza, juif de nation, et l'un des plus célèbres lutteurs que Londres ait produits. Heureusement la passion des Anglais pour ce genre de spectacle, presque aussi barbare que celle des Romains pour les combats sanglans de l'arène, n'a pas été de longue durée, en dépit de la protection que cet exercice avoit obtenue de quelques personnes du plus haut rang, qui, après avoir disputé le prix de la course à leurs palefreniers, ont voulu l'emporter aussi sur leurs porteurs de chaise, dans l'art de donner des coups de poing.

(65. Pag. 55.) Humphries est rival de Mendoza dans l'art de *boxer*, c'est-à-dire, de se battre à coups de poing. Ce genre d'escrime avoit été long-temps relégué dans la basse classe du peuple ; mais, à la honte de ce qu'on appelle vulgairement la bonne compagnie, quelques jeunes gens de qualité jugèrent à propos de l'exercer, et il devint bientôt à la mode parmi eux. Alors Humphries et Mendoza exercèrent leur art en public. Les uns disoient que Mendoza avoit plus d'adresse, et les autres que Humphries avoit plus de force. Ce féroce et sauvage amusement cessa enfin d'être celui des honnêtes gens, et je crois que la passion de voir des yeux pochés et des contusions, n'existe plus en Angleterre.

(66. Pag. 55.) Le docteur Mayersbach est un médecin allemand, qui prétend connoître les maladies à l'inspection des urines. Son système fut tourné en ridicule par le docteur Lettsom ; mais les discussions qui s'élevèrent à ce sujet, ne contribuèrent pas médiocrement à augmenter la réputation du docteur Mayersbach, que les gens instruits regardent néanmoins comme un charlatan. (Voyez Lettsom.)

(67. Pag. 56.) Le docteur Lettsom, à la fois médecin et Quaker, s'est acquis à Londres une grande célébrité, moins à la vérité par ses connoissances, que par l'adresse qu'il a eue de se mettre en évidence toutes les fois que la publicité pouvoit servir ses projets. Occupé sans cesse à fixer sur lui l'attention de ses concitoyens, soit par des institutions charitables, soit en faisant insérer dans les papiers publics les aventures qui

qui lui sont arrivées, il est parvenu à placer son nom dans la bouche de tout le monde, et c'est ce que bien des gens prennent pour de la réputation.

(68. Pag. 57.) Un homme de beaucoup d'esprit avoit défini le bonheur, l'intérêt dans le calme. Platon, plus triste, mais plus vrai dans ses définitions, a dit : » le bonheur est un être qui s'engendre toujours et » qui n'existe jamais. «

(69. Pag. 59.) West, premier peintre du roi d'Angleterre, et président de l'académie. Depuis la mort de Reynolds, cet artiste jouit de la plus haute réputation. Ses principaux ouvrages sont la mort du général Wolf, gravée par Woollet, l'expulsion du parlement par Olivier Cromwel, la bataille de Boyne et le combat naval de la Hogue. Il a réparé les peintures qui décorent la galerie de Shakespear. West est né en Amérique.

(70. Pag. 59.) Bataille de Crécy, année 1346, entre Philippe de Valois et le roi d'Angleterre.

(71. Pag. 59.) Bataille de Poitiers, année 1356. Le roi Jean fut fait prisonnier dans cette bataille à jamais célèbre.

(72. Pag. 61.) Jarvis est un artiste célèbre par ses peintures sur verre. Celle que l'on voit dans la chapelle de Windsor passe pour être son chef-d'œuvre.

(73. Pag. 62.) Herschel est né en Allemagne. Cet homme extraordinaire, et dont le nom passera à la postérité avec celui des savans les plus distingués

A a

de toutes les nations, vint à Londres en qualité de musicien. Sa passion pour l'astronomie, et la difficulté de se procurer des télescopes, éveillèrent son génie. Bientôt il en construisit de nouveaux, au moyen desquels il parvint à faire dans le ciel les plus importantes découvertes. C'est lui qui observa pour la première fois une planète, nommée en Angleterre, *Georgium Sydus*, mais que les savans de l'Europe ont désignée plus convenablement sous le nom de planète de Herschel.

Ce célèbre artiste a démontré depuis, que la partie du ciel nommée *via lactea*, n'est pas seulement un amas d'étoiles, mais un amas de systêmes planétaires, tournant autour d'un centre.

Miss Herschel est aussi passionnée que son frère pour l'astronomie. Chaque nuit, pour se servir de son expression, elle balaie le ciel afin d'en observer les divers phénomènes.

(74. Pag. 67.) Richemond est une petite ville située à neuf milles S. O. de Londres, et l'un des plus beaux sites de l'Angleterre. Les environs en sont délicieux. A un mille de Richemont on trouve une agréable retraite, nommée Marsh-Gate, lieu charmant, asyle de la paix. C'est là que la vertu et l'antique franchise du premier âge iroient se réfugier, si les hommes parvenoient enfin à les bannir entièrement de la terre. C'est là que l'amitié a su se bâtir à elle-même un temple dont elle ne permet l'entrée qu'à ses plus chers favoris.

De Marsh-Gate on va à Rosedale, demeure ordinaire de Mistress Boscowen, veuve de l'amiral de ce nom, l'une des femmes les plus distinguées de la Grande-

Bretagne, et qu'on peut nommer, à juste titre, la Sévigné de l'Angleterre. Plus loin est Kew, maison de plaisance de Georges III, devenue célèbre dans les fastes des sciences, à cause de son jardin botanique, où l'on a réuni les plantes les plus rares des deux hémisphères. Au pied de Richemont-ill, ou montagne de Richemont, on trouve un écho qui répète distinctement les sept tons de la musique : j'en ai fait plusieurs fois l'expérience.

Edouard III, Henri VII et la reine Elisabeth, sont morts à Richemont.

(75. Pag. 67.) C'est là que Pope a composé ses divins ouvrages. On y arrive de Richemont sur la Tamise, et c'est un des points de promenade qu'on offre le plus volontiers à la curiosité des étrangers.

(76. Pag. 70.) Birmingham est situé dans la province de Warwick, à 80 milles N. par O. de Londres. Long. 15, 50. Lat. 52, 30. Ce bourg est célèbre par ses manufactures d'acier poli, et par les belles éditions de Baskerville, plus élégantes que correctes, mais qui jouissoient de la première réputation, avant que Bodoni et Didot eussent publié les chefs-d'œuvre qui ont immortalisé leurs noms dans les fastes de la typographie. C'est là que l'illustre Priestley faisoit son séjour ordinaire.

(77. Pag. 70.) Bath, ville d'Angleterre dans le Sommersetshire, fameuse par ses bains chauds et par sa manufacture de drap. Elle est située sur l'Avon, à 9 milles E. de Bristol, et 90 milles de Londres. Long. 15, 17, 30.

lat. 52, 22, 30. C'est la patrie de Jean Halès, auteur du traité sur le schisme et les schismatiques.

(78. Pag. 71.) Miss Pulteney, fille de M. Pulteney, membre du parlement, est l'une des plus riches héritières de la Grande-Bretagne. Elle a fait en France un assez long séjour; et malgré son extrême opulence, elle annonçoit autant de douceur que de modestie. Miss Pulteney vient de se marier récemment avec un baronnet écossois, nommé Murray.

(79. Pag. 71.) Bristol est une grande et belle ville du Sommersetshire, située sur l'Avon, à 30 milles S. O. de Gloccster, 42 milles N. O. de Salisbury, et 96 milles O. de Londres. Long. 15. Lat. 51, 27.

Bristol est après Londres, la ville la plus commerçante et la plus peuplée de l'Angleterre. Elle est remarquable par son port, ses foires, ses eaux minérales, et par la belle église de Sainte Marie Radgliff, dont le clocher est un des plus hauts de tous ceux qu'on voit dans la Grande-Bretagne.

(80. Pag. 71.) Cornes d'ammon, pierres figurées qui ne sont autre chose que des pétrifications de coquilles, contournées en volutes comme la queue de certains animaux, et composées de plusieurs pièces articulées, en quelque façon, comme des vertèbres. Longtemps on a cru que les cornes d'ammon avoient la vertu de procurer des songes mystérieux, et de donner le secret de les expliquer; car l'histoire naturelle a eu, ainsi que les autres connoissances humaines, ses superstitions et ses rêves. Enfin on a découvert que les

cornes d'ammon n'étoient autre chose que des nautiles pétrifiées, parmi lesquelles on distingue plusieurs espèces, les papiracées, les chambrées, etc. etc. On n'en a jamais vu que dans les mers des Indes : cependant on trouve ces coquilles pétrifiées presque par-tout, principalement en Europe. C'est une des pétrifications les plus abondantes qui soient en France. Il s'en trouve qui ont jusqu'à une toise de diamètre, et l'on en a découvert dans des sables, qui sont si petites, qu'on ne peut les appercevoir qu'à l'aide du microscope.

On appelle aussi, en terme d'anatomie, cornes d'ammon, les éminences médullaires placées dans les enfoncemens des ventricules tracés dans les hémisphères du cerveau.

(81. Pag. 78.) » Glocestershire est une province » maritime d'Angleterre, d'environ 72 milles de tour, » et de 80000 arpens. Elle est belle et fertile, abon- » dante en bled, laine, bois, fer, acier, saumon et ». en fort bons fromages dont il se fait un grand débit. « ( Dict. Géog. ).

(82. Pag. 78.) Tewksbury est un bourg d'Angleterre dans le Glocestershire, situé au confluent de la Saverne et de l'Avon, à 80 milles N. O. de Londres, 12 milles N. de Worchester, long. 15, 37, lat. 52, 1. On y trouve de grandes et magnifiques manufactures de drap.

(83. Pag. 78.) Bromgrow est une ville du comté de Leicester, dans laquelle on a établi une manufacture d'étoffes de laine.

A a 3

(84. Pag. 78.) Droitwich est une autre ville du comté de Leicester, long. 15, 35, lat. 52, 17. Elle est remarquable par l'excellent sel que l'on y fait, et que l'on tire de trois fontaines salées.

(85. Pag. 82.) Birmingham. Voyez note 76.

(86. Pag. 91.) La Fille de campagne ( The Country Girl ) est une ancienne pièce remise au théâtre en faveur de Mistress Jordan, et dans laquelle cette actrice joue le rôle principal. Ce drame a eu le plus grand succès à Drury-Lane.

(87. Pag. 91. ) The Romp est une pièce du célèbre Fiedling, remise sur le théâtre de Drury-Lane pour Mistress Jordan, et au succès de laquelle cette agréable actrice n'a pas médiocrement contribué.

(88. Pag. 109.) Galène est le nom générique donné par plusieurs auteurs à la mine de plomb, et sur-tout à celle qui est composée de grands cubes, *galena tessulata*. *Galena sterilis* est le crayon ou la mine de plomb.

On a long-temps ignoré l'étymologie de ce mot. Galène me paroît formé du suyogothique : *Gall* ( clair, éclatant ) *galll ljud*, island ( son éclatant ), *glantz*, all moderne ( éclat ).

(89. Pag. 113. ) Buxton, village d'Angleterre en Derbishire, situé sur les frontières de Chester : on y trouve des eaux minérales.

(90. Pag. 114.) Bristol. Voyez note 79.

(91. Pag. 114.) Tunbridgewells, ville du comté de Kent, à 24 milles S. de Londres, près de laquelle on trouve des eaux minérales : l'on y fabrique de jolis ouvrages de bois vernissé.

(92. Pag. 114.) Village situé sur les bords de la mer, et vis-à-vis Dieppe. On y trouve une source d'eaux chalybées Ce lieu est le rendez-vous des personnes les plus considérables de Londres. Le prince de Galles y a fait bâtir une maison de plaisance : c'est là qu'il réunit les compagnons de ses plaisirs, et cette jeunesse avide et dissipée, cause et effet de la corruption des princes.

(93. Pag. 114.) Margate est le lieu le plus oriental d'Angleterre, à l'embouchure de la Tamise, du côté de Kent. On n'y trouve point d'eaux médicinales ; cependant de toutes les villes maritimes, Margate est celle qui est la plus fréquentée durant l'été, par les gens riches, sur-tout par les habitans de la capitale, dont les moins aisés ont la facilité de s'y rendre à peu de frais, au moyen des barques qui partent à toutes les heures du jour.

(94. Pag. 114.) Harrongate, village du Yorkshire, très-fréquenté à cause de ses eaux sulphureuses ; il ne consiste qu'en un petit nombre de maisons assez vastes, où l'on trouve une table d'hôte et tous les plaisirs que l'on recherche le plus volontiers dans ces sortes de rendez-vous publics.

(95. Pag. 114.) Cheltenham, ville du Glocestershire, fameuse par ses eaux médicinales, qu'on regarde comme très-efficaces dans les hydropisies.

(95 *bis*. Pag. 114.) Le duc de Devonshire, l'un des plus riches propriétaires de la Grande-Bretagne, a épousé la fille du comte Spencer, que a nature a douée d'une grace préférable à la beauté même, et à qui elle semble avoir tout prodigué ; aussi est-elle, depuis long-temps, le modèle des personnes les plus recherchées dans leur parure et leurs manières. Peu de femmes ont plus de goût et d'agrément dans l'esprit. Elle a fait même d'assez jolis vers. Généreuse par caractère, on cite d'elle plusieurs traits qui lui font le plus grand honneur. Ses principes politiques sont ceux de l'opposition. Fox et Shéridan sont ses amis intimes.

(96. Pag. 116.) « La caverne de Bauman est située
» proche de Goslar, dans le comté de Blanckenburg,
» sous un rocher. On y trouve, dit-on, des pierres
» auxquelles la nature a donné la figure d'os d'ani-
» maux et d'autres formes bizarres. Il y a six grottes
» qui communiquent les unes aux autres, et s'étendent
» sous terre à une très-grande profondeur. « ( Dict. de l'encyclop. )

(97. Pag. 116.) Les naturalistes nomment stalactites, des concrétions pierreuses qui se forment peu à peu à la partie supérieure d'un grand nombre de grotes et de cavernes, et qui y sont suspendues de la même manière que les glaçons s'attachent en hiver aux toits des maisons. Ces concrétions sont toujours calcaires, et doivent être regardées comme un vrai spath. Les stalactites sont de toutes les substances minérales, les plus propres à nous donner une idée de la formation des pierres. *Voyez mes Essais sur les Rév. du Globe.*

Stalactites ou stalagmites paroît formé de trois mots, isl. *staa* ( rester ), d'où les Anglais ont formé le verbe *to, stay*, et les Allemands le mot *stehen*, qui ont la même signification. La syllabe *lac* du mot stalactites, est évidemment dérivée du suyogothique *lag*, ou isl. *laugr* ( eau ), d'où vient également le substantif français *lac*. Les dernières syllabes *tites* ou *mites* sont formées du suyogothique *modd* ( boue, feces ).

(97 *bis*. Pag. 117.) Castleton, ville située à environ 150 milles de Londres, au milieu des montagnes du Derbyshire. Il faudroit un volume pour donner une description exacte du pic et des cavernes qu'il renferme. On trouve quelques détails assez satisfaisans sur ces surprenantes merveilles de la nature, dans les diverses topographies de l'Angleterre. Plusieurs pétrifications des cavernes du pic de Castleton sont d'une rare beauté.

(97 *ter*. Pag. 118.) On appelle Crescent de Bath et de Buxton, plusieurs maisons magnifiques, bâties récemment dans ces deux villes. Ces maisons sont disposées en fer à cheval. L'architecture en est uniforme.

(98. Pag. 124.) Lady Craven, aussi célèbre par les agrémens de sa personne que par les graces de son esprit. Lord Craven obtint le divorce ; alors elle passa sur le continent, et publia ensuite ses voyages en forme de lettres. Durant son séjour en Allemagne, Lady Craven contracta une amitié très-étroite avec le margrave d'Anspach qui, peu de temps après, l'épousa, vendit ses domaines, et vint s'établir avec elle à Londres, où ils vivent avec splendeur. Lady Craven ne va point

à la cour ; et peu favorable sans doute aux principes de notre révolution, elle reçoit chez elle un grand nombre d'émigrés français.

(99. Pag. 130.) Plaven, ville d'Allemagne au cercle de la Haute-Saxe, dans le Voigtland, située sur l'Elster, à 20 lieues S. E. d'Erfort, 27 S. O. de Dresde. Long. 29, 57. Lat. 50, 30. On y tient quatre grandes foires par an.

(100. Pag. 132.) Minden est la capitale du cercle de Vestphalie, et l'une des plus considérables villes d'Allemagne. Elle est située au confluent du Wezer et de la Basta, à 15 lieues E. d'Osnabruck, 15 O. de Hanover, 15 N. de Paderborn.

(101. Pag. 132.) Fulde, ville considérable d'Allemagne dans le cercle du Haut-Rhin, située sur la rivière de Fulde, à 22 lieues S. de Cassel, 14 N. de Wurtsbourg, 15 S. E. de Marbourg, 23 N. E. de Francfort. Long. 27, 21. Lat. 50, 37.

Cette ville renferme une célèbre abbaye de bénédictins, fondée en 744. Les religieux sont au nombre de treize. Le château avec les jardins de plaisance, l'église nouvellement bâtie vis-à-vis le château, l'université érigée en 1734, et l'ancienne bibliothèque où l'on trouve plusieurs manuscrits rares, méritent l'attention des curieux. Cette ville est la patrie d'Athanase Kircher, si célèbre dans le monde littéraire par ses charmantes visions. Voici le titre de ses principaux ouvrages : *Prælusiones magneticæ. Romæ*, 1646, 2 vol. fol. — *Primitiæ gnomonicæ catoptricæ*, in-4°.

— *Musurgia universalis*, 1650, 2 vol. fol. — *Obeliscus pamphilius*, 1650, fol. — *Obeliscus ægyptiacus*, fol. *Œdipus ægyptiacus*. A Rome, 1652 et 1653, 4 vol. fol. — *Iter extaticum*, in-4°. — *Mundus extraneus*, 1678, 2 vol. fol. — *China illustrata*. Amsterdam, 1667, fol. traduit en français par Dalquié, 1670, fol. — *Arca Noé*, fol. — *Turris Babel*. Amsterdam, 1679, fol. — *Phonurgia nova*, 1673, fol. — *Ars scienti combinatoria*, 1669, fol. — *Polygraphia*, 1663, fol. — *Latium*, 1671, fol.

(102. Pag. 132.) Allendorf, ville d'Allemagne dans le landgraviat de Hesse, sur la Werra, à 9 lieues E. de Cassel. Long. 27, 40. Lat. 51, 20. Elle est agréablement située, entourée de montagnes, et remarquable par ses salines, ainsi que par ses trois ponts de pierre.

(103. Pag. 137.) Wiresworth, Bourg d'Angleterre dans le comté du Derbyshire, à 12 milles de Darby. On y trouve des eaux minérales.

(104. Pag. 138.) Derby, ville d'Angleterre, capitale du comté de Derbyshire, sur le Derwant, à environ 100 milles N. par O. de Londres. Long. 16, 15. Lat. 52, 57.

Cette ville est riche, commerçante et bien peuplée. Les édifices publics sont bâtis avec une grande magnificence.

(105. Pag. 138.) Buxton, etc. Voyez note 89.

(106. Pag. 138.) Bosworth, petite ville du Lei-

eestershire. Ce lieu est devenu célèbre par la bataille que se livrèrent Richard III et Henri VII, en 1486 ; évènement qui mit fin aux guerres entre les maisons d'Yorck et de Lancastre.

(107. Pag. 141.) Holbein (Jean) né à Bâle en 1498. Erasme son ami l'envoya en Angleterre, au chancelier Morus, qui le présenta à Henri VIII. Cet habile artiste, qui réussissoit également bien dans la peinture à l'huile, à gouache et dans la mignature, travailloit de la main gauche. Ses principaux ouvrages sont à Londres et à Bâle. Holbein peignit sur les murs du cimetière de cette dernière ville, la danse de la mort qui attaque toutes les conditions de la vie. Rubens faisoit un cas particulier de ce morceau, traité avec une sorte d'enthousiasme. La description en a été publiée à Bâle, 1744, in-4°. fig. Voyez la liste des principaux ouvrages de ce peintre, dans l'édition de l'*Encomium Moriæ*, avec les commentaires de Listrius. On y trouve aussi sa vie. Holbein mourut à Londres de la peste, en 1554.

(108. Pag. 141.) Stratford, bourg du Warwickshire, situé à 12 milles S. O. de Warwick. C'est la patrie du divin Shakespear.

(108 *bis*. Pag. 142.) Woodstock, bourg d'Angleterre en Oxfordshire, situé près de la rivière d'Evenlode, à 66 milles N. O. de Londres. Long. 16, 24. Lat. 51, 50. C'est là que le fameux Churchill érigea le château de Blenheim en mémoire de la bataille de Hochstet.

Voodstock est la patrie d'Edouard, dit le prince Noir,

qui gagna la fameuse bataille de Poitiers, et de Geoffroi Chaucer, le Marot de l'Angleterre. Ses poésies furent publiées à Londres en 1721, in-fol. On y trouve des contes pleins d'enjouement, de naïveté et de licence, imités en partie de nos troubadours. Chaucer a laissé encore quelques ouvrages en prose, le testament d'amour, un traité de l'astrolabe.

(109. Pag. 147. Blenheim, etc.) (*Voy. la note précéd.*)

(110. Pag. 147.) Le fameux Churchill, né à Ashe dans le Devonshire, en 1650, mort à Windsorlodg en 1722, âgé de soixante et quinze ans.

(111. Pag. 147.) M<sup>me</sup>. de Maintenon, forcée par la misère d'épouser, dans le printemps de sa vie, le cul-de-jatte Scarron, qui ne lui laissa d'autre héritage que le triste droit de mendier les aumônes de la cour; cette même M<sup>me</sup>. de Maintenon, devenue, sur son déclin, la rivale heureuse de la belle marquise de Montespan, l'amie, la maîtresse, peut-être la femme de ce même Louis XIV, fut-elle moins à plaindre que lui. Ce seroit ici l'occasion de rappeler le charmant dialogue de Voltaire entr'elle et Ninon l'Enclos, dont elle avoit été la compagne dans sa jeunesse. « Adieu, auguste infortunée, » lui dit l'amante de Villarceaux, en pleurant amèrement sur le sort de son amie devenue reine des Français.

(112. Pag. 149.) Oxford, capitale de la province d'Oxfordshire, située au confluent de l'Isis et du Chetwold, à 18 milles S. O. de Buckingham, 48 milles de Londres, 54 milles S. O. de Cambridge. Long. 16,

25. Lat. 51, 44, 57. L'université d'Oxford fut fondée en 886 par Alfred le grand.

(113. Pag. 147.) J'ai cru devoir conserver cette expression de l'auteur. Voici le texte original : *Welche eine falte in den charakter biegen, deren spur auf zeit lebens unausloschlich bleibt.*

(114. Pag. 154.) Wolsey, fils d'un boucher d'Ipswich, mort en 1533, âgé de soixante ans. On connoît les mœurs, le faste, le despotisme et les infortunes de ce célèbre ministre de Henri VIII. Long-temps il fut l'arbitre de l'Europe. Alors Charles V et François I étoient au nombre de ses flatteurs ; et dans sa disgrace, il ne trouva qu'un seul ami, ce fut le généreux Filtz-Williams. Voyez sa vie en anglais, in-4°. le tome VIII des mémoires de littérature du père Desmolets, et le tome III de l'ouvrage intitulé : *Collectio amplissima* des PP. Martene et Durand, bénédictins.

(115. Pag. 156.) Prince P. à Bagaria dans les environs de Palerme. » Imaginez, dit Bridone, des têtes
» d'hommes sur le corps de différens animaux, et des
» têtes de toutes sortes d'animaux sur des corps humains.
» Quelquefois il a fait une seule figure de cinq ou six ani-
» maux qui n'ont point de modèle dans la nature. On
» voit une tête de lion sur le col d'une oie, avec le
» corps d'un lézard, les jambes d'une chèvre et la
» queue d'un renard : sur le dos de ce monstre, il en
» place un autre encore plus hideux, qui a cinq ou six
» têtes et un grand nombre de cornes. Il a rassemblé
» toutes les cornes du monde, et son grand plaisir est
» de les voir toutes élevées sur la même tête. Sa femme

» est prête d'accoucher, et plusieurs personnes de Pa-
» lerme nous ont assuré qu'il désire sincèrement qu'elle
» mette au jour un monstre. « Voyage de Bridone en Sicile, seconde partie, lettre XXIV<sup>e</sup>.

(116. Pag. 162.) Inigo Jones, le Palladio de la Grande-Bretagne, naquit à Londres en 1572. La plupart des beaux édifices que l'on voit en Angleterre, ont été construits d'après ses dessins. Il mourut en 1652. On a de lui des notes curieuses sur l'architecture de Palladio, insérées dans une traduction anglaise, publiée en 1742.

(117. Pag. 162.) Dillenius, professeur de botanique à Oxford, naquit à Darmstadt en Allemagne, et mourut en 1747. Il a laissé trois ouvrages : *Catalogus plantarum circà Gressam spontè nascentium.* Francfort, 1719, in-12. — *Hortus Eltamensis.* Londres, 1733, 2 vol. in-fol. fig. — *Historia muscorum*, in-fol.

(118. Pag. 162.) Giessen, ville forte de la Hesse, située sur la rivière de Lhon, à 4 lieues S. O. de Marpurg, à 12 N. de Francfort-sur-le-Mein. Long. 26, 23. Lat. 50, 36. Giessen renferme une université fondée en 1605.

(119. Pag. 162.) Scheuchzer. On connoît trois naturalistes de ce nom.

1°. Jean-Jacques Scheuchzer, né à Zurich en 1672, et mort en 1733. Ses principaux ouvrages sont : *Itinera Alpina.* Leyde, 1723, 4 tom. en deux vol. in-4°. — *Herbarium Diluvianum.* Tiguri, 1709, in-fol.

2°. Jean-Gaspard Scheuchzer, fils du précédent,

mort en 1729. On a de lui une traduction en anglais de l'histoire du Japon, de Kempfer.

3°. Jean Scheuchzer, frère de Jean-Jacques, mort à Zurich en 1738, auteur d'un ouvrage intitulé : *Agrosographia, seu graminum juncorum*, etc. . . . *Historia. Tiguri*, 1775, in-4°. fig.

(120. Pag. 162.) Leers. Voyez *Biographia Britannica*, dern. éd.

(121. Pag. 162.) Sherard. Voyez *id*.

(122. Pag. 162.) *Campi Elysii, Olavo Rudbeckio filio autore, libri duo, nomina et figuras variarum plantarum continentes*. Upsal, 1701—1702, 2 vol. in-fol. Cet ouvrage n'est qu'un recueil de plantes gravées en bois : il devoit avoir douze volumes ; mais un incendie, ainsi que la mort du célèbre Rudbeck le père, arrêta cette belle et utile entreprise.

(123. Pag. 163.) Orchis, genre de plante à fleurs polypétales, anomales et composées de six pétales inégaux. L'inférieur a la figure d'un homme nu, d'un papillon, d'une abeille, d'un pigeon, d'un singe, d'un lézard, d'un perroquet ou d'une mouche, etc. . . . Le calice devient dans la suite un fruit en forme de vessie qui a trois ouvertures fermées chacune par un panneau. Ce fruit renferme des semences très-menues comme de la sciure de bois. Tournefort distingue quatre-vingt-cinq espèces différentes de ce genre de plantes.

(124. Pag. 163.) Serapias ou elleborine. *Serapias* Linn. *Epipactis* Hall. Nom d'un genre de plante de

la

la famille des orchides. Les racines sont vivaces, les feuilles alternes, engaînées ou amplexicaules : les fleurs sont sans calice, sans éperon, et disposées en grappe terminale. La corolle est divisée en six pétales, dont cinq ovales lancéolés, et le sixième ou l'inférieur ( que Linn. appelle *nectaire*) cymbiforme à sa base, et a son sommet en languette ovale rejetée en dehors. Le fruit est une capsule ovale, turbinée ou oblongue, à trois côtes longitudinales, s'ouvrant par trois valves, et qui contient dans une seule loge des semences nombreuses, assez semblables à de la sciure de bois. On en distingue cinq espèces principales. Voyez Linn. Bauh. Tournef.

(125. Pag. 163.) Iris ou flambe, genre de plantes bulbeuses, dont la fleur est d'une seule pièce. Cette fleur commence par une espèce d'entonnoir qui, en s'évasant, se divise en six parties, dont trois sont relevées et trois sont abattues. Le pistil sort du fond de cette fleur surmonté d'un bouquet à trois feuilles. Lorsqu'elle est passée, le calice devient un fruit oblong qui s'ouvre par la pointe en deux parties. Il est divisé en trois loges qui renferment des semences presque rondes en certaines espèces, et plates en quelques autres. Tournefort en distingue soixante-quatorze.

(126. Pag. 165.) Hesperis, julienne ou juliane. Cette plante désignée dans Linnée sous le nom d'*Hesperis matronalis*, croît spontanément dans les haies ; elle se multiplie de graine et de bouture que l'on pique dans un terrain humide ; les fleurs sont blanches, pur-

purines ou de couleurs diversifiées. Leurs siliques ne sont point applaties comme celles du giroflier jaune.

(127. Pag. 165.) Thym, plante ou sous-arbrisseau dont on distingue plusieurs espèces.

1°. Le thym de Crète ou de Candie.
2°. Le thym à larges feuilles.
3°. Le petit thym des jardins, ou le thym à feuilles étroites.
4°. Le thym sauvage ordinaire.
5°. Le thym de Savane.

Cette dernière espèce croît dans les terres incultes et sablonneuses, à Saint-Domingue.

(128. Pag. 165.) Vesbascum, vulgairement appelé *bouillon blanc*, plante bisannuelle, dont on distingue trois espèces principales.

1°. Le bouillon blanc mâle.
2°. Le bouillon blanc femelle.
3°. Le bouillon noir.

On appelle aussi *bouillon miliers* la plante connue sous le nom d'*herbe aux mites*.

(129. Pag. 165.) Campanule, nom d'un genre de plantes à fleurs monopétalées, qui, selon Lamarck, se subdivise en quatre classes principales.

1°. Campanules à feuilles presque lisses, sinus du calice non réfléchi.
2°. Campanules à feuilles rudes au toucher, sinus du calice non réfléchi.
3°. Campanules à sinus du calice réfléchi.
4°. Campanules à capsules columniformes ou prismatiques.

Ces plantes, dont les feuilles sont simples et alternes, renferment un suc laiteux. On leur a donné le nom de campanules, parce que les fleurs ressemblent à de petites cloches.

(130. Pag. 171.) Voyez la dissertation que j'ai publiée sur cet étonnant phénomène, à la fin de ma traduction du Voyage à la Nouvelle-Galle du Sud, par With. Paris, Pougin, n°. 9, rue des Pères, l'an 3°. pag. 48, not. 31.

(131. Pag. 173.) Avon. On connoît en Angleterre trois rivières de ce nom. L'une passe à Bath et à Bristol, l'autre à Salisbury, et la troisième à Warwich.

FIN DES NOTES.

# TABLE DES MATIÈRES.

## A.

*Abbeville*, vaste marais entre cette ville et Amiens, 172.
*Académie*, (tableaux des salles de l') 1.
— royale des arts, instituée par Georges III, 183.
*Achille* (l'), de Bancks, 188.
*Acteurs anglais et actrices*. Jugement de l'auteur sur plusieurs, 22.
*Agriculture* routinière des campagnes de Glocester, 75 et suiv.
*Alfred* fonde l'université d'Oxford, 382.
*Allendorf*, 379.
*Althon Liver* (sir). Son museum, 265-282.
*Amsterdam*. Ses nombreuses espèces de plantes exotiques et anciennes, 164.
*Amysis opobalsamum*. Le baume de la Mecque n'en est pas tiré, 167.
*Amiens*. La foire peu fréquentée, 172.
*Anecdotes* (manie des) à Londres, 20.
*Angelika*, peintresse. Son talent, 195.
*Angleterre*. Collection de ses plantes indigènes à Oxford, 164.
— Essai sur l'histoire de ses arts, 180-252.
*Anglais* nés bons, sensibles, grossiers, sensuels, rudes, 17.
— ont peu d'égard pour le sexe, 17.
— tous d'un génie médiocre, 18.
— n'ont pas l'oreille musicale, 247.
*Antiques* qui se trouvent à Londres, 191.
*Antipaw*, caverne remarquable, 122-124.
*Aqua tinta*, nouvelle manière de graver. Artistes en ce genre, 238 et suiv.
*Arbutus*, andrachne, ou unedo, 166.

*Archipel.* Sibthorpe en a apporté de nouvelles espèces de plantes à Oxford, 164.

*Architectes* et *architecture* en Angleterre. Epoques, monumens, 249 et suiv.

*Arsenal* de Warwick, 141.

*Art.* En quoi il consiste, 224.

— bien loin de sa perfection en Angleterre ; n'ira pas plus loin ; pourquoi ? 232.

*Artaud.* Son tableau tiré de la boucle de cheveux de Pope, 218.

*Arthur.* Sa vision peinte par Macklein, 217.

*Artistes* étrangers accueillis en Angleterre, y font naître le goût des arts, 182

— (Les premiers) de l'académie anglaise. Leurs défauts, 195.

— Allemands voyagent inutilement en Italie ; pourquoi ? 233 et suiv.

*Arts* et *métiers*, 29.

— En Angleterre (histoire des). Essai sur cet article important, 180.

— Aucun pays n'a plus fait pour les arts que l'Angleterre, 232.

*Assemblées* de Westminster-Hall. 24-28.

*Auberges.* Leurs enseignes en Angleterre. Réflexions de l'auteur, 81.

*Aubergistes*, attentifs envers tout le monde, 44-47.

*Autel* antique en l'honneur de Thompson, 106.

*Avon.* Ses prairies, 173.

— Rivières de ce nom, 387.

# B.

*Bacon*, célèbre Statuaire anglais, 188.

*Banks* (Joseph), 36.

*Bancks.* Les planches de son grand ouvrage achevées. Cause inconnue de son retard, 38.

— Sa collection des livres modernes de botanique l'emporte sur celle du jardin d'Oxford, 162.

— célèbre Statuaire anglais, 188.

*Bancks*, compagnon de Coock. Notice, 358.
*Barry*, Professeur de Peinture. Défaut de ses figures, 205.
—(mistriss) 352.
*Bartholozzi*, graveur excellent. Talent de son burin. Ses ouvrages, 234, 236.
*Batailles de Crécy, Poitiers, Nevils-Cross, à Windsor*, 59.
*Bath* (route de Londres à). Détail sur cette ville, 70.
—Voyez *Buxton*, 112.
—Notice, 371.
*Baume de la Mecque* (vrai). Son origine, 167.
*Bauer*, dessinateur, se propose de donner le jardin de Kiow, 37.
—accompagné de Sibthorpe, dans l'Archipel, 165.
—Notice, 360.
*Beauman*. Caverne. Notice, 376.
*Beaux-Arts*. Leur naissance à Rome et en Angleterre, 180.
*Beckford*. Sa Statue à l'hôtel-de-ville, 189.
*Berlin*. Ses nombreuses et superbes espèces de plantes exotiques, 164.
*Billington* (mistriss). Excellence de son portrait, par Reynolds, 2.
—(mistriss), 341.
—Son portrait, par Reynolds près de perdre la vue, etc., 223.
*Birmingham* (route de Londres à), 70.
—Détails sur cette ville, 80, 82 et suiv.
—Soixante mille habitans et pas un représentant au Parlement. Est-ce un avantage pour la ville ? 86 et suiv.
—371.
*Blacwell*. Son Herbarium, 361.
*Blandford* (le marquis), élu au Parlement, 145.
*Blenheim*. Churchill y est mal-adroitement placé entre un Faune et la Vénus de Médicis sous le vestibule du château, 147.
*Bligh* (le capitaine). Son voyage. Cartes mal exécutées, par Roberts, 39.

*Boerhaave.* Ses plantes indiennes à Oxford, 163.
*Boile* (miss), habile en sculpture, 185.
*Boileau.* Ses épitres ont contribué au malheur de Louis XIV, 147.
*Boleyn* (*Anne* et *Marie*). Portraits dans l'arsenal de Warwick, 141.
*Bonheur selon Platon*, 369.
*Boot* (*Joseph*). Sait multiplier les tableaux ; est nuisible, 241.
*Bords de la Marne*, cours de cette rivière, 174 et suiv.
*Bosworth*, où le duc de Richemond (Henri VII) battit Richard III, tué dans la bataille, 38 et suiv.
—Notice, 379.
*Botanique.* Mieux cultivée à Londres qu'ailleurs, 37.
—( Livres de ) du jardin d'Oxford, colligés jusqu'en 1726, par Shérard, 162.
*Botanistes qui présidèrent les premiers au jardin des plantes à Oxford*, 162.
*Bourse royale à Londres*, 294.
*Boydell.* Son Museum, 203.
—( *Joseph* ), peintre, 214.
*Brand Hollis*, 39.
—Notice, 364.
*Brebis anglaises en Picardie*, 172.
*Bristol* (route de Bath à). Détails sur cette ville, 71.
—Notice, 372.
*Bromgrow.* Notice, 373.
*Bronze.* Collection de Richemond ; ceux de l'Académie et autres, 191 et suiv.
*Brooke* ( *Robert* lord ). Sa cuirasse, 141.
*Brown.* Son Caton, 219.
*Burney.* Connoisseur en musique. Cecilia, sa fille, 247.
*Burke.* Caricature singulière sur ce déclamateur parlementaire, par Englefield, 244.
—Notice, 354.
*Buxton.* L'auteur y arrive. Ses bains. Sa société, 113 et suiv.
—Petite ville, 138.
—Notice, 374.

## C.

*Caisse* de secours, 358.
*Calais.* Son rivage très-bas, etc. 171.
— Fabriques de laines, 172.
*Campanula*, plante, 165.
*Campanule.* Espèces. Notice, 386.
*Campi elysii*, de Rudbeck, complet à Oxford, Upsal, et chez Joseph Bancks, 162 et suiv.
— Notice, 384.
*Cautels* (miss). Notice, 346.
*Canvass*, ou sollicitations pour les élections au parlement, 138.
*Carache* (*Annibal*), peint par lui-même en boucher. Jugement de l'auteur, 157.
*Caricatures.* Invention chérie des Anglais, et la perte du vrai goût, 242.
— La plupart sont produites contre les ministres, et même sans ménagement, 244.
*Castleton.* Notice, 377.
— P. 120-122 et suiv. Voy. *Mam-Por* et *Antipaw*.
*Centifolia*, plante, 166.
*Châlons-sur-Marne.* Son hôtel-de-ville, ses promenades. Pont sur la Marne, 176.
— Plaine, terre maigre, craie, charbon de terre, 176.
*Champenois*, plus flegmatiques que les Picards, *ibid*.
*Chapeaux ronds*, d'un usage général, 50.
*Charbon de terre* en Champagne, 176.
*Charbonniers* (vaisseaux). Charbons des environs de Birmingham, Wednesbury; leur prix, 84 et suiv.
*Charles I.* Son portrait au château de Warwick, 140.
*Chasse.* Réflexions importantes de l'auteur sur ce privilège abusif et contre nature, 143 et suiv.
*Chatam*, peint expirant, par Copley, 221.
*Château-Thierry.* Son bel aspect, 174.
*Chaucer*, né à Woodstock, 380.
*Chelsea*, gros village près de Londres. Son jardin botanique. Hôpital des invalides, 300-318.
*Cheltenham.* Notice, 375.
*Chine.* L'empereur y manie la charrue tous les ans. Origine de cet usage, 144.

*Choalde.* Ses mines de charbon, 107.
*Christ-Church*, collège à Oxford. Détails intéressans à ce sujet, 152-157 et suiv.
*Churchill.* Voy. Blenheim, 147. Réflexions de l'auteur sur la vanité et la petitesse des grands, *ibid.*
*Churchill.* Notice, 381.
*Cipriani.* Ses dessins gravés par Bartholozzi, 241.
*Cestus creticus.* Voyez ladanum, 167.
*Clermont.* Ses belles forêts, ses verreries, 177.
*Cobb*, auteur de la tour fréquentée, 348.
*Collèges d'Oxford.* Dates de leurs fondations particulières, 155.
*Comète (nouvelle)*, découverte par miss Herschel, 65.
*Commerce* (traité de) avec l'Angleterre. Plaintes d'Amiens à ce sujet, 172.
*Constitution anglaise.* L'auteur blâme ceux qui la louent trop, ou la décrient trop, 146.
—libre. L'esprit public en est la source et l'aliment, 252.
*Conventry.* Ses trois tours, 139.
*Cooks-rivers*, 361.
*Coock* et ses compagnons, immortalisés dans Westminster, 189.
*Copley*, peintre. Sa levée du siège de Gibraltar, 220.
—Son tableau de Chatam, 221.
*Cornes d'ammon*, espèces de nautiles, 372 et suiv.
*Corps de métier*, 29-32.
— Leurs caisses de secours, 358.
*Cosway.* Son Samson, 217.
*Cours de botanique*, dure six semaines à Oxford, 167.
*Craven* (Lady). Notice, 377.
*Creci* (bataille de), 369.
— Tableau de West, 200.
*Crescent de Bath*, etc. Notice, 377.
*Cromfort*, sur la route de Derby, 137.
*Curtis.* Ses leçons de botanique. Son journal des sciences, 37.
—Notice, 360.

## D. E.

*Damer* (mistriss). Habile en sculpture, 185.
*Dampier.* Ses plantes de la Nouvelle-Hollande à Oxford. 164.

*Derby* ( voyage de Birmingham à ), 107 et suiv.
*Derby-shire.* Province moins fertile que le reste de l'Angleterre, 137.
*Derby*, petite ville, 138.
—Notice, 379.
*Derwent.* Sa belle vallée, 137.
*Despotisme*, toujours favorisé par la religion romaine, 151.
*Dianthus fruticosus*, et *D. arboreus*, 166.
*Dickson.* Son excellent ouvrage sur les mousses, 37.
—Notice, 360.
*Dillenius.* Son herbier à Oxford, 163.
—Notice, 333.
*Douvre.* Sa situation, 170.
—Promenade sur le bord de la mer. Roche de Shakespear. Levée de la lune Perspective agréable, 169.
*Downman*, peintre en pastel, 227.
*Drapper* ( mistriss. ). Son monument, 188.
*Droitwich.* Ses salines, 78.
—Notice, 374.
*Dryander*, coopérateur de Banks, 361.
*Dunkerque.* Sa côte abonde en conchyles et zoophytes, 170.
*Ecole* britannique. Son origine, 182.
— Sa jalousie, son caractère, ses défauts, 186 et suiv.
*Economie* rurale. Son imperfection en Angleterre, 77.
*Education*, théâtre et littérature des Anglais, 17.
—mauvaise des Anglais, 18.
—dirigée par des prêtres ; abusive, 151.
*Edouard* ou le prince Noir. Son buste au château de Warwick, 141.
*Eliza Sterne.* Son monument, 188.
*Elizabeth.* Son portrait au château de Warwick, 140.
*Elliot*, peint par plusieurs artistes, Reynolds, Brown, etc. 222.
*Elmer*, peintre. Ses oiseaux, 229.
*Emblêmes* sur les murailles à Oxford, en Sicile. Réflexions, 157.
*Enfans.* Leurs costumes, leurs vêtemens, nu-jambes, 50.

*Englefield*, faiseur célèbre de caricatures, est né sans bras et sans jambes, 244.
*Enluminure* des estampes. Invention nuisible à l'art, 241.
*Enseignes* des auberges en Angleterre, Hollande, etc. Réflexions de l'auteur à ce sujet, 81.
*Epée*, quittée par les Anglais, 50.
*Epernay*. Vallon, vignobles, plaine, 175.
*Estampes* en noir, ou mezzo tinto. Les Anglais excellens en ce genre, 238.
— Luxe des Anglais pour ce genre, 240.
*Essex*. Son portrait au château de Warwick, 140.
*Etrangers*, bien reçus, bien traités en Angleterre, 46.
*Euphorbia apios*, plante en partie vomitive, 166.

## F.

*Farka*. Notice, 351.
*Farren* (miss), chanteuse, 350.
*Femmes*. Après qu'elles ont quitté la table, on apporte les pots de chambre, 42.
— Leur grande parure, 51.
— Leurs chapeaux, *ibid.*
— d'Athènes et de Rome. Réflexions sur leur parure, 366.
*Fielding*. Voy. Romp.
*Fille* (la) de campagne, comédie, 374.
*Fonds publics*. Causes de leur fluctuation à Londres, 33.
*Fox* Notice, 356.
*Français*. Tolérance des Anglais à leur égard, 49.
*Fuessli*, exercé à peindre des visions magiques, 217.
— Ses défauts en peinture ; ses talens, 205-208.
*Fulde*. Notice, 378.

## G. H.

*Gaisboroug*, peintre. Son talent. Deux tableaux de lui, 216 et suiv.
*Garrick*. Portrait de Shakespear qu'il donne à l'hôtel-de-ville de Stratford, 142.
*Galène*. Notice, 374.

*Galerie* de peinture du collège de Christ-Church à Oxford. Présent du général Guise. Détails, 157 et suiv.
— de Shakespear. Ouvrages de peinture et sculpture. Morceaux. Nom des artistes, 253-264.
*Georges* (Saint). Sa victoire sur le dragon. Tableau de West, 201.
*Giessen.* Notice, 383.
*Gilpin*, peintre. Ses chevaux, 228.
*Gleditch.* Son erreur sur l'origine du baume de la Mecque, 167.
*Glocester.* Détails sur les paysans et la culture de cette province, 75-77.
*Glocestershire.* Notice, 373.
*Gobelins.* Ces tapisseries ont contribué au malheur de Louis XIV, 147.
*Gottingen.* Nombreuses espèces de plantes de son jardin botanique, 164.
*Goût.* Comment il se forma en Angleterre, 182.
— commence à s'épurer à Londres, 219.
*Graveur.* En quoi consiste son vrai talent, 235.
*Graveurs* habiles en grand nombre à Londres, 234.
*Gravure*, décline en France, 235.
—au pointillé. Réussite des Anglais, 239.
—détournée de son vrai but en Angleterre, ne fait qu'alimenter l'avidité des artistes, 241.
*Greville.* Son cabinet à Londres, 36.
*Guide* (le). Son beau tableau du Christ portant sa croix, à Oxford, 159.
*Habillement* des Anglaises, 51-54.
*Hamilton*, peintre. Sa fête de Salomon, 5.
—peintre, 341.
—Ses tableaux, 213.
*Hamptoncourt*, palais bâti par le cardinal Volsey. Description, 320.
*Handell.* Sa statue. Générosité du propriétaire du Waux-Hall, 194.
*Handel* (Oratorio de), 7-16.
—musicien saxon. Les Anglais préfèrent sa musique mâle à celle de l'Italie, 246 et suiv.
—musicien. Notice, 343.

*Hanway* ( Jonas ). Trophée à sa mémoire, consacré par la compagnie des indes, 190.
*Harrougate.* Notice, 375.
*Hastings.* Son procès. Westminster-Hall, 23.
—Notice, 353.
*Hawkins*, seul minéralogiste à Londres, 36.
—se joint à Sibthorp et Baver, 165.
—minéralogiste, 359.
*Hayleypark.* Description de ce beau canton, 101-106.
*Hellebore* des anciens, 165.
*Hemsterhuys.* Son idée sur l'origine des arts, 243.
*Herschel.* Son énorme télescope. Description de tout l'accessoire, 62-68.
—Notice, 369.
*Hesperis nova*, plante, 165.
*Hesperis*, plante, 385.
*Heures.* Tableau de la femme de Cosway, 247.
*Histoire* naturelle, 36.
*Hodges*, peintre de paysage. Excellence de ses ouvrages, 4-5.
—peintre de marine, 341.
*Hogue* ( bataille de la ). Tableau de West, 198.
*Holbein.* Ses tableaux dans l'arsenal de Warwick, 141.
—Ses belles têtes à Oxford. Jugement sur ce peintre, 158.
—peintre célèbre. Notice, 380.
*Holmann*, acteur, 351.
*Hospitalité* des Anglais. En quoi elle consiste, 43.
*How.* Le tableau qui représente l'arrivée de la grande flotte, 221.
*Howard* ( mistriss ), ou la reine de Saba dans le tableau de Hamilton, 6.
— a refusé une statue, 190.
*Hudson.* Sa réussite comme peintre, à Londres, 225.
*Humphries*, lutteur, 55.
*Humphries.* Voy. *Mendoza*, 367 et suiv.
*Hunter*, professeur d'anatomie à l'académie des arts, 184.
*Hutcheter*, petite ville, 107.

## I. K. L.

*Imitation* scrupuleuse des choses dans les tableaux anglais, 222.

*Indes* (les deux). Les Anglais s'y établissent, et les arts naissent chez eux, 180.

*Inigo Jones.* Notice, 383.

*Insectes* (cabinet d'), assez beau chez Yeals, 37.

*Iris*, à Oxford, 163.

—ou flambe. Notice, 385.

*Japon* (Plantes du) à Oxford, avec leurs noms par un Japonais. Collection supérieure à la *flora japonica* de Menzel, 163.

*Jattes* de cristal, 356.

*Jardins* immenses des collèges d'Oxford, 155.

*Jarretière* (ordre de la). Tableau de West, 201.

*Jarvis.* Son tableau de la résurrection, 61.

—artiste, 369.

*Johnson.* Sa conversation avec le roi; introduisoit du latin dans sa langue, 39.

—Notice, 361.

*Juifs.* Leur situation à Londres, 32.

*Jupe* (corps de) des Anglaises, 53.

*Kemble.* Notice, 351.

*Keppel.* Présent qu'il reçoit après avoir été absous, 219.

*Killingworth.* Ruines de ce château, 139.

*Kiow*, jardin, 360.

*Kircher*, né à Fulde. Ses ouvrages, 378.

*Kirk*, peintre, 214.

*Kneller* sacrifie sa réputation à un vil intérêt, 224.

*Lac* des esclaves, 361.

*Ladanum*, extrait du *cistus creticus*, 167.

*Laines* de Picardie. Leur qualité. La meilleure partie se fabrique près de Calais, 172 et suiv.

*Laurus nobilis*, de Pausanias, 166.

*Leake*, sur la route de Derby. Ses boutons, 107.

*Leasowes* Description champêtre de ce charmant séjour, 92-100-102.

*Lettsom* (docteur). Notice, 368.

*Levis*, acteur, 352.

*Lions Walk*, ou promenade du lion, petit parc. Description de ce site agréable, 96.
*Litchfield*, 107.
*Littelton* (lord Georges), nom cher à la philosophie, 101.
*Littérature*, éducation, théâtre des Anglais, 17.
*Locatelli*. Son groupe d'Hercule et Thésée, 193 et suiv.
*Londres*. Voyez les articles : tableaux, salles, éducation, Westminster, arts et métiers, commerce, etc.
*Lord-maire* (hôtel du) à Londres, 291.
*Lorraine*. Ses toits plats. Aspect agréable, 178.
*Louis XIV*. Sa petitesse à la fin de ses jours, 147.
*Lune* (la), trop lumineuse dans le télescope de Herschel pour y être observée, 66.

## M.

*Macie*. Son étude de la minéralogie rapportée à la chymie seule, 36.
*Macklin*. Sa galerie de tableaux. Détails, 215 et suiv.
*Magdelaine* (collège de la) à *Oxford*. Figures emblématiques sur les murailles, 156.
*Maintenon* (madame). Notice, 381.
*Malborough*. Son influence sur les élections pour Woodstock et Oxford, 145 et suiv.
—(le duc). Pusillanime à la fin de ses jours, 147.
*Mam-Por*. Cime notable par ses belles horreurs, 112.
*Mara* (mistriss). Notice, 345.
*Marchands à Londres*. Leur honêteté et leur complaisance, 44.
—*anglais*. Leur probité, 366.
*Margate*. Notice, 375.
*Marie d'Ecosse*. Son portrait au château de Warwick, 140.
*Markham*, docteur. Son tombeau, 188.
*Marlow*, ville, 341.
*Mars*, de Bacon statuaire, 188.
*Marsouins dans le Pas-de-Calais*, 170.
*Martin*. Sa cour de Comus, 219.
*Martyn*. Ses lettres sur la botanique, et traducteur de celles de Rousseau, 37.

*Martyn*, professeur, 359.
*Matlock*. Description de ses belles campagnes, 127—132.
*Mayersbach*, charlatan célèbre, 55.
—Notice, 368.
*Meaux*. Sa belle cathédrale, 174.
*Meen* (miss *Marguerite*). Ses planches de plantes, 38.
—(miss). Notice, 360.
*Mendoza*, lutteur. Son aventure avec un paysan, 55.
—juif. Notice. Voyez *Humphries*, 367.
*Menehoult* (Ste.). Charbon de terre. Forêt d'arbres fruitiers entre cette ville et Clermont, 176.
*Menzel*. Sa Flora Japonica, 163.
*Metz*. Idée de cette ville et de ses édifices, 178 et suiv.
*Mayer* (*Jérémie*), bon peintre en miniature, 227.
*Middleton* (route de Castleton à). Description, 125 et suiv.
*Milton* (portraits de), 39.
*Minéralogie*. Personne ne la connoît bien à Londres. Cabinets, 36.
*Modes*. Les Anglais veulent imiter celles de leurs voisins, 49.
*Monstre imaginaire à Londres*. Rumeurs qu'il cause, 33 et suiv.
*Montagne de Hupper-Hulme*. Description, 109 et suiv.
*Monumens principaux de Londres*, 282 et suiv.
*Morina persica*. Plante, 165.
*Moselle*. Son vaste vallon, 178.
*Moser* (*Marie*), peintresse. Ses fleurs, 229.
*Mottes de terre pour faire du fumier*, 137.
*Museum d'Asthon Liver*. Morceaux antiques, 265-282.
*Musiciens anglais*, 248.
*Musique*. Sa vogue en Angleterre; mais l'italienne y fait peu d'impression, 245—247.
—(ancienne). Le roi en est passionné, 345.
—*italienne*. La noblesse anglaise en est engouée, 248.

## N.

*Navigation intérieure*. Plus facile en Angleterre qu'en tout autre pays, 86.

*Northcote*,

*Northcote*, peintre. Ses tableaux dans la galerie de Shakespear, 212.
*Nouvelles*. Avidité des nouvelles à Londres, 32.

## O. P.

*Opie*, peintre. Son coloris approche de celui de Rembrant. Ses défauts. Ses tableaux, 213.
— Son Britomarte, 217.
*Opium*. De quelle plante vient-il ? 166 et suiv.
*Opus mallei* ou *gravure au pointillé*. Réussite des Anglais, 239.
*Ongles* très-longs des Anglais, 54.
*Orchis*. A Oxford, 163.
— Plante. Notice, 384.
*Orléans* (duc d') avoit commandé un télescope de sept pieds à Herschel, 66.
*Ornythologie* de Latham terminée, 36.
*Oxford*. Détails sur la ville, l'université, la discipline, la religion, le costume des étudians, les collèges, les études, les bibliothèques, les églises, l'architecture, les monumens, les tableaux, etc., 149 et suiv.
— (le comte d') frustre Locatelli du prix de son groupe colossal, 193.
— Notice, 381.
*Pallas* (belle tête de) à l'arsenal de Warwick, 141.
*Pane*. Sa manufacture de rubans de fil, 107.
*Pantographe*. Invention nuisible aux progrès de l'art, 242. Voy. *Booth*.
*Papaver oriental*. Fournit-il l'opium ? 167.
*Paris*. L'auteur quitte cette ville pour se rendre à Château-Thierry. Idée de cette route, 174.
*Parnasse*, couvert de *morina persica*, 165.
*Parure* (grande) des femmes, 51.
*Patriotisme dans les artistes anglais*. Exemples, 219—224.
*Paul* (St.) *de Londres*. Origine. Evènemens. Edifice, 282 et suiv.
*Pavot d'où l'on tire l'opium*, 167.
*Paysagistes* (peintres). Il y en a d'excellens à Londres, 229—231.

C c

*Peinture* (la) passe des Pays-Bas et de l'Allemagne en Angleterre, 181.

— a plus de partisans en Angleterre que la sculpture. Pourquoi? etc., 194.

*Penn* (*Guillaume*). Sa première entrevue avec les sauvages. Tableau de West. Jugement de ce morceau, 198.

*Pennant*, zoologiste peu profond, 36.

*Pente* du terrain en Angleterre. Elle part du point de Bilkington et s'abaisse de tous les côtés vers la mer, qui est de 1500 jusqu'à 2000 pieds plus basse, 85.

*Peters*. Son Eve dans le Paradis, 217.

*Picardie*. Ses champs non-clos, comme en Angleterre, 172.

*Pierres* à fusil circulaires sur la côte de Douvres, 170.
— antiques de Townley, 193.

*Pilatre des Rosiers*. Lieu de sa mort, 171.

*Pitt* (ou lord Chatam). Son monument à Westminster, mais sans goût, 190 et suiv.

*Plaisance* (maison de), nombreuses en Angleterre. Leur luxe. Leurs commodités, 251.

*Plantes* du jardin d'Oxford, 163.
— indiennes non encore gravées à Oxford, *ibid*.

*Platon* définit le bonheur, 369.

*Plaven*. Notice, 378.

*Poitiers* (bataille de). Tableau de West, 201.
— (bataille de), 369.
— (bataille de), 381.

*Pope*. Lieu où il a composé ses ouvrages, 369—371.

*Portraits* de plusieurs souverains et souveraines dans le château de Warwick, 140.

*Prêtres*. Ne sont pas propres à diriger l'éducation, 151.

*Priestley*, demeuroit à Birmingham, 371.

*Prince* noir ou Edouard, 380.
—, peintre. Notice, 382.

*Prunus lauro-cerasus*. Les Turcs en mangent le fruit, 166.

*Pulteney* (miss), 372.

## Q. R.

*Quick*, acteur, 352.
*Ramberg*, peintre, 219.
*Ranelagh* (société du). Son genre, 54.
*Raphaël Mengs*. Son tableau du Christ dans le jardin après sa résurrection. Jugement de l'auteur, 160.
*Religion* de la cour de Rome, toujours favorable au despotisme, 151.
*Renelagh*. Idée de cet endroit, 367.
*Repas*. Usage des Anglais aux repas, 42.
*Représentans* d'Angleterre choisis avec une étrange irrégularité, 86 et suiv.
*Reynolds* (Josué.) Ses excellens tableaux, 2.
—Prix qu'il mit à une tête de Milton, 39.
—Eloge de son talent. Jugement de son Hercule au berceau, 209 et suiv.
—Sa Vestale, 217. Peintre des Graces, 209.
—Premier peintre anglais digne de ce nom. Détails sur son mérite, 226.
—339.
—jeune homme. Son dramatiste, 349.
*Richard III* battu par le duc de Richemond à Bosworth, 138 et suiv.
*Richemond*, un des plus beaux aspects des environs de Londres. Sa description, 67 et suiv.
—(le duc) ou Henri VII, battit Richard III à Bosworth, 138 et suiv.
—Notice, 370.
*Rigaud*. Ses tableaux. Son Samson, 4.
— peintre de portraits, 218.
— peintre, 341.
*Romains*. Les arts naissent chez eux lorsqu'ils perdent leur liberté, 180.
*Romney*. Au second rang, après Reynolds, 212.
*Romp* (the), pièce de Fielding, 374.
*Rousseau*. Ses lettres sur la botanique, traduites par Martyn qui les a augmentées, 37.
*Rubans de fil*. Manufacture à Tane, 107.
*Rudbeck*. Voy. *Campi Elysii*, 162.
*Russel*, dessinateur et peintre en pastel, 227.

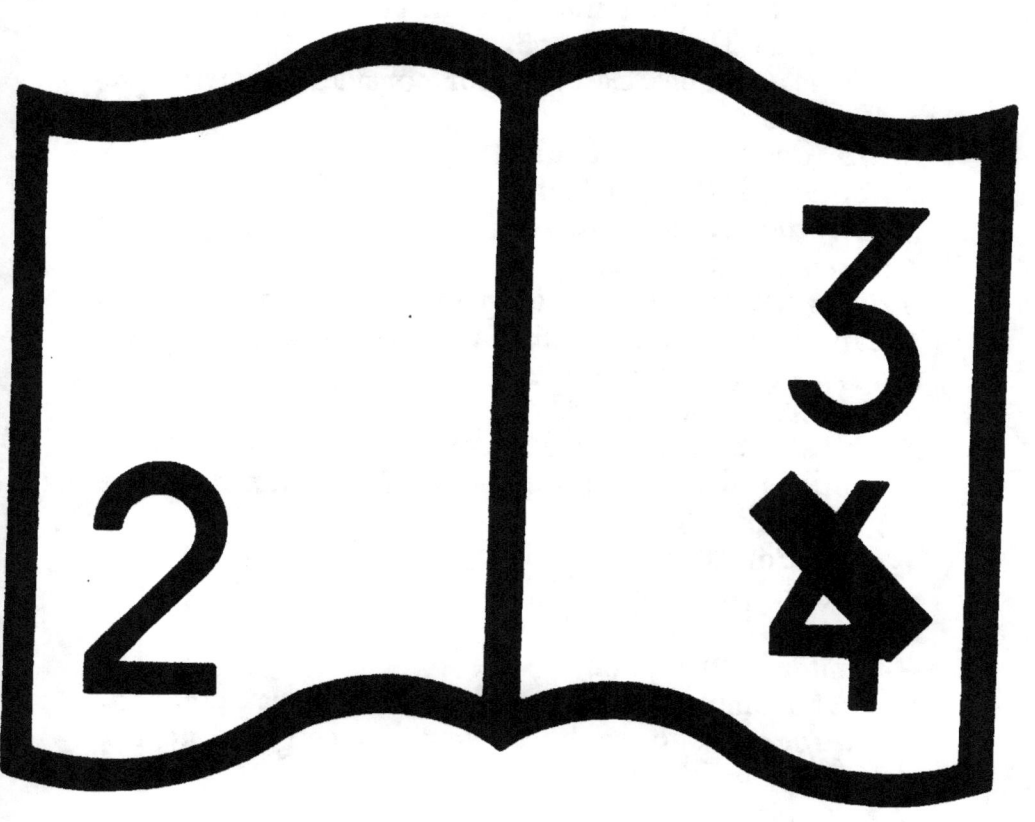

Pagination incorrecte — date incorrecte

**NF Z 43**-120-12

## S.

*Salaire.* Son prix diminue par la concurrence, 89.
*Salines* de Droitwich, 78.
*Salle* des antiques. Sa collection considérable faite par Townley, 192.
*Salles* des tableaux. Leur état, 2.
*Salomon.* Sa tête par Hamilton, 5.
*Salzwedel.* Ses nombreuses espèces de plantes, 164.
*Samson*, de Reynols, 4.
*Satyres* en estampes ou en peinture, autrement caricatures. Invention nuisible aux arts et aux mœurs, 243.
*Saverne* (la), rivière, 74.
*Scheutzer.* Notice, 383.
*Sculpture* ira plutôt en décadence en Angleterre. Conceptions absurdes des Anglais. Morceaux d'un bon goût, 188-190.
*Selden.* Portrait de Milton pris pour le sien, 39.
— (John). Notice, 365.
*Serapias*, à Oxford, 163.
— plante. Notice, 384.
*Serres* (Dominique). Son tableau de Marius, etc. 230.
*Shakespear*, apostrophe de l'auteur à ce grand génie, au sujet de Warwick, 139.
*Shakespear*, bicoque où il naquit, 141.
— (Galerie de) au muséum de Boydell, 203 et suiv.
— Morceaux de peinture et de sculpture. Noms des artistes. Jugemens, 253-264.
— Avantages de ses scènes pour les artistes, 203 et suiv.
*Shenstone.* Son épitaphe, 93.
*Sherard.* Son herbarium. Le premier en Europe après Linnée et Banks, 163.
— célèbre botaniste d'Oxford, a recueilli les livres du jardin des plantes jusqu'en 1726, 162.
*Sheridan*, auteur des rivaux, 350.
*Shipston* et *Chapel*. Route pour Woodstock. Beauté des maisons et campagnes de cette route, 142 et suiv.
*Sibthorpe* range l'herbier de Sherard selon Linnée, à Oxford, 164.
— et Baver. Leur voyage botanique, 165.

*Siddons* ( Mme. ) retirée du théâtre, 18.
—( Mistriss ). Notice, 346.
*Smirck*, peintre, 215.
*Smith*. Ses leçons de botanique, 37.
— pepiniériste, 360.
*Société* pour l'encouragement des arts. Ses premiers membres, 182.
— ( Langage des ), à Londres, 48.
*Soho*, petite ville. Ses manufactures. Prix du salaire, 88.
*Solandra*, plante. Espèces, 360.
*Spencer* ( le comte ). Notice sur son aimable fille, 376.
—(lord) élu au parlement, 146.
*Stalactites*. Notice, 376.
*Statuaires* anglais, les plus célèbres, 188.
*Statues*, bas-reliefs de la salle des antiques, 192.
*Storace* (Mme), chanteuse. Notice, 349.
*Stothard*, peintre, 218.
*Straffordshire* abonde en charbon, 107.
*Strange* (Robert), bon graveur anglais, 238.
*Stratagème du petit-maître*, comédie. Jugement de l'auteur, 21.
*Stratford*, lieu de naissance de Shakespear. Détails relatifs à ce grand génie. Son tombeau, 141.
— Notice, 380.
*Strelitzia*, plante, 360.

## T. Z.

*Tableaux* médiocres de l'Académie, 1.
—des grands maîtres ou autres, bons ou mauvais que l'auteur a vus à Oxford, 157 et suiv.
—Art de les multiplier et d'en donner des copies, inventé par Booth. Mais nuisible, 241.
*Tewksbury*. Sa bonne moutarde. Air et langage agreste des paysans, 78.
—Notice, 373.
*Théâtre*, éducation, littérature des Anglais, 17.
—(pièces nouvelles de). Jugement de l'auteur, 19.
—de Birmingham. Pièces méprisables qu'on y joue, 90 et suiv.

*Thompson.* Autel antique en son honneur, 106.
*Thym.* Espèces. Notice, 386.
*Thymus.* Plante, 165.
*Townley.* Ses précieuses collections de statues, bas-reliefs, pierres antiques, 192 et suiv.
*Tour* très-élevée de Hayleyparck, d'où l'on voit la moitié de l'Angleterre, 105.
*Tournefort.* Ses plantes doubles dans l'*herbarium* de Sherard à Oxford, 164.
*Troyes.* Charbons de terre, 176.
*Tunbridgewells.* Notice, 375.
*Warton.* Son histoire des poëtes anglais, 39.
—Notice, 363.
*Warwick.* Son château. Réflexions sur Warwick. Description, 139 et suiv.
*Warwickshire.* Rencontre que fait l'auteur en arrivant dans cette province, 78 et suiv.
—Ses belles campagnes, 138.
*Wells* (mistriss). Peinte par plusieurs artistes, 223.
*West.* Ses tableaux dans la chapelle de Windsor, 59 et suiv.
—célèbre peintre anglais. Détails intéressans sur ses ouvrages. Jugement de l'auteur, 196—201.
—peintre anglais, 369.
*Westcote* (lord), propriétaire du beau canton de Hayleyparck, Voy. 101.
*Westminster* (abbaye de). Messie. Oratorio de Handel, 7.
—*Hall.* Hasting. Son procès, 23.
—C'est-là que l'on consacre des monumens aux grands hommes, 189.
—Ouvrage de M. John Drat sur cet endroit, 342.
*Weston,* acteur, 352.
*Whealey.* Son tableau de Howard, 222.
*Upper-Hulme.* Site magnifique de cet endroit, 109.
*Verbascum.* Plante, 165.
—Espèces. Notice, 386.
*Verdun.* Montagne de marne. Terres en friche. Sol stérile. Position de cette ville. Ses églises, 177
*Verre* (peinture sur) Luxe particulier aux vastes édifices des collèges d'Oxford. Cet art nouvellement retrouvé, 155 et suiv.

*Windsor.* Sa position, ses environs, ses vues, sa chapelle, ses tableaux, logement du roi, terrasse, etc. 57—62.
—Ses six nouveaux tableaux, 200.
*Wilson* et son élève Hodges, peintres paysagistes, 229 et suiv.
*Wilton*, Moore, statuaires du second rang, 188.
*Wireworth.* Sur la route de Derby, 137.
—Notice, 379.
*Wolsey.* Fonde le collège de Christ-Church à Oxford, 157.
—Notice, 382.
*Woodstock.* Mouvement de cette ville lors d'une élection de représentans au Parlement. Fête. Cérémonie, 145.
—Notice, 380.
*Woollet*, bon graveur anglais, 238.
*Wright*, peintre, 231.
*Wrokin.* Montagne. Vue agréable des environs, 94 et suiv.
*Yeals.* Son cabinet d'insectes assez beau, 37.
—Son cabinet, 359.
*Young* (miss), actrice, 352.
*Zock*, garçon apothicaire, 55.
*Zoologistes* (peu de) à Londres, 36.
*Zoophytes.* Aucun sur la côte de Douvres, 170.

FIN DE LA TABLE.

BIBLIOTHEQUE NATIONALE
Désinfection 1991
N° 199

www.ingramcontent.com/pod-product-compliance
Lightning Source LLC
Chambersburg PA
CBHW070923230426
43666CB00011B/2289